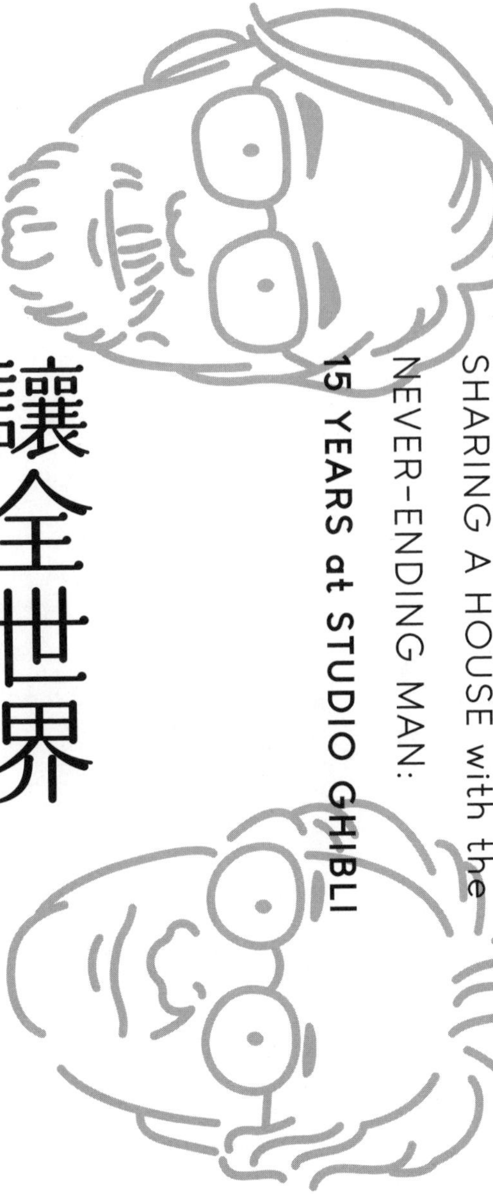

SHARING A HOUSE with the NEVER-ENDING MAN:
15 YEARS at STUDIO GHIBLI

讓全世界認識宮崎駿

一個外國人在吉卜力工作室的回憶

史提夫·艾伯特——著
張芸慎——譯

目錄

編輯說明：

本書原文為英文，為符合原作者精神，書中日文部分皆依照原書採用的羅馬拼音呈現，倘若作者在日文後直接補充日文詞彙的英文意義，本書也在內文中直接翻譯其英文，並非翻譯該日文。若遇需要詮釋的日文，一律以隨頁註呈現。

前言 吉卜力工作室

三十多年來，吉卜力工作室是日本最負盛名、最成功的手繪動畫長片創作工作室，作品叫好又叫座。成立於一九八四年，吉卜力至今已製作超過二十部長片，包括贏得奧斯卡金像獎最佳動畫和柏林國際影展金熊獎最佳影片、更是史上最賣座的日本電影——《神隱少女》[1]。其他吉卜力作品如《魔法公主》、《龍貓》、《魔女宅急便》和《螢火蟲之墓》也都轟動票房、得獎無數，影響了世世代代的電影工作者與觀眾，不論老少。

吉卜力工作室是由導演宮崎駿與高畑勳、製作人鈴木敏夫、以及吉卜力先前母公司德間書店的社長德間康快等人創立。吉卜力第一部作品《風之谷》，講述了經歷生態浩劫的反烏托邦未來世界，是日本第一部締造百萬票房的動畫長片，證明只創作動畫長片的公司也能創造商業成功。

吉卜力工作室為全球無數動畫和真人電影創作者帶來啟發。從獨立電影至好萊

1 譯註：紀錄維持到二〇二〇年被《劇場版鬼滅之刃無限列車編》超越。

塢大片，都能找到許多呼應或向宮崎駿原創影像致敬的橋段，其中不乏知名導演作品和商業鉅作。宮崎駿被譽為日本電影界的華特・迪士尼（Walt Disney）和史蒂芬・史匹柏（Steven Spielberg），對其他電影工作者更是影響深遠。

吉卜力工作室位於小金井市，是東京西邊近郊的住宅區，訪客可能會為其規模之小備感吃驚。成立以來，吉卜力已推出二十二部動畫長片，宮崎駿導演正在籌備第二十三部作品[2]。

1《風之谷》（一九八四）
2《天空之城》（一九八六）
3《龍貓》（一九八八）
4《螢火蟲之墓》（一九八八）
5《魔女宅急便》（一九八九）
6《兒時的點點滴滴》（一九九一）
7《紅豬》（一九九二）
8《海潮之聲》（一九九三）
9《平成狸合戰》（一九九四）

10《心之谷》（一九九五）
11《魔法公主》（一九九七）
12《隔壁的山田君》（一九九九）
13《神隱少女》（二〇〇一）
14《貓的報恩》（二〇〇二）
15《霍爾的移動城堡》（二〇〇四）
16《地海戰記》（二〇〇六）
17《崖上的波妞》（二〇〇八）
18《借物少女艾莉緹》（二〇一〇）
19《來自紅花坂》（二〇一一）
20《風起》（二〇一三）
21《輝耀姬物語》（二〇一三）

2 編註：二〇二〇年底於NHK電視台上映的《安雅與魔女》是吉卜力的第二十三部動畫長片，宮崎駿導演籌備中的《你想活出怎樣的人生》則為第二十四部作品。

22《回憶中的瑪妮》（二〇一四）

23《你想活出怎樣的人生》（二〇二〇）[3]

自一九九六年起約十五年，我在吉卜力工作室擔任資深主管與董事。我是這間非常傳統的日本公司唯一的「gaijin（外國人）」。

一九八一年，我從商學院畢業時，市售電腦體積龐大，只能擺在地下室，而且只有專業技師有資格操作。傍晚，要用電腦的人將紙卡交給技師，插入電腦，到隔天才能收到結果。彼時至今，電腦科技進步了不少，而日本人做生意的方式卻大致沒變，有些慣例可能承襲自一八〇〇年代，甚至更早以前。

美國多數商學院教授過去總主張日本人可說是全世界最理想的員工（現在非常可能還是這麼說），說日本人最刻苦耐勞，不畏工時長。說他們為工作、為公司鞠躬盡瘁，連生產線上的工人也會仔細分析工作流程，提出改善建議，以精進效率。

教授們總鼓勵美國商學院學生效法日本企業精益求精的創新精神。終身雇用制和即時生產流程被視為成功商務範例，是日本企業競爭優勢與成功關鍵。

長久以來，日本是全球第二大經濟體，儘管近年來被中國超越，但在國家規模不大、人口相對少，也缺乏天然資源的情況下，日本卻始終能保持不墜地位。因此，我在加入日本公司前，相當期待親眼目睹以前聽聞的種種。當我發現所有傳聞都是假的，不禁大吃一驚。

最後，讓我談談本書英文書名 *Sharing a House with the Never-Ending Man: 15 Years at Studio Ghibli*。《永不停下的人：宮崎駿》(*The Never-Ending Man: Hayao Miyazaki*) 是二〇一六年日本NHK電視台拍攝的紀錄片，導演是荒川格。片名「永不停下的人」是與宮崎駿合作多年的製作人鈴木敏夫對他的描述。日文「Owaranai Hito」意義較為複雜，或許翻譯為「永遠『未完成』的人」比較合適，隱約呼應宮崎先生對作品的感受：他總認為作品尚未完成。若非業界營運和上映時間的期限壓力，他可能連一部電影也完成不了。這個稱呼也可以用於形容宮崎駿創作不懈。

用以作為書名，是因為我看這部紀錄片時有極深感觸，確實捕捉了我在吉卜力工作室工作時的感受。鏡頭視角根本是我的視角，甚至連清晨在宮崎先生工作室廚房、邊喝咖啡邊與他交談的場景我都記憶猶新，我在吉卜力工作的日子裡，泰半都在那裡辦公。

3 編註：在二〇一七年宣布製作時，吉卜力工作室預計花三到四年製作，並於東京奧運前上映；不過到二〇二一年時宣布預計於二〇二三年上映。

來自外國的上班族

CHAPTER 01

勇闖日本公司的外國人

當吉卜力工作室負責人和多數作品製作人鈴木敏夫，為成立吉卜力和母公司德間書店的海外部門而延攬我時，我已在東京工作十年（後期任職於華特迪士尼公司〔Walt Disney Company〕）。當時，在日本以外地區發行的吉卜力作品寥寥可數。鈴木先生認為吉卜力作品理應受外國觀眾歡迎，是時候進軍海外了。

可吉卜力工作室總不按牌理出牌，這是吉卜力在日本成功的關鍵，也是難以踏足日本以外地區的原因。鈴木先生成立的海外部門得找外國人來管，而且不是任何具備商管背景資歷的外國人都行。他需要的，是能體會吉卜力和德間書店行事隱晦奧妙之處的外國人。我改唸企管碩士學程以前原本主修日本文學，因此符合鈴木先生的需求。至少理論上如此。

鈴木先生擔心，就算我會講日文，恐怕也無法融入吉卜力和德間書店那樣徹頭徹尾的日本公司。他費了極大功夫，確保我到職後一切平順無礙。首先，他為我未來掌管的部門在德間書店集團底下成立了完全獨立的公司，叫做德間國際，名片是宮崎駿設計的，商標圖案中，德間書店集團董事長德間康快正展翅飛翔，大概是飛往海外吧。

那時在我看來，鈴木先生既是我所見過最忙碌的人，也是閒暇時間最多的人。我後來才明白，電影這行就是這樣。

鈴木先生辦公室在吉卜力，位於東京西邊郊區的東小金井，他負責工作室營運，確保電影製作進度和創作順利。鈴木先生支持著導演宮崎駿，為他分憂解勞，也是宮崎先生構思時腦力激盪的對象。每次宮崎先生想出電影收尾的可能方式，就會找鈴木先生來，聽他意見。假使鈴木先生贊同，宮崎先生就會馬上捨棄，從頭開始。

除了任職於吉卜力，鈴木先生也是德間書店的第二號人物。德間書店涉足出版、電影、音樂與電腦遊戲等業務。鈴木先生的上司兼恩師德間康快是德間書店的董事長與獨資經營者，七十多歲，喜歡興風作浪、製造話題。出面擺平老闆惹禍的差事常落到鈴木先生頭上，得出席許多耗時的會議，頻繁地私下拜訪各界人士。

鈴木先生住在東京市中心，通常以開車到吉卜力開始一天工作。到東京市郊的小金井約一個多小時車程，他會在那裡辦公幾個小時，再開車回市中心，到位於新橋的德間書店開會。東京多數會議結束後還有會後會，或者會後會後會，可能在咖啡廳或餐廳進行。接著，鈴木先生會再開車返回吉卜力，確認《魔法公主》的進度。有時他會再開車到新橋開會，開完再回到吉卜力。鈴木先生常在晚上十點之後舉行會議，地點可能在小金井或東京，會議長達數個小時。他會在凌晨一、二點離開吉卜力，開車回家。他一天很少睡超過四個小時。

鈴木先生並不高大，全身散發活力，聰敏機智。和比自己年長快十歲的宮崎駿一樣，鈴木敏夫在日本也是家喻戶曉的人物。長臉配上約翰藍儂風格圓框眼鏡，一貫蓄著短鬚，衣著又特別休閒，沒有人會把他看作普通日本上班族，甚至不會相信他竟是大公司的董事。

儘管花了許多時間開車開會，鈴木先生卻總有辦法抽空看過每部上映的日本和好萊塢的主流電影。他對小金井和三鷹地區的巷弄小徑所知甚詳，明明往返吉卜力和新橋不會經過，他卻出奇地熟，而且這些隱密小徑往往通向不為人知的公園和餐廳。雖然如此忙碌，鈴木先生仍設法安排許多時間獨處和思考，也在無窗房裡度過漫長光陰，費力耗時地製作電影。更不可思議的是，他還找得出時間指導下屬。

德間書店集團旗下公司包括吉卜力工作室（動畫）、大映映畫（真人電影）、德間書店出版社（總公司，也是大型出版社，內容領域甚廣，從文學、非虛構寫作、雜誌到詩集都有）、德間日本傳播（音樂）、德間書店Intermedia（電腦遊戲與遊戲雜誌）、東光德間（中國的合資企業，參與中國電影企畫與中國導演的獨立製片），以及德間國際（我的公司，負責將德間書店集團的娛樂產品銷往日本以外地區）。

我加入德間國際時，日本所有媒體公司正面臨嚴峻挑戰，娛樂產品漸漸以電腦為主，書、雜誌和報紙等紙本出版品的需求日益衰退，傳統商業模式難以適應。吉卜力這邊，創作主力宮崎駿正在拚命製作新片《魔法公主》，同時卻陷入嚴重瓶頸，腸枯思竭，想不出電影結局。宮崎先生總是在作品前段與中段進入電影製作階段才開始撰寫結尾。電影製作追上劇本進度時，工作室會漫起一股恐慌氣氛。吉卜力製作一部片大約花兩年時間，趕不及上映日期可能使工作室陷入財務危機。

一邊處理德間書店經營問題、吉卜力電影製作問題，還有德間書店和迪士尼新展開合作（迪士尼剛簽下吉卜力電影全球發行權）磨合期的問題，鈴木先生就這樣駕車頻繁往返新橋和小金井。可想而知，他待在車上的時間很長。

那時至今，鈴木敏夫一向走在潮流尖端，出了名地喜歡嘗試新科技。由於他在娛樂圈的地位，日本電子大廠常請他試用最新產品原型。又因為待在車上的時間長，鈴木先生總是在尋找將車內打造為行動辦公室的方法，開車往返時就能繼續工作。

在車用免持聽筒普及的好幾年前，鈴木先生就已經裝在車上；車用衛星導航系統普及的好幾年前，鈴木先生車上也早就有了。他後車廂的CD音響能自動換片，按順序或隨機播放音樂；音響系統連接的並非車上原有喇叭，換成了四顆高級喇叭。這些先進玩意兒讓鈴木先生可以在開車時商談公事，不講電話時也能享受他最喜歡的音樂。

多虧免持聽筒，鈴木先生成了最早能邊開車上班、邊（合法地）對人揮舞手勢、大喊大叫的人；多虧衛星導航和高級音響系統，他得以一邊謀劃如何避開東京知名的尖峰車潮，同時沉浸在一九五〇與六〇年代流行樂聲中（〈姑娘不哭〉〔Big Girls Don't Cry〕、〈她愛你〉〔She Loves You〕和〈日昇之屋〉〔House of the Rising Sun〕）。許多設備都是為他量身打造，安裝於車內各處，包括副駕駛座前方。

我常搭鈴木先生的車往返於德間書店和吉卜力工作室之間。有次，我們穿梭於相對少的車流中，我突然想起他的車裝有安全氣囊。

「鈴木先生，這輛車有給副駕乘客的安全氣囊嗎？」我問。

「當然有了。」他答道。

「所以說，假使發生車禍，安全氣囊會撐開，然後GPS啦、電話啦還有CD音響面板都會飛速戳向我的身體，讓我馬上斃命嗎？」

「嗯，這麼說來，好像會噢。」

後來車上系統停用了幾週，在鈴木先生科技界朋友想出怎麼安裝設備才不會在車禍時害死副駕乘客之前，搭鈴木先生的車時沒人願意坐前座。

無論鈴木先生有多忙，他總會撥出時間安排，確保我從美國大型娛樂公司（迪士尼）轉職到德間書店過程盡可能順利。多數努力與將我隔絕於集團其他業務部門之外有關。

新成立子公司宗旨和我的職務是將德間集團所有或產製內容發行權銷售至海外，並負責處理德間集團於日本以外地區所有生意往來。這包括管理與迪士尼合作發行吉卜力作品，也包括銷售大映映畫製作的電影《談談情跳跳舞》到尚未售出發行權的地區、音樂、遊戲，和由中國方製作、或中國導演的電影作品。

成立獨立子公司、專門負責國際業務目的之一就是避免受制於德間書店集團其他業務部門陳規。那時，日本企業僅週休一日。若需要加班，也沒有加班費，時薪員工也一樣。雖有特休與假期，卻很少人真的休假不上班。而且，打掃辦公室和準備茶水咖啡等工作，一律由女性員工負責。鈴木先生明白，外國人「不夠敬業」，難以遵守日本職場常規，也不願意要求新成立公司的日本員工遵守這些規矩。為了與其他業務部門和諧共處，新公司最好還是獨立運作、自訂職場規範。

多年前，我留學日本時，曾和一個日本朋友到大阪道頓崛附近的娛樂場所喝酒。已經大概深夜兩點，我們剛從一家朋友常去、被日本人稱為「snacks」的酒吧出來，喝得一塌糊塗，在暗巷裡跌跌撞撞地找計程車。我們走過一條狹窄小徑，窄得只要把腿伸出去就到對面了。路口有座行人號誌，亮著紅燈。除了我們倆，街上空無一人，什麼也沒有。我曾住紐約多年，下意識地向前，正要過馬路，我朋友伸手攔住我。

「紅燈。」他說。

「噢，夠了吧！」我說。「什麼也沒有！沒有車，旁邊也沒人，哪需要那個傻機器告訴我們何時過馬路才安全？」

「艾伯特先生，我當然知道現在過馬路很安全，但我有足夠毅力等到綠燈。這就是你們外國人的毛病，意志力薄弱，紀律不夠，沒辦法等到綠燈才過馬路。」

這個論點令人難以駁斥，至少從日本人觀點看來如此。我們外國人週六不上班，偶爾加班，但絕非常態，而且指望有加班費；我們不和同事共用桌面，要求有屬於自己的辦公桌，若辦公室空間容納人數超過消防機關法定上限，我們就要抱怨；我們辦公室裡不准抽菸；我們不認為女性同仁理所當然得負責準備茶水和咖啡、穿制服，在下班前幫忙整理所有人的桌子（同等職位的男性同仁卻不用）；我們有時讓下屬指出我們的錯誤；甚至，若路上直直衝來一輛大卡車，快要輾平我們，而我們卻沒注意到，若駕駛沒能出聲提醒，我們外國人也要生氣。每個日本員工明白、指望自己完成、也指望他人照做的基本道理，外國人不僅不懂，甚至沒有察覺多數道理存在。

因此，要讓位於同一棟大樓的德間國際與其他德間集團子公司隔絕開來，最好直接以牆壁徹底隔開。這些隔間牆不僅保護辦公室裡的外國人，避免和周圍日本同事起衝突，也是為了「保護」其他日本員工，不受隔壁外國人與崇洋日本人影響。德間國際辦公室是公司裡唯一禁菸的區域、週六無人上班、秘書不須穿標準OL套裝或幫大家整理桌面（好啦，她還是負責煮咖啡沒錯）、每個人都有自己的辦公桌，而且辦公空間相對寬敞。

不熟悉日本企業辦公室典型場景的話，可以想像美國犯罪電視劇裡兇案組警探辦公室，那番混亂景象與氛圍都相當類似，只是更為擁擠雜亂，也沒有警官專用的個人辦公室。會議室和警探劇裡欺凌嫌犯、強逼他們認罪的偵訊室如出一轍，全公司只有董事長在資深主管那層樓擁有專屬辦公室。若是規模較小的子公司，就算社長也可能得和不只一個助理共用辦公桌，只是桌面比一般員工大一些。

即使是日本大企業，辦公室看來仍像哥吉拉肆虐過後，管理階層卻不肯出錢清理或修繕似的，不過，員工是日本人，他們能夠設法適應。日本辦公大樓裡每層樓設計都是單一開放空間，知名企業也一樣，員工總是共用辦公桌。每桌有四到六個員工，座位分別佔據兩側，面對面，中間隔著電腦或層層疊疊的檔案夾，彷彿是滿佈孔隙的隔間。整層樓共用一台印表機、影印機和傳真機。有時甚至兩層樓共用一台，若要列印或傳真文件，員工就得樓上樓下地跑。

德間書店辦公室坐落於一棟相當時髦、名建築師設計的大樓中，可辦公空間本身仍是為日本員工設計的。說到德間國際，可就不一樣了——辦公室是設計給外國人用的：在新立起的隔間牆裡頭，德間國際四名創始員工各有自己的辦公桌，尺寸合宜，還有專屬電腦。我們只有四個人，卻有專屬印表機、影印機和傳真機，辦公室內有張沙發和兩張扶手椅，供較為輕鬆的會議使用；若涉及文件和紙本資料，則有一張會議桌、四張辦公椅可用，書櫃擺滿鮮少派上用場的相關法律和產業磚頭書，加上大部頭日英和英日字典，我們還有一座陳列櫃，展示吉卜力工作室推出的每一款消費性產品或出版書籍。

我們辦公室位於十樓，能從巨大角窗向外眺望，窗外風景一路延伸至東京灣。從我的辦公桌向外看去，日本各種交通運輸工具一覽無遺——新幹線子彈列車輕巧地駛進東京車站；以不同顏色標示短程與長程路線的JR列車來來去去，間隔只有幾分鐘；自動駕駛列車百合鷗號才剛完工；橡膠輪沿著輕軌向娛樂設施眾多的御台場與東京國際展示場飛馳；一九六四年東京奧運留下的單軌電車日漸老舊但仍優雅；轉彎朝左駛向羽田機場，傾斜角度大得驚險。

首都高速道路的拱型高架如枝枒優雅地向外開展，車潮洶湧，幾乎整日壅塞。一天之中，我還能瞥見渡輪一兩次；渡輪剛完成二十四小時航程，從遙遠的伊豆小笠原群島（格格不入地由東京都管轄）緩緩駛入竹芝碼頭的泊位，港邊還矗立著新建成的彩虹大橋，通往御台場人工島。朝陽照耀下，橋身閃著銀白色，入夜時，橋上彩燈則與瀰漫粉紅與紫色光霧的天空相映成趣。

一架架噴射客機成天低空掠過東京灣，準備降落於羽田機場。辦公室正下方，新橋寬敞的主要幹道繁忙熙攘，無數車輛與巴士卡在車陣中，動彈不得。「mizu shobai（酒吧）」區兔徑錯綜複雜，僅限行人通過，早晨幾乎空無一人，而夜晚一到，人潮隨即紛至沓來。所有人都在同個時間用午餐；午休時間開始與結束時，人行道總摩肩接踵。

我們大樓後方，新興的汐留區正要開始建設，摩天高樓群剛破土動工。不過，才剛開挖，就挖到江戶時代諸侯宅邸遺跡「大名屋敷」，所有工程都得暫停，等人類學家用牙刷把泥塘中所有茶杯和茶壺都掘出來，才能繼續。全日本最古老的舊新橋火車站也在附近出土，同樣需進行挖掘與修復。

從我辦公室窗戶望出去，景色真是精采絕倫。我必須承認，我確實花了時間仔細欣賞。除了這裡，只有再往上兩層樓，到德間先生辦公室，才能看見如此廣闊而特別的東京景色。當然，他的辦公室更寬敞、更為高級。

這間辦公室如此特別，而為了將在裡頭工作的人，鈴木先生也格外用心，顧及職場人際互動，親自挑選招募德間國際創始員工。首先，他從德間書店出版業務部門調來一名電腦遊戲和會計背景的男性員工，再從大映映畫找來一名對海外電影銷售和德間集團內部政治頗為熟悉的女性員工。

為了避免任何可能的職場情感糾葛，鈴木先生刻意挑選年紀較輕而且「majime（無趣）」的男性，另一位女性則是「senpai（前輩）」，業界知識和閱歷都較為豐富。不僅背景條件有所差距，鈴木先生更找來他確信不可能產生火花的兩人，就是為了防堵辦公室戀情的可能影響。結果，那兩位創始員工一年後結婚了，雙雙離開公司。

由於德間國際業務往來對象都在國外，公司需要一名會說英文的秘書，至少接起電話時，英文應對必須有模有樣。由於德間書店集團裡沒有這樣的人才（徹底日本公司本色），我們必須對外招募。我因此有機會親眼見識日本公司如何應徵員工，過程與西方企業大相逕庭。

鈴木先生告訴我，他已聯絡人力仲介，與三位應徵者安排了面試。第一名應徵者是二十多歲年輕女性，由仲介代表陪同進入會議室，在場還有三名德間書店經理。我很驚訝竟有這麼多人同時出席面試，美國通常都是一對一面談。

問的問題也和美國應徵面試時基本問題不同：應徵者的宗教信仰？有沒有男朋友？為什麼沒有？如果交過男朋友，是她提分手，還是對方甩了她？銀行存款有多少？近幾年有沒有打算生小孩？在美國，應徵面試問這種問題極為不妥，甚至可能違法。

隨後，面試官突然要第一名應徵者用英文和外國人對談時，她彷彿遇上整場面試最大難題。女孩環視桌邊五張不苟言笑的臉，和一張盡力表達善意的臉，遲疑了一會兒，然後哭了起來。她當時處境著實為難，但我們正在為一間主要與外國人往來的公司招募秘書，總不能雇用和外國人以英文對話會哭的人吧。

所以第一名應徵者沒能得到工作。我請鈴木先生減少未來面試的出席人數。我心想，如果應徵者得交代他們的性生活、宗教信仰、存款數字，參與面試的人少一些比較好。鈴木先生看來有些困惑，但同意了我的請求。

第二位應徵者由仲介和母親陪同前來。這次德間書店代表連鈴木先生和我總共三人。問題與前場面試差不多（對方母親顯得坐立難安），但英文面試部分由我和應徵者一對一進行。我們最後聘用了她。可是後來，很不幸地，這位秘書也有動不動就哭的傾向，我們只好把她替換掉。她後來和隔壁辦公室員工結婚了。

創始員工總共四名，開工前幾週都在辦公室忙著張羅準備。我很快發現在日本公司和美國公司工作兩個不同之處：頻繁而無意義的會議和「aisatsu（打招呼）」。

在美國，我們不會特意打招呼。日文「aisatsu」意思取決於上下文，可能是打招呼或問候，這裡指親自前來打招呼。到職新公司第一週，我認識的所有日本人，甚至只有一面之緣的人，全都不請自來，還坐下來閒聊，不知所云個五至十分鐘，祝賀我到任新職。也有素未謀面的人擅自到訪，恭喜我加入新公司。辦公室擺滿美麗的白色蘭花，全都是無法親自前來的人送的，有些贈禮甚至來自日本大企業老闆。面對如此心意，我頗感佩服，卻不知道這麼多人特地前來、不著邊際地閒聊，還有誰能好好工作，剛成立不過幾週的新公司尤然。

外界道賀拜訪才逐漸平息，又換德間書店集團旗下其他公司的人來了。第一個是東光德間的森先生，東光德間是與中國的合資企業，專門在中國製作中國導演的作品。森先生神情嚴肅，臉側有一道疤，雙眼閃著黃光，牙齒被菸草染成深色。傳言二戰期間他曾為日本的美國中情局探員到臺灣活動。森先生在辦公室與我對坐，用平易近人的語氣（以他而言），警告我別肖想他的中國業務。

負責製作真人電影的大映映畫，主管在幾位資深經理陪同下短暫到訪致意——他們有聽說以後將由我這邊負責電影海外銷售；但，大映映畫完全不需要我協助。在我加入之前，他們自己有人負責這些業務，一切都安排地妥妥貼貼，今後也用不著我操心。

德間集團法務部門主管也來了，向我告知，他主掌德間集團所有合約事宜，請示他以前絕不准擅自議約。書籍出版部門主管也來了，說聽聞我將負責協助海外書籍簽約，但既然我沒有半點出版經驗，還是都交給他比較好。電玩部門主管來道謝，感謝我沒有自找麻煩，搶著拿我的迪士尼人脈拓展他的海外經銷業務。音樂部門主管則根本懶得現身，但也表達了類似意思。

和外界的招呼相比，集團內部問候至少目的明確。但說到頻繁召開且強制出席的集團內部會議，則又是另一回事。我瞭解到，日本企業開會討論任何議題，實質協商都在會前便已完成。若有需要解決的問題，或有提案需要核准，相關人士會事先私下交涉，通常是一對一或只有幾個人，碰面地點不是酒吧就是餐廳。在非正式場合，可能有酒精加持，公司員工拋出提案，揣摩看看誰可能支持、誰可能反對，更重要的是打聽到支持或反對的真正原因。事前拜訪、取得所有相關人士同意在日文稱為「nemawashi」[1]。這樣一來，早在決定開會日期以前，針對提案正反意見、任何新想法、主事者立場等等，早就都決定好了。

事前疏通完畢，才會召開會議，假意討論議題本身，與會者按先前私下承諾的立場投票。宣布召開會議時，所有人就已經知道結果為何。我參加這些會議時，總希望有人沒收到會前備忘錄，或者出遠門沒趕上會前會，對於會議提案、論點或決

1 譯註：根回し，原意為修整樹根，引申為事前疏通的意思。

策大感吃驚。當然，這從沒發生過。我總是難以置信，對於已經決定好的事情，竟然要花這麼多時間精力、毫無意義地佯作討論，而我似乎是唯一為此感到介意的人。

成立德間國際（我們的新公司）時，我們花了無數小時「斟酌」新公司政策與職場工作規範。日本法律規定，成立任何公司都必須有成文政策，包括就業聘僱相關規範，雖然確定內容、白紙黑字寫下來之後，就根本沒人在乎。在鈴木先生和我先完成政策內容之前，鈴木先生已和其他部門主管疏通交涉過，也呈報給德間先生獲得同意。

儘管如此，我們還是開了無數次會，細細討論政策和規範。而且這些會議往往至少十幾人參加，德間先生也親自出席。我們針對人資規範、可能影響和各種枝微末節來來回回，甚至有次討論員工第一次出差買行李箱能否和德間集團其他子公司一樣報公帳，若可以，公司允許的行李箱款式為何、價位如何，就花了快一小時。

會中也簡短討論重要議題，例如產假、長期病假、解雇條件、員工考核和績效考核頻率等等，卻遠不如討論行李箱來得熱烈。這一切都顯得過於小題大作：公司只有三名員工，未來規模預計不會超過十幾人，況且，鈴木先生和我撰寫的所有規範不僅獲得德間先生同意，根本已經送印，準備提交給主管機關了，而在場的人都心知肚明。

日本人開會還有另一項特點，我總是百思不得其解：若有人開口發言，無論主題，只要發言者還想講，他們高興講多久就能講多久，不會被打斷。即使發言內容與會議主題風馬牛不相及、過於冗贅，或錯得離譜，都沒有人出面阻止；委婉也好、直接也罷，至少結束發言或限制發言時間，可都沒有，總是任由發言者講得盡興為止。

日本人習於在各種社交場合「happyo（發表感言）」，婚禮、歡送會這類場合，總講個沒完。日本人從小在學校或其他場合就可能隨時被點名起立發言，而不管他們是不是真的有話想說，通常都會照辦。在日本商務會議中，無論是否言之有物，每個人都得發言，會中從來沒有針對會議主題得出結論、挑戰彼此主張、或討論彼此意見的氣氛，只有與會者一個接著一個，絮絮叨叨，可能與會議主題直接或間接相關、或者完全無關。

然而，另一方面而言，儘管會議所有事項都已決定，開這些會還是有些功用。座位安排很重要，誰離董事長最近很重要，點名發言的順序也很重要，顯示出公司內部權力結構，風水輪轉，誰最早獲邀參加很重要。這些會議可能無法以客觀討論、權衡各個選項推展公司業務營運，卻能讓人一窺公司內部動態。從會議獲知的重要資訊，往往與會議討論主題毫不相干。

德間社長

德間書店集團董事長是德間康快，眾人多稱他為德間社長，無論一般對日本企業家刻板印象為何，德間社長絕對超出所有人想像。德間社長才不是那種善於凝聚共識、保守合群的上班族，輕易融入同樣身穿藍色西裝的同儕中，毫不起眼。他既古怪、自信、固執己見、嗓門又大，樂於和主流意見、慣例常規唱反調。德間社長總是尋求注目，精力充沛、活潑奔放，發起怒來也常暴跳如雷。他高大而相貌堂堂，渾身散發威嚴，他像鄰家爺爺——卻是灌了類固醇、特別極端的版本（倘若鄰家爺爺是日本人的話啦），滿口胡言、大言不慚的架勢令人折服又深具娛樂效果，以致明明沒有人信他一言一語，卻都擺出信服的樣子。德間社長總能以馬基維利式的城府達成目的，他往往把自己企圖包裝得破綻百出、幾乎滑稽的樣子，令人輕敵，但他看來顯而易見的野心，通常只是煙幕彈而已。

我花了一陣子才明白，原來德間社長自吹自擂的誇張言行全是心機，其他人誤以為已經看穿他的「陽謀」，卻對實際情況毫不知情。德間社長能在短短數句話間，從大聲咆哮的自大狂搖身一變成為睿智政治家，不著痕跡地分享他的智慧。他若真的給出建議，往往意義深遠，通常令人相當受用。他最常掛在嘴邊的格言是「千萬不要跟著別人寫的劇本走」和「別讓沒錢成為阻礙，只要懂得開口，銀行有的是錢」。德間社長總能籌得高額貸款，這是他最大才華。

我加入德間書店時德間社長七十多歲，身體健朗、風采不減，宛若資深影星。演講時，即使面對數百位聽眾，無須麥克風，他深沉粗嘎的嗓音也能激昂地傳入眾人耳裡。私下場合中，要是沒必要咆哮，他也能輕聲細語，聽起來彷彿是砂紙輕輕擦過。他有老牌政客或「yakuza」[1]老大那種神色舉止。他總聲稱自己常與日本大人物會面，為他們指點迷津，包括知名政治人物、SONY和任天堂等大企業老闆、頂尖銀行高管等等，實在令人難以想像。然而，新聞卻常報導，還有照片為證，顯示他的自誇確有幾分真實。明知他為了故事精彩，肯定加油添醋、恣意渲染了一番，裡頭卻總有事實兜得起來，足以把人唬得一愣一愣。從沒有人真心相信他所說的一切，卻也沒有人敢全然否定那些故事真實性。

德間先生是負責喬事的人。他能受人委託，暗中行事，假使政治人物A想和政治人物B或C產業信使談，又不能被大眾發現，就會找德間先生，由德間先生帶口

1　譯註：ヤクザ，日本黑道的俗稱。

信給對方。他是首相宇野宗佑的友人，眾所皆知。一九八九年日本每日新聞揭露宇野首相包養藝妓的消息，為了躲避媒體追逐，宇野躲在德間先生二十樓的辦公套房裡待了快一星期。後來宇野被迫辭職下台，到任不過三個月。引爆民眾怒火確切原因已不可知，究竟是首相包養藝妓；或者前任首相推行全國消費稅政策惹民怨、讓宇野內閣成了代罪羔羊；還是宇野給藝妓的零用錢少到她得向記者投訴呢？總之，執政黨設法收拾殘局、不讓事態擴大時，是德間先生協助宇野避風頭。

德間書店有兩部電梯。有次午餐結束，我在一樓大廳，正要搭電梯回辦公室，我注意到旁人紛紛避開我搭的這部電梯。日本人在火車或電梯這類公共場合，有時會避免坐或站在外國人旁邊（我們外國人顯然太容易失控了），但這情形在德間大樓著實罕見。接著，我才注意到，同部電梯裡另一人明顯是黑道。對方虎背熊腰且高大，深色西裝、繫著細領帶，平頭戴墨鏡，臉上有疤，氣勢逼人。他兩手都提著大大的購物紙袋，我隨意瞄了下內容物，雖然最上面疊著凱蒂貓圖案的方巾，我仍可清楚瞥見底下滿是現金：一捲捲萬元紙鈔，以橡皮筋固定。電梯門關上以前，再也沒有其他人進來。我按下十樓按鈕，那位先生請我替他按十二樓，也就是德間先生辦公室與私人會議室所在樓層。

德間書店大樓十二樓自成一個宇宙。這裡有德間董事會會議室、富麗堂皇的董事長辦公室、和其相連的附屬會議室，還有幾間隱密房間，其中一間擺滿德間社長收到的贈禮，以及社長準備贈予他人的禮品。整層樓四處掛著看來昂貴的畫作真跡。德間社長私人秘書大城女士舉止高雅，負責掌管董事長辦公室。

凡是社長欲召見的人，就會接到大城女士來電，若有事須求見德間社長，便須致電大城女士，她會協助安排時間，或委婉地拒絕。外界訪客、或者陪同訪客到十二樓拜會董事長的員工離開時會收到一包稱為「dokudamicha（魚腥草茶）」的養生茶，或者收到贈禮、再外加一包魚腥草茶。十二樓其中一間房裡想必放著堆積如山的魚腥草茶。

任何時候接到來自十二樓的召喚，絕對是件大事。德間社長若要吩咐什麼事，大城女士就會致電，把人叫上去，而且從來不是「下午三點過來」或「周二中午見面」，鮮少事前通知。大城女士電話一到，便是社長要你馬上過來，必須放下手邊一切工作，即刻出發。

被領進德間社長辦公室的經驗無與倫比。他有一張巨大華美的桃花心木辦公桌，堆滿剛收到、才拆封不久的禮物與裱框文件。辦公室有兩面落地玻璃窗，能將東京灣一覽無遺。這裡的景觀視角如哲學家般抽離，儘管與我的辦公室景觀相仿，一切卻顯得更為宏偉。從這兒望出去，往返東京車站的子彈列車、往來離島的渡輪，和起落於羽田機場的客機，不知怎地，存在感都特別顯著，好似能夠擁有這般景觀的人，也握有實際權力，能左右眼前和腳邊一切事物。

站在德間先生辦公室窗邊，向下能看見濱離宮，這裡曾是日本御花園，天皇白天於此獵鴨，夜裡賞月作樂。由於周圍沒有其他高樓，觀者頓時會以為自己站在世界之巔，連日本天皇物業也伏於腳下。

無論是首次到訪的訪客或被召見員工，都得在這兒等，乖乖欣賞藝術品和窗外景色，直到被領至沙發座位區。沙發和數張座椅沿著一大張玻璃桌面的茶几擺放，來客被領至這裡坐下，靜候社長加入，同時可以觀察社長工作。我被領進門時，社長通常都在講電話。朝向門外的單張扶手椅是德間社長專用座位，前方桌面擺著社長專用茶杯，是江戶時代古瓷器伊萬里燒，精美瓷杯的藍白釉彩描繪山水瀑布圖案。朝向社長辦公桌兩張座椅通常是員工的位子，背對辦公桌的沙發通常也堆滿書或其他德間社長收到的贈禮，硬是騰出空間，留做外界訪客的座位。

在大城女士端著新鮮咖啡、高級法式餅乾或小蛋糕、再斟上日本茶以前，與社長的會面都不算正式開始。社長專屬扶手椅比其他座椅都更大張，入座後，他也不急著談正事。我邊用點心、啜飲茶和或咖啡時，他便會問起手邊工作、最近計畫，種種閒聊。最後，他終究會進入正題，講起要交辦的事項。舉例而言，其中一件是社長想見迪士尼當時董事長麥可・艾斯納（Michael Eisner）。要怎麼安排呢？何時可能會面？有幾次他叫我到他辦公室，問說怎麼樣能和比爾・柯林頓（Bill Clinton）見上一面（哈維・溫斯坦〔Harvey Weinstein〕曾表示他能幫忙安排）。

有時，德間先生找我是因為收到來自外國的邀約，他要我以英文信函回覆。麥可・歐維茲（Michael Ovitz）曾邀他與克莉絲蒂・海夫納（Christie Hefner）見面，看德間書店有沒有興趣在日本發行花花公子雜誌（他沒興趣）；史蒂芬・席格（Steven Segal）想請他投資電影（他沒投資）。每隔三、四個月，他就會收到歐洲某地寄來的電影執行製作邀約，若內附財務報表，他就會要我看過。

有時，德間先生會找我和同事森吉治予到他的辦公室，卻什麼事也沒。大城女士會端來小杯裝哈根達斯冰淇淋（永遠是香草口味）或小塑膠杯裝烤布丁，我們就吃，有時甚至無人交談，就靜靜地吃。吃完之後，德間社長會謝過我們，讓我們離開。僅此而已。森吉和我會交換個眼神，心裡那句「到底是什麼意思？」得忍到下樓再說。

德間書店具體業務是娛樂內容與出版。德間先生發跡主因是他能慧眼識才，又懂得把人才捧紅。作家與其他藝術創作者樂於和德間先生合作，因為他堅信應尊重創作者，鮮少干涉旗下創作者的作品。一旦他相中了誰，打算合作，就會完全把創作主導權交到對方手上。當然，這也是因為比起實際作品，德間先生對合作可能帶來的利益興趣更高。他出版書籍，聘僱作家和其他工作人員，放手讓他們編製雜誌。在無人願意投資黑澤明的電影時，德間先生的公司出了錢；中國政府威脅要禁中國影業作品時，德間先生出手投資；他找來足夠的錢，成立吉卜力工作室，資助當時仍沒什麼名氣的導演高畑勳和宮崎駿。

吉卜力工作室之所以成立，是為了保留創作《風之谷》的創作團隊，製作更多作品。至於吉卜力工作室誕生的故事，眾說紛紜，像神話一般難以考證。鈴木敏夫曾說，工作室名稱「吉卜力」一詞源自一戰，義大利飛行員將撒哈拉沙漠向外吹拂的熱風稱為吉卜力。鈴木先生堅稱，吉卜力工作室成立宗旨是為日本動畫影業吹入一陣創新的熱風。宮崎駿被問及工作室名稱時，則是這麼說的：當時鈴木先生告訴他要成立新工作室，需要命名，鈴木先生走進房間時，他正好在讀關於一戰戰鬥機的書，就隨意指了書頁上飛機名稱。兩種說法都可能為真，也可能都不是真的。無論如何，都是因為德間康快籌得資金，吉卜力工作室方得以誕生。

演講

為了經營旗下公司（或者，更精準形容應是：聽取旗下公司營運報告，加以包裝再對外界宣傳），德間社長每個月定期召開主持三種會議，分別是部門主管會議、董事會會議，以及德間書店集團全體員工大會。最後一種為每月召集德間書店集團旗下所有子公司員工，由德間社長對全體員工公開演講。另外也有每半年召開一次的股東大會。無論何種會議，都由德間社長演說開始。演講形式取決於德間先生心情和當時事件而定，介於脫口秀獨白表演和政治人物的正式演說之間。

儘管不同會議內容多有重複，其目的與聽眾仍有所差異。部門主管會議參加人數約三十人，部門主管或副主管沿著德間書店大樓頂樓董事會議室的巨大會議桌就座，每人須輪流起立報告自己部門該月重點事項，以及未來數月的規劃。所有人須照規定位置就座，必須準時；會議於上午十點開始，若上午九點五十五分還沒坐定，就是遲到了。

德間社長坐在會議桌主座；從各部門主管座位距離德間社長距離，能看出每人當下於公司的地位。鈴木敏夫永遠坐在社長右手邊，從沒有人能夠穩穩佔據社長左邊位置超過一或兩場會議。因為德間先生喜歡擺弄心機，會議桌邊其他座位時常變動，地位差不多的對手常被擺在與老闆距離相等的位置，隔桌對望。我總是坐在鈴木先生旁邊，一來因為外國人參加主管會議對公司而言即是地位表徵，二來因為外國人常需要內行人在旁低語幫忙提點才搞得清楚狀況。

會議慣例由德間社長開場，前半小時以朗讀自己當月日記選摘娛樂與會聽眾——德間社長日記（至少他選讀的部分）記錄了日本政商機密，令人一窺日本商業和政治勢力中心的暗潮洶湧。他以日記摘錄片段作為引子展開演說，有時提起名人軼事，有時會自己岔題，插入一段政治或社會解析，或者講個笑話。德間社長是我見過最有魅力的演說家，而且他期望會議室裡每個人輪流發表時，都能達到相同水準。

在這種場合發言，語調必須宏亮、自信且充滿男子氣概（就算發言者是女性）。每個月開會，通常各部門沒什麼需要報告的進展。聽眾人輪流發言，堆砌自己部門的業務活動、誇大進度，若不是令人極為痛苦，就是昏昏欲睡（日本企業開會時，若舉止得當，打瞌睡是被允許的：正確姿勢是雙手抱下巴抵著胸口，表情夠莫測高深、足以解讀為閉眼聆聽）。許多時候報告主題是某項失敗生意，在座所有人都明白是德間社長自己闖禍卻不肯承認。出版業績下滑，因為預期會大賣的席尼・薛爾頓（Sidney Sheldon）新書賣得很差。這是德間社長親自談來的生意，他深感自豪，不顧出版部門主管勸阻，以重金與作者簽約。會議上，沒有人敢點名德間先生是罪魁禍首，出版部門主管必須扛下與薛爾頓這門虧本生意的責任。

會議中不會提出可執行計畫或補救方案，甚至鮮少對他人報告內容提出評論。部門主管或副主管報告完，眾人點頭，下個被叫到的人接著報告。會議內容全為意料中事，也不會提出全新資訊——可是我一開始並不知道。

我參加第一場部門主管會議時，只需起身自我介紹，過程相當順利。然而第二次開會時，我有點得意忘形，便惹禍上身。部分德間書店國際業務是由集團管理階層負責，集團內部有一群員工專門負責處理無法歸類於任何部門、或無人想接手的企畫。負責執掌外國企畫的人大多樂於把手上業務交給我。其中一位較為資深的集團通才大塚先生被指派為我對德間集團內部的聯絡窗口（或許是因為德間社長不信任鈴木先生擔任我唯一保母）。大塚先生先前負責韓國業務。德間集團與一間韓國公司有多項業務往來，大塚先生希望我和對方公司董事長見面，接手接下來的業務。

大塚先生安排我和那間韓國公司的董事長見面，約好共進晚餐，約了下午四點在東銀座車站附近一間相當昂貴的壽司餐廳。晚餐時間約得這麼早，我覺得相當困惑，甚至不確定這個時間壽司店有沒有營業。我準時赴約，被引薦給大元媒體（Daewon Media）公司的董事長鄭煜（Jung, Wook，我們都稱呼他為煜會長〔Wookkaicho」)。我們點完啤酒，送上來後，大塚先生以最快速度把飲料灌下肚，起身，鞠躬致意，然後就離開了，令我措手不及。

接下來三個半小時，配著壽司與啤酒，煜會長向我解釋了我以前不曉得的韓國影業現況，多半與韓國和日本的歷史淵源有關。在韓國播放日本電影違法，因為第二次世界大戰後許多韓國人仍對日本還有敵意，也因為經濟保護主義，韓國希望能扶植國內影業，而日本電影在韓國年輕人之間相當受歡迎，形成威脅。

日本電影禁令有逐漸放寬的趨勢，但僅限於真人電影。動畫電影禁令解除可能性較低，因為韓國許多動畫工作室才剛起步，更因為動畫片觀眾年齡層較低。大元等希望引進日本動畫的公司砸重金遊說之後，韓國立法機關稍微讓步，允許得過國際大獎的日本動畫進到國內，但只開放院線播映，仍禁止電視播映與影片銷售。

煜會長說，韓國企業和幾位韓國政治人物正積極推動淘汰過時法規，時局即將有所改變。很快，他說，日本真人電影就快能正式引進了，電視播映也會解禁。動畫片和電視節目或許暫時開放不了，但解禁只是時間問題，等不了多久。

我問煜會長怎麼得知韓國政府打算解禁。他身子向前傾，壓低嗓音，「我們認識做決定的人，」他說，「知道怎麼影響他們。」

「意思是行賄嗎？」我問。

他往後靠，拿起酒杯，啜飲一口啤酒。「我確定禁令今年底就會解除。」

「你希望我做什麼？」我問。

煜會長的煩惱是，他從很早就看好吉卜力作品會成功，簽了十年長約，獲得在韓國代理吉卜力作品授權，可是合約即將到期。合約內容明定，若合約到期失效前，日本電影禁令未解除，大元公司就會失去當初獲得授權時向德間書店支付的高額最低保證金。十年眼看就快過去了，禁令尚未解除。煜會長希望我能不收費再將合約展延十年。「我認識很多政治人物，已經投入不少錢，我敢打包票年底前一定解禁，我保證！」他說。

下一場主管會議，輪到我發言時，我向眾人宣布，韓國對日本動畫片長久以來的禁令即將解除。語畢，眾人哄堂大笑，笑聲如海嘯般襲來，一陣又一陣，洶湧不止。德間社長轉向我，語氣幾乎如祖父般和善慈祥：「啊，你見過煜會長了吧。『奧巴斗』先生（德間先生從來都無法正確唸出我的名字），你要知道，煜會長過去十年來每年到東京兩次，每次都這麼說。我們一開始也相信過他。無論他怎麼說，禁令不會解除。」

後來，禁令當然沒有解除。

除了在部門主管會議起立發言，每個月部門主管亦須在德間書店集團員工大會簡短致詞，整個集團員工約一千三百人，派員代表出席，聽眾仍相當多。員工大會在德間書店大樓影廳——德間廳——舉行。每個部門主管輪流上台向三百名員工致詞。在演講廳舞台上以日文向台下眾多與會者發言，令我恐懼至極，還得每個月重來一次。

我知道自己永遠是第三個發言，在德間社長和鈴木先生之後。德間社長是個無可挑剔的表演者，他的演說向來有著明確主題、挑戰既有概念，既幽默又與眾人息息相關。他總像老練的舞台劇演員，聲音宏亮而有活力，但必要時也能以粗嘎的親近文氣說話。他能像祖父般慈祥睿智，發怒起來像雷鳴閃電，或者也可以非常、非常幽默。當然，德間社長所說的每句話不是全然撒謊就是只有幾分真實，可聽眾全都樂在其中，仔細傾聽。德間社長真的是極為傑出的演說家。

接下來，輪到德間先生得意門生鈴木敏夫起身發言。通常，鈴木先生演說比德間社長更精采。鈴木先生和德間社長的演講有著類似優點，而聲音表情和圓融智慧不如德間社長之處，鈴木先生以機智敏捷彌補，更何況，他的演講內容絕非只有漫天扯謊。鈴木先生發言總是清晰精煉，有著獨到洞見。他能把其他人的模糊思緒化為明確主張，語調也相當鏗鏘有力。鈴木先生也是極為傑出的演說家。

這兩位發言之後，便輪到我上台。

我以日文演講的唯一方法就是事先練習。我會把稿子寫好，翻成日文，再找人檢查，確定沒有明顯錯譯。接著，到了大會當天，整個上午到下午大會開始前，我會把所有時間花在練習上。我會到距離德間大樓步行五分鐘的濱離宮，在東京灣邊的公園找一個隱密角落，花好幾個小時背講稿，大聲地練習演講。要是大會當天下雨，恐怕我就得取消出席，直接找個地方躲起來了。

直到背得滾瓜爛熟，我才會回到德間廳，在最前排座位坐下。我的位置總被安排在德間日本傳播當月藝人旁邊。德間日本傳播是德間書店集團的音樂產業部門，旗下有許多才華洋溢的音樂人，其中幾位演藝生涯相當成功，亦有些藝人唱片銷量取決於CD封面照片好看與否。公司每個月都會在員工大會介紹年輕的新進女藝人。

不知怎地，在我等著上台發言時，德間日本傳播最新簽下的明星，總被安排坐在我旁邊。通常，新進藝人都是十六歲左右的少女，身材卻成熟豐滿，裹在迷你裙和短版上衣裡頭若隱若現。大會開始前會先宣布新進藝人名字，然後她會站起身，腳踩高聳入雲的厚底高跟鞋，轉身面向眾人，點頭輕笑、揮手致意。近距離欣賞她們的曼妙動作，總令我丟失幾段講稿，從記憶中溜走。不知怎地，這些女孩老是讓我想起演化論、生物學和物競天擇；而就算恐龍腦容量只有花生大小，也可控制自己的龐大身軀，運作自如。

德間先生和鈴木先生驚豔全場後，現場便會叫出我的名字，我會再朝身旁美人最後一瞥，瞧她回到座位，交叉雙腿、調整到舒適姿勢，我再自信地步上舞台。以外語演講，不管技巧再高，總像才剛看完牙醫、卻馬上試圖吃喝那樣難堪。牙齦麻藥未退，儘管咀嚼吃喝的動作依舊熟練，卻什麼也感覺不到，無從得知吃相好不好看。心想大概沒什麼問題，卻完全無法肯定。即使犯了天大的錯，慘不忍睹，也得等觀眾反應才能發現。美國總統柯林頓[2]曾有一位口譯，在拜訪波蘭的外交場合，誤將總統對波蘭媒體的問候翻譯為總統深切地希望能與波蘭「交歡」。或許文法並沒有錯，只是搭配詞用錯，意思就天差地遠。

儘管我的演說能力遠遠不及德間先生或鈴木先生，我卻相當幸運，報告內容對我極為有利。當時，我們正在與米拉麥克斯影業（時為迪士尼旗下子公司）籌備為宮崎駿經典作品《魔法公主》進行英文配音。每週，米拉麥克斯影業董事長哈維・溫斯坦總會宣稱他為電影配音陣容找來更為大牌、更令人驚豔的明星，我只需轉述即可。其他部門主管面臨的則是業務江河日下，沒什麼好消息，而德間先生又不喜歡在大會上聽到壞消息，因此不可能對台下員工報告業務失利或財務困難等等「吸引人」的主題。其他主管得苦思致詞內容時，我則受惠於哈維・溫斯坦遠大（但不太可能實現）的願景，像在主持美國綜藝節目《今日娛樂》(*Entertainment Tonight*)似的，拋出一個個美國當紅巨星的名字。

幾百雙眼睛隨著我走上舞台，幾百副耳朵專注地傾聽。他們剛沐於德間先生和鈴木先生雙人拍檔的精采演出中，備受啟發；前者武士時代的舊式風采振聾發聵，後者見解新潮獨到，而且幽默，侃侃說著公司如何駕馭新科技、迎向成功。我接過麥克風，試著讓自己講日文的聲音順耳動聽，盡力以充滿男子氣概和自信的語氣演說。

日本有個不為人知的祕密：日本人絕口不提，除非你在日本待超過二十五年，才（可能）告訴你——多數外國男性都以女性口吻講日文。絕大多數日文教師都是女性，教學時也幾乎不會透露其實日本男性和女性講日文的語氣用詞皆不同。當男性演說時，若語氣用詞和女性一樣，演說公信力近乎於零。

一般日本大眾認為黑人和同性戀較為劣等，且對此頗不遮掩（不過，相較於他們對中國人、韓國人和日本過往賤民階級後代——部落民的態度，已經較為含蓄）。身為男性，若以女性語氣發言，給人的第一印象就是沒有男子氣概或是同性戀，或兩者皆是（或是中國人，取決於外表長相）。當我得知此事時，已經來不及改正了，

2 譯註：依據BBC報導，故事主角應為美國總統卡特而非柯林頓。

因此對公開演說更為不安。再加上董事長風範使然，德間書店的企業文化又格外注重陽剛男子氣概。但話說回來，不過上台唸出一連串狗仔天天跟拍的當紅美國影星名字，還能多困難呢？

我會以業務近況簡短開場，稍微提及公司動畫與真人電影海外銷量。米拉麥克斯影業還買了大映映畫賣座電影《談談情跳跳舞》，正要大為宣傳，準備在美國發行。簡單報告數字（而且以美金或歐元為單位，因為多數人無法快速換算匯率，聽起來總比實際數字更驚人）後，我就會開始報告美國版《魔法公主》最新卡司陣容。名單每週都不一樣，哈維・溫斯坦鮮少釐清哪些人是目標、哪些人確認已談妥。李奧納多・狄卡皮歐（Leonardo DiCaprio）同意飾演阿席達卡；羅賓・威廉斯（Robin Williams）將飾演疙瘩和尚；茱麗葉・畢諾許（Juliet Binoche）將飾演黑帽大人；卡麥蓉・迪亞（Cameron Diaz）將飾演小桑；梅莉・史翠普（Meryl Streep）將飾演莫娜。現場聽眾總是相當驚艷，似乎毫不在意前個月宣布的演員下個月又變卦。我幾乎快發現德間社長的秘訣：對某些觀眾而言，只要講得夠精彩，其中究竟有幾分真實根本不重要。不管偏離事實多遠，只要摻雜一絲真相就已足夠。

此外，外國人用日文演說又是另一優勢。身為外國人，只要你發得出聲音，而且還聽起來大致像日文，就能得到很多讚譽。確實，外國男性講日文泰半使用從日文教師那兒學來的女性口吻與用詞。確實，你總可能口誤，像《蘇菲的抉擇》片中梅莉・史翠普的角色把「泡泡紗（seersucker）西裝外套」講成「吸雞雞的（cocksucker）西裝外套」，或者像柯林頓總統的波蘭口譯員將「交流甚歡」說成「交歡」。

身為外國人，你就是討人喜歡、逗人發噱，甚至可能因為顯露了缺點，看起來不那麼具有威脅性。台下觀眾會原諒外國人一切文化知識不足和語法錯誤，至少你有心嘗試了。就像成人不會預期孩童世故老成，日本人不指望一介外國人懂得日式思維的博奧玄妙，或者其語言的繁複精緻。光知道點皮毛，都顯得出類拔萃。因此，即使我演講技巧一點也不好，卻還是能博得滿堂彩。

這或許不甚公平，但公平從來不是屬於亞洲的概念。

獨樹一格的公主

CHAPTER 02

《魔法公主》

吉卜力工作室電影《魔法公主》由宮崎駿執導，一九九七年七月在日本戲院上映。背景設於日本室町時代，描述阿席達卡王子捲入森林神祇與利用森林資源的人類之間的爭鬥。該片叫好又叫座，為日本一九九七年最賣座電影，一路保持日本電影的日本最高票房紀錄，直到二〇〇一年宮崎先生執導的《神隱少女》才打破。七月與八月每個週末，全日本民眾都在電影院外排隊，等著觀賞《魔法公主》，大排長龍，上映首兩個月，場場爆滿。

《魔法公主》在日本電影院持續播映超過一年。票房銷售紀錄達一百九十億日圓（一億六千萬美元），創下日本最高票房紀錄，幾乎是先前票房紀錄的一倍。先前創下紀錄的日本電影《南極物語》票房收入約為八千九百萬美元。史蒂芬史匹柏的《E.T.》則是先前全球票房紀錄保持者，日本票房為一億三千三百萬美元，該記錄自一九八三年以來屹立不搖。十五年來，沒有任何電影能稍稍企及《E.T.》輝煌紀錄。就算是好萊塢鉅片，日本票房鮮少收入超過六千萬美元。而《魔法公主》不僅非好萊塢出品，更是手繪動畫片，竟創下幾乎三倍票房。

史無前例的票房成功形成一種文化現象，甚為轟動，連外國新聞媒體、國際大報與電視台都注意到了。《魔法公主》與所有人對賣座日本電影的印象背道而馳，外媒報導吸引更多日本民眾關注。

我加入吉卜力工作室的母公司德間書店時，《魔法公主》仍在紙上，急切地以鉛筆繪製中。繪圖完成，便精心手繪至醋酸纖維製成的透明膠片（常稱為賽璐珞）。賽璐珞片再一張張進行攝影，製成影片。當時是一九九六年十月，吉卜力工作室正在製作新片的中間階段。儘管電影已經完全進入製作階段，導演宮崎駿卻還沒完成電影最後五分之一故事，遲遲無法決定電影該如何收尾。

我當時的主管鈴木敏夫堅持讓我從頭到尾學過動畫電影製作完整流程。他認為，若不這麼做，我不可能做得好份內工作；他也認為，身歷其境是學習動畫電影製作的不二法門。

第一次到訪吉卜力工作室時，我對於工作室規模如此小感到相當吃驚。當時吉卜力只有一棟建築，即是現在工作室主建築，由宮崎駿設計。宮崎先生可是出了名地熱衷於設計動畫作品中的建築。創立吉卜力時，他獲得了第一個設計實際建築的機會。

吉卜力主建築空間緊湊且用途靈活，每個區域皆兼顧多個功能。樓下吧台區是員工吃便當的地方，既是廚房、全體員工集合開會之處，也是接待外界訪客的會議室和放映室，用來觀看一整天的辛勤成果。五臟俱全且自給自足的設計讓我想起潛水艇；只是這艘潛水艇同時有著大片採光窗，屋頂還有美麗花園。

動畫師工作區域有可伸縮開闔的天窗，天氣好時，陽光能照射進來。看著他們伏案工作，我實在很難想像整部作品都是在這棟小巧建築中、由動畫師一筆一畫創作完成的。職涯中，我曾多次拜訪迪士尼和皮克斯動畫(Pixar Animation)工作室，未曾懷疑自己身處《阿拉丁》、《獅子王》或《玩具總動員》降生之地。那些動畫工作室與吉卜力同樣都瀰漫著創意的強大氛圍，然而，和吉卜力大相逕庭的是，那些工作室有更多人員、更多設備，空間也更為寬敞。我前幾次造訪吉卜力工作室時，總不禁納悶工作室其他部分藏到哪裡去了。

曾有很長一段時間，即使在《魔法公主》大獲成功之後，任何到訪吉卜力的人都能直接上樓，站在宮崎駿身旁看他工作。宮崎先生在日本是指標性人物。總是掛著苦笑，一頭白髮，滿臉同樣雪白的大鬍子，黑粗框眼鏡，眼裡閃著慧黠的光，任何日本人都能認出他來，連不少外國人也認得。製作動畫時，宮崎先生會坐在動畫師工作區域一隅，工作桌與其他動畫師一模一樣。不過，他周圍散發出來的氛圍與眾不同，總能讓人一眼認出。

宮崎先生有時會停下手邊工作，起身與訪客握手打招呼，若他心血來潮，甚至會閒聊兩句。製作《魔法公主》時，我甚至遇過兩名當地國中女生穿著制服來訪，打斷宮崎先生工作，找他合照，令我大吃一驚。他們拍照時，手比出V字勝利手勢，任務圓滿達成後便禮貌地離開了，完全無人阻攔。

吉卜力位於東京郊區住宅區，工作室建成時，周圍零碎農地慢慢被獨戶住宅取代。吉卜力是附近唯一商辦建築。吉卜力工作室周圍零星幾片菜田的地主備受當地居民詬病，不僅因為他們罔顧先祖與土地的連結，也因為其「農民」身分享有的租稅減免過於優渥。當地多數農民會悉心種植作物，收成後堆在田邊，任其腐爛。工作室附近靜謐、綠意繁茂，在東京難得一見。夏季蟬鳴，傍晚蝙蝠圍繞於街燈旁，追逐飛蟲。從吉卜力工作室屋頂觀賞日落更是一絕。特別晴朗的日子裡，還能看見西邊富士山輪廓。

工作室附近車流也很少，多數人步行或騎腳踏車經過，似乎渾然不覺吉卜力存在，也不曉得這棟長相古怪的建築物裡頭有何動靜。多數行人看來毫不好奇，令人驚訝。建築物外頭完全沒有招牌或任何明顯標示。我有時會站在建築外，看著員工或與吉卜力有所業務往來的人來來去去，多數人都看起來與周圍社區格格不入。我很好奇，鄰居們究竟想像這裡在做什麼。

很久之後，我負責帶領到訪外國賓客參觀吉卜力工作室。向外人解釋吉卜力的一切也成為我的工作，包括所有美國大型動畫工作室的主管，而他們第一次來訪時反應總和我當初相同。他們總問，工作室其他部分藏到哪裡去了呢？

皮克斯創意總監（後任職於迪士尼／皮克斯）約翰・拉薩特（John Lasseter）介紹來的一名訪客給我帶來靈感，想出用來對外國訪客說明吉卜力特色的完美比喻。當時幾位皮克斯董事恰好到日本，想來參觀吉卜力工作室。在吉卜力那間多功能會議室喝咖啡時，其中一位曾任職於美國太空總署的導演，說起他參訪蘇聯、參觀俄羅斯太空計劃的故事。他當時向導覽人員詢問載太空人的交通工具。因為美國太空總署為了把太空人從待命區域載至發射台，特別研發了專用交通工具，造價二千四百萬美元。他想知道蘇聯怎麼做。導覽人員回答道：「噢，我們用別克休旅車載太空人，成本大概七千五百美元。」

我向訪客轉述這個故事時，皮克斯和迪士尼動畫工作室就像故事中的美國太空總署，吉卜力工作室則是蘇聯太空計劃。吉卜力從「湊合」文化中誕生；從戰時、戰後同盟國軍事佔領，一路至戰後重建時期，日本人已學會如何於匱乏中求生。這點也展現於動畫產業創作上。對吉卜力動畫師而言，擁有一棟可容納所有工作人員的全新建築，已是無比奢侈。

為了學習動畫電影製作，我獲得觀摩動畫師繪圖、背景畫師以水彩繪製華美背景、攝影師將原畫製作為賽璐珞片，以及色彩設定人員決定色彩、為賽璐珞片上色的機會。後製過程中，我首先觀摩配音工作。與多數動畫工作室「前期錄音」不同，吉卜力會先完成動畫製作、再進行配音，即為「後期錄音」。宮崎駿與許多吉卜力資深動畫師經過嚴格訓練，拿捏時間的技巧高超。他們不僅能想像說出一段對白所需的精確口形，更能掌握每個口形的時間長度。

這使配音員工作更為艱鉅。唸出每句對白時，演員聲調必須準確表達角色心情或態度，同時完美配合大螢幕上角色口部動作。演員也需口齒清晰、發音正確，整體表現必須令最挑剔的音響迷，以最高級音響設備聆聽也能滿意。

配音時，一次只錄一句，每句對白（或每一部分）都得重複錄製十至五十次。配音員必須在整段話或整段場景中維持同樣情緒，音量與音調還須與一個半小時前錄了三十七次的前句對白一致，於此同時，口形還得和螢幕畫面完全重合。

一次次重錄之間，還得等上頗長時間。演員每唸完一段，就必須等錄音技師檢查音檔，以四分之一秒為單位，細細檢視音檔波形。多年下來，這個流程已因為電腦而加快，但為《魔法公主》配音時，錄製過程一切皆仍以人工處理。

錄音技師坐在隔音隔間裡，前方是龐大的新月形控制台。控制台上有數百個旋鈕、燈號、滑桿和開關，與星艦企業號艦橋外觀絲毫不差。導演會坐在寇克艦長（或畢凱艦長）的位子，音效設計師則坐在前方矮了半階的座位上，忙著操作控制台旋鈕與按鍵。製作人（可能不只一位）和其他與當天配音行程有關的工作人員則坐在後方靠牆座位。房間前方是大型投影螢幕，用來播放當天錄音片段。多個小型螢幕分別顯示各段對白的語音波形及該段對白於整部電影原聲帶中的相對位置。負責配音的演員坐在另一個獨立隔音間中，除非有人長按通話按鈕，否則演員聽不見控制室裡的討論內容。那是顆紅色大型按鈕，看來有點像核飛彈發射鍵。

錄下的每句對白都會反覆播放，加以討論。若導演喜歡那段對白的演繹方式，就須檢查音質是否有瑕疵、音量大小、發音是否清晰、與前句對白是否一致、與畫面口形是否一致等等，檢查過後可能予以接受，或者再繼續討論。最好的三或四個版本會存檔下來，加以標註和登錄，其中一個版本最終會用於電影最後混音，成為原聲帶一部份。

以配音員而言，前述工作流程都成為一句句對白錄音之間的漫長等待。每錄完一句，經過工作人員檢查、討論，經驗再老道的演員仍會聽見導演聲音：「剛剛那段很棒，真的很棒。能不能照那樣再試一次，只是再稍微……」

我第一次到錄音室觀摩，便是聽多才多藝的知名演員田中裕子女士為《魔法公主》黑帽大人配音。

錄音室控制室或許與星艦企業號艦橋外觀雷同，但同時也像大學宿舍地下室的交誼廳。家具擺設歷經多年摧殘，遠遠超出使用年限，密閉空間的空氣瀰漫陳年香菸與走味咖啡的氣味。每張座椅和桌面伸手可及之處皆是菸灰缸，塞滿菸蒂卻無人清理。馬克杯與紙杯四處散落，有些還留著一點點咖啡，有的因為菸灰缸菸滿為患，又塞了幾十隻捻熄的菸蒂。到處都是一袋袋垃圾食物、食物殘渣和包裝紙。

控制室裡的人看起來都像好幾個月沒睡覺。日復一日，他們坐在那兒，反覆聽著同樣幾句對白，一遍又一遍，聽了幾千幾百次。他們的目標是精確地錄下每聲嘟噥、哀嚎、呼吸和話語，以完成整部作品的對話音軌。

相形之下，埋首自己工作桌前的動畫師簡直身處天堂。他們簡直不敢相信，竟有人願意付錢聘他們畫圖。他們常戴著耳機，邊聽音樂邊工作。大多數人都抽菸。所有動畫師都沉浸在畫圖、讓自己筆下圖畫動起來的喜悅中。他們都適得其所，從事自己熱愛的工作。

而錄音室裡的動畫導演彷彿身處地獄。身處天堂的好日子已經過完，現已墜入深淵（通常是名符其實的「深淵」，因為作畫需要照明，常安排在樓上，錄音室不是位於地下室，就是像地下室一樣陰暗封閉）。然而，動畫導演是敬業的專業人士，而電影就像導演的孩子，他勢必得貫徹始終，使孩子得以出世。導演有製作人為伴，患難與共，還有其他工作人員多方協助。他只能盡力而為。中間或有喘息的時候，休息時間或許能和演員們寒暄幾句，但確實是貨真價實的辛苦活。

身為後製錄音工作旁觀者，感覺既像是種特權，同時也像是酷刑。聽著同樣對白，整句或片段，反反覆覆，一遍又一遍地回放，彷彿永無止境。被困在陰暗地下室，周圍所有人都抽菸（但我不抽）。

對於隔音間裡的配音員而言，配音的艱難與刺激可能有點像站上打擊區的棒球員，你總想要打出全壘打、想要得分。配音實際上遠比看起來困難，若嘗試唸一句對白十次，其中有兩三個版本可用，就已經算表現得可圈可點。失敗率七成算表現得非常好，和棒球打者打擊率差不多。

田中裕子那時四十出頭歲，看起來更為年輕。公開活動時，她總是神采奕奕，散發女孩般活力；可她在錄音室裡卻判若兩人。當時她身穿牛仔褲和法蘭絨格子襯衫，看來像砍了一整天的柴，外表與片中飾演的達達拉城領袖——意志堅定的黑帽大人——一點也不像。然而，她發出的聲音卻厚實、充滿威嚴，以至於令人難以相信發話者竟是眼前這個衣著像伐木工人的纖弱女子。每錄下一句對白，宮崎駿就會自言自語，嘟噥著田中裕子如何讓他對自己創造的角色黑帽大人多了新一層認識。

觀摩田中裕子配音，有件事令我至今難忘。宮崎先生要她重複一段對白，重複了快五十次。「適合用以毀滅一個國家（Kunikuzushi ni fusawashii）……」出於某種原因，宮崎先生對這句話的配音遲遲無法滿意。我後來才得知，假使導演在錄音室要求配音員反覆錄製同一段對白，通常表示導演相當敬重演員才華，認為他們不只能做得更好，而是能至臻完美。通常一句對白錄個十幾次，專業錄音技師就知道配音員是不是可能表現得更好，甚至更快就聽得出來配音員的狀態。

導演與演員間溝通極其含糊，令人霧裡看花。田中女士「用以毀滅一個國家」那句對白唸了五十次，試圖企及完美，過程中宮崎先生指示大多是這樣：「第一段和前前前前次一樣，但結束得更有力一點，像一開始錄前三次那樣。」田中裕子似乎完全知道宮崎先生在說什麼，只是她不見得能完全依循指示做。

除了觀摩配音過程，我有時也會參加《魔法公主》製作會議。會議在吉卜力大型會議室進行，這裡兼做第二放映室和圖書研究室，我坐在後頭座位記筆記。一次色彩會議中，我們看著投影螢幕上的線稿，畫中角色是長得像蜥蜴、威力無窮的「螢光巨人」，越過樹頂，在森林徘徊。當時會議正在討論如何為這名身體多為半透明的森林神祇上色。實際討論內容像這樣：

「這裡主要部分我覺得237好，那邊則用27、35和412，陰影用613和89。」

「不要用89，也許用127或45。」

「不，用613沒問題，但我覺得可加上127和45，多點視覺震撼。」

以此類推。會議室裡除了我，所有人都知道每個色票編號代表的顏色，看著螢幕，就能想像配上顏色的樣子。我也參加音效製作會議，電影中使用的音效極其精細，聲音表情細膩，各種生動音效令人彷彿置身大自然。

我觀摩的那場會議，有點像是統整了雨勢不同型態，並用各種日文擬聲擬態詞加以描述。雨是「dara dara」，還是「poro poro」呢？雨勢應該是「jyan jyan」地、還是「jyaan jyaan」地那麼激烈呢？還是只要「peko peko」就好？在場所有人都確切地知道彼此在說什麼，只有我一頭霧水。

最終混音（也就是將電影中所有元素剪輯在一起）場地是另一間錄音室，有整座電影院那麼大。混音師和配音時的錄音技師一樣坐在控制台前，只是規模大上許多。若配音場地是星艦企業號，這艘星艦就是巨人歌利亞號了。而混音過程又比錄製配音時更為艱辛。混音師們仔細聆聽每句對白的微小片段，一遍又一遍，斟酌揣度以電影院高級音響設備播放、原聲帶中每個聲音元素應出現的位置。混音師專業技能和敏銳聽覺，著實令人讚嘆，能聽出音調和音量上任何一丁點細微差異。同時，整個過程也會令人覺得，要是同段聲音再重播一次，我就要站起來，聲嘶力竭地吶喊，再殺光整間錄音室裡的人。顯然，我不是專業混音師。

不過，看著同段影像反覆重播，確實能夠讓人注意到平常可能忽略的細節。我有次反反覆覆看著女主角小桑衝進達達拉城、跳上屋頂、穿過城裡，男主角阿席達卡也跳上屋頂、追在小桑背後的段落。看了一遍又一遍，我注意到屋瓦變化：先被輕盈靈巧的小桑踩過，因為小桑身形手腳細小，屋瓦幾乎未動分毫；接著，換體重較重、動作也較笨拙的阿席達卡踩過。光看屋瓦被踩過的變化，觀眾就能體會兩個角色體重、存在感、敏捷程度、前進速度和身體展現的力量。

我在這個段落也注意到，阿席達卡跳上屋頂時，導致幾片屋瓦碎裂，幾片從屋頂掉落。根據我新學到的動畫知識，我發現此段不尋常之處：屋頂應是背景，而動畫當中，背景通常不會動。《魔法公主》是最後一部以手繪賽璐珞片製成動畫的動畫鉅片。手繪賽璐珞片動畫製作過程中，移動物件會以較簡化的方式繪製，方便複製與微調。而移動物件後方的背景，則因細節繁複瑣碎，畫工過於精細，無法以同樣技法製成動畫。而且背景常以水彩畫成，並非鉛筆。

也就是說，要讓那幾片碎裂屋瓦從屋頂掉落至地面，宮崎先生想必是要求動畫師特別為這個段落手工繪製賽璐珞片，而且還複製許多張，才能讓畫面動起來。整個段落在螢幕上播放時間不過幾秒鐘而已，卻花了某個動畫師大把時間（亦即金錢）

製作，又是在整部電影岌岌可危，恐怕趕不及上映期限的情況下。若在規模較大的動畫工作室（例如好萊塢工作室），電影製作人大概會要導演取捨：「對，確實是很棒的表現手法，但我們沒有那麼多時間和預算，做不做對電影本身也無關緊要，所以就別做了。」在吉卜力卻不是這麼回事。

這是日本和其他地區（尤其是美國）影業最大不同之處：在美國，電影屬於製作人，製作人說了算；在日本，電影屬於導演，導演最大。在吉卜力工作室，導演與製作人（通常）團結一心，以電影品質為重，預算問題（通常）不是推翻藝術面決策的理由。況且，假使鈴木先生認為有必要推翻宮崎先生為電影所做的任何決策，他會以狡詐與詭計進行，而非明令。

我向宮崎先生詢問過《魔法公主》那個段落的事。我問他，工程如此浩大，效果卻如此細微，畫面轉瞬即逝，而且觀眾注意力都放在角色動作上了，不就只有少數人可能注意到這些細節嗎？

「你不知道自己有注意到，」他說，「觀眾可能沒有意識到自己看見什麼，但感覺得出來。縱使沒有發現，還是有差別。」

翻譯是門大學問

我剛開始學日文時，對於這個語言如此優美感到驚艷，其描述方式與英文截然不同，竟能完美表達英文難以言喻的事物。我的偶像是哥倫比亞大學教授伯頓・沃森（Burton Watson），他翻譯的中文和日文詩與小說卓爾不群，我曾夢想追隨他的腳步。那是很久以前的事了，我當時還不知道沃森後來放棄教職，改行開計程車，我也未曾認真翻譯過任何東西。

將日文翻譯成英文、或將英文翻譯為日文，都非常困難。出於種種因素，這兩種語言就是對不上，即使最出色的譯者，翻譯時也像是出於信念、形而上地縱身一躍。日文非常隱晦模糊，而英文屬於日耳曼語族，較為精準具體。

蘇菲亞・柯波拉（Sofia Coppola）執導的電影《愛情，不用翻譯》（*Lost in Translation*）中，男主角比爾・莫瑞（Bill Murray）的口譯員不斷將導演複雜指示簡化為「說話大聲點」，就是典型例子。電影產業中，沒有人會去查核譯者翻譯成果。譯者說該這樣翻，就這樣了。

以前一個教日本文學的教授曾告訴我，他當研究生時曾兼差做翻譯。他翻譯美國電影時，碰到一句「像公牛闖進瓷器店（like a bull in a china shop）」，卻以為是「公牛闖進中國人開的店（a bull in a store owned by a Chinese person）」，翻譯字幕也就這樣登上大螢幕。因為日本從來不檢查電影字幕翻譯，以致每部外語片都至少有一隻公牛闖進中國人開的店。每次我在日本看英文片，總會發現觀眾在沒什麼好笑的段落笑了，而在幽默搞笑段落，全影廳又只有我一個人笑，全都因為翻譯不到位。

我開始準備把吉卜力電影翻為英文時，希望能做得更好，而且我不知天高地厚，自以為辦得到。正如格魯喬・馬克思（Groucho Marx）名言：「沒有親自穿著別人的鞋走上一哩，沒有資格批評別人表現。如果對方因你的批評生氣了，至少你已經離他一哩遠，還穿走了人家的鞋子。」

以下是我把吉卜力作品從日文翻譯為英文過程中學到的教訓：

一、確知用途以前，別把譯文交出去

剛加入公司沒多久，有天鈴木敏夫打電話到我新橋的辦公室，請我幫他翻譯新片《魔法公主》簡介。全篇以行雲流水、如詩般的文字寫成，是宮崎駿為作曲家久石讓所寫，讓他更瞭解作品氣氛，好為電影編寫配樂。當時電影還在吉卜力工作室進行製作，我對內容只有模糊印象。

我沉浸在文字當中，盡力揣摩箇中意境，完成翻譯。譯文既無雕琢，亦未經深思熟慮，充其量只是設法以英文重述原文語意。

我把譯文傳真回去給鈴木先生後，整整一週都沒收到後續消息。於是我打電話問鈴木先生對譯文的反應。「譯得還行嗎？有沒有問題？」

「沒問題，」他說。「一切都好。」

「那譯文做什麼用？」我問。

「噢，他們要出一本電影的藝術設定集，很快就要出版了。」

「**什麼！**我的譯文會印在書裡嗎？那能不能讓我再潤飾一下？」

「不行，期限很趕。已經排版校對完了。」

一至兩週後，我收到了即將出版的《魔法公主動畫設定集》，上頭白紙黑字印著我粗略拙劣、唐突生硬又漏洞百出的譯文初稿，永遠令我羞愧得難以自容。

吉卜力後來決定把同段譯文拿去配音，做成電視宣傳廣告。電視廣告由一位嗓音低沉的英國演員配音。我和他一起坐在錄音室裡，錄完之後，他對我說，「翻得真爛啊，應該再潤飾一下吧？」

二、翻譯總有無法達意的時候

《魔法公主》日文電影原名為「*Mononoke Hime*」，英文片名為「*Princess Mononoke*」。以兩個詞組成的電影名稱，譯者（也就是我）竟然只翻了50%，留了一半根本沒翻。

我得知電影名稱時，根本沒聽過「Mononoke」這個詞。宮崎駿特別喜歡用這種詞彙來為作品命名：絕大多數日本人都幾乎沒聽過、沒讀過，不認真回想甚至記不得什麼意思的詞彙。向人提問，每個人都會給出不同答案。字典也幫不上忙，列出詞意包括幽靈、死靈、超自然生物等等，但我問的每個人都答得模糊。他們總答道，說錯也不是，說對呢，又不太對。繼續追問下去，可需要長篇大論才解釋得了。日文充斥著這種詞彙，

所以我就決定放著不管。我以為，等到電影出英文版時，想必會有比我更聰明的傢伙想出適合字詞換上。自從這部電影問世，二十多年過去了，卻沒有人想出來。

三、有時只能接受略譯，不再強求

電影確定未來上映的最終日文版本、獲批准後，譯者（或多個譯者）隨即開始著手翻譯、製作英文字幕。

做字幕很難，既要翻譯精確，又要讀起來自然，觀眾閱讀字幕所需時間還得和

角色說出對白所需時間一致。

舉例來說：《魔法公主》一片中，阿席達卡騎著貌似駝鹿的忠心座騎亞克路，經過一場戰鬥。阿席達卡在山丘頂觀戰時，下方數名武士注意到他。其中一人說：「Kabuto kubi da」若只看字義：「Kabuto」指「頭盔」、「kubi」指「脖子」、「da」指「是」。因此，直譯整句對白，會變成「頭盔是脖子。」

但是，「kubi」除了有「脖子」的意思，也有「斬首首級」之意。也就是說，「kubi da」意思指「斬首」。此處的「Kabuto」是簡稱，借代「那個戴著頭盔的男子」。在日本封建時代，士兵常以戰鬥中砍下的首級作為殺敵證明，藉以換取賞金。

因此，那名武士真正的意思是：「那個戴著頭盔的男子，我們若砍下他的頭，就能去領賞金」。全部翻譯成字幕，共有二十三字。「Kabuto kubi da」只有六個音節。字幕得再扣十七個字，必須縮短約七成。

「那個戴頭盔的！砍他的頭！」十個字。還得再扣四字。

「頭盔仔是我的！」六個字，總算差不多。但現在語意又怪怪的，誰是頭盔仔？而且取首級換賞金的意思已完全捨棄掉了。

「我要他的頭！」五個字，更短，讀比較慢的觀眾也跟得上。上下文脈絡也比較易懂，但這個譯法刪去了頭盔。不過，到底來說這麼譯還是比較好。只有懂日文的觀眾能夠享有百分百風味，外語觀眾只能退而求其次，追求尚可接受的譯文版本。

四、沒有任何事是理所當然

《神隱少女》片中有轉述白龍偷走錢婆婆印鑑的段落。負責撰寫英文劇本的迪士尼編劇急匆匆地與我們聯繫，因為他們不懂劇情。在日本，「印鑑（seal）」很重要，可作為身分證明。美國人習慣簽名，不管是支票、信用卡簽單和法律文件，都是簽名為證，但日本習慣以印鑑為證。凡法律文件之類，日本人慣例是掏出自己印鑑，蘸上紅墨水，在文件上蓋印。

迪士尼編劇大感不解的是，既然白龍偷走了錢婆婆的「海豹（seal）」，為什麼海豹都沒有在後續場景出現呢？

只要涉及外國文化，我們無法理所當然地預設別人能瞭解多少，也無從得知哪裡可能產生誤會。

五、凡事都需再三檢查

從迪士尼那邊收到《天空之城》英文劇本時，我們反覆檢查對話內容，卻沒有檢查角色名字。後來收到配音樣本時，我們才注意到片中有些角色名字很古怪。

為了幫作品增添一些異國情調，宮崎駿為兩個角色賦予了法文名字，「夏爾（Charles）」和「亨利（Henri）」。以日文發音，名字聽起來像是「夏魯魯」和「安利」。迪士尼的翻譯是第三代日裔美國人，未曾在日本生活過，但也不信提問這套，自己判定這兩個角色是中國人。於是，儘管迪士尼老是抱怨吉卜力作品異國氣息太重、角色名字對美國觀眾而言很難念，這回《天空之城》英文版中，他們明明能幫角色取名為「亨利」和「查理」，最後卻還是叫「安利」和「夏魯魯」。

《魔法公主》票房創下空前成功，許多國外發行商對發行吉卜力作品更有興趣，想看看英文字幕版。有些電影已經有英文字幕，但都倉促完成，品質不佳。從藝術或商業觀點而言，我們都希望字幕品質盡善盡美。

吉卜力翻譯電影字幕時，團隊需要至少五人。我們構想是，至少有兩人母語是英文、兩人母語是日文，再加上一個兩種語言都通的人，至少能確保不出錯。可是，宮崎駿本人卻是這套方法的最大挑戰。宮崎駿說出的日文，即使沒人聽錯，五個人耳朵都可能聽出五種各不相干的意思。

我們的翻譯流程始於將電影作品原本艱澀而優美的日文盡可能轉化為不懂日文的觀眾也能理解的英文內容。本質上，電影創作為許多人的共同心血結晶，在我們看來，電影翻譯也是。

而比起創作，翻譯電影內容更面臨獨特挑戰。業界一般認為，電影製作完成後，當地首映與海外上映時間差距越大，商業價值越低。如此一來，等於每部電影完成後都有特定「賞味期限」，必須在期限前完成英文字幕，甚至搶在電影首映前完成，交由有興趣的海外發行商過目。也就是說，搶得先機至關重要。

通常電影賣出於某國放映的海外發行權後，發行商便須製作該國語言字幕或配音，又或是兩者兼具。舉例來說，若電影賣出了挪威放映的海外發行權，能做挪威文和日文翻譯的譯者數量可能不多，能做英文和挪威文翻譯的譯者則綽綽有餘。

然而我們卻發現，吉卜力電影英文字幕在翻譯製作成他國語言字幕和配音劇本時，並沒有那麼實用。翻譯英文字幕時，為了顧及對話長度而刪節的部分，解決了當下難題，卻造成更多麻煩。因此，我們為每部吉卜力製作「直譯」版，也就是完全不予刪節、不顧時間長短，忠實翻譯整部電影內容的譯本。然後，其他國家的譯者便能好好據此翻譯，字幕長短就交由他們去傷腦筋。

譯者都是些書呆子，總是希望自己譯作精確無誤。職場上，沒有什麼比有人監督更能驅策表現的事，因此我們會盡可能地檢查所有外語翻譯。吉卜力內部有人懂的外語都會檢查，即法文、西班牙文和英文。若譯本錯誤明顯到我們能發現，便可算是嚴重問題。

然而，所有創作者都討厭自己作品遭受批評。創作外語譯本和檢查的過程，常常引發激烈爭執，令各方心存芥蒂。有一次，某部吉卜力電影獲選為威尼斯影展競賽片，需翻譯為義大利文字幕。我們分別雇用一群日文至義大利文的譯者和義大利文至日文的譯者。那次因為電影甚至還沒在日本上映，由吉卜力於日本進行翻譯。可翻譯到最後，我們必須在會議室中間安排一位身形魁梧的「裁判」居間調停，以防譯者們又打起來。

關於翻譯，我的最後一項心得是：翻對了，沒人會感謝或是讚美你的成果；但若翻錯，你絕對會知道，逃也逃不過。尤其有了網路之後，更不須擔心自己該如何檢討，網路上滿是各種指教。世界上沒有完美翻譯，永遠不可能無懈可擊，無論如何，總會招致批評。

而且，毫無疑問地，遭受批評總會覺得痛。

跳脫框架的宣傳手段

《魔法公主》在日本上映時，宮崎駿自從一九九二年《紅豬》以來，已經許久沒有推出新作。而宮崎導演的《龍貓》是全日本最受歡迎電影。和美國《綠野仙蹤》類似，日本許多民眾因為每年電視重播而認識這部片。日本的日本電視台（NTV）每年七月暑假時都會重播《龍貓》，每次播出都吸引大量觀眾。一九八八年首映時，儘管口碑不錯，票房卻不突出。不過，鈴木敏夫相信，幾年下來日本家家戶戶都有一捲龍貓錄影帶，都是電視重播時翻錄下來的。

宮崎先生即將上映的新片已獲得迪士尼肯定，雖然日本大眾對迪士尼的認識多為主題樂園和消費品，再怎麼說仍是好萊塢大廠，更是國際知名大企業。鈴木先生負責本片行銷，煞費苦心要讓日本大眾瞭解迪士尼國際地位，因為日本大眾常貴遠賤近，發源自日本的才華與長處，往往獲得外國肯定後才在日本快速竄紅。

鈴木先生為了強調《魔法公主》將轟動國際、好讓日本觀眾對電影另眼相看，刻意透露吉卜力預期海外發行商會爭相尋求發行權，特別延攬了外國主管（也就是我）負責相關事宜。這麼做是為了在電影上映前先打造其國際鉅片的地位。電影上映前舉辦了一連串記者會，我常被叫上台，以日文簡單介紹電影的海外發行計劃。我的工作相當輕鬆；畢竟，「可能」的事聽起來永遠比「可行」的事更美好。

電影上映在即，我常獲媒體邀訪，也曾進電視台攝影棚受訪過幾次。八〇和九〇年代，日本深夜電視節目常有訪問單元（名人和普通人）、羞辱民眾的單元（讓家庭主婦擂台對打、爭奪家電獎品），或者出其不意拜訪民家或職場的突擊單元。許多單元都由衣不蔽體的女性主持，可能是固定班底或是節目來賓。例如SM模特兒被粗繩綑綁、倒吊於空中，冷靜地介紹繩結技巧，說明這些繩結如何盡可能避免軟組織損傷，同時盡可能地裸露並造成疼痛。許多深夜節目相當受歡迎，觀眾群龐大，常帶動大眾品味和潮流。

這些節目其中一個常用手法是派節目固定班底拜訪不同場所，代觀眾體驗各種活動，通常是餐廳和日本傳統旅館等等清幽隱密的地方。我沒意料到，有天鈴木先生竟會通知說某個深夜節目要來訪問我。

我只知道節目主持人（一名年輕女性）會帶電視劇組到新橋辦公室來，請我談談《魔法公主》。我畢業以後就很少看深夜電視節目（唸書時為了增進我的日文聽力與口說看了不少），並不清楚當時流行何種節目，也不認識當紅藝人。我沒有花功夫去研究。我以為他們會問平常問的那些，僅此而已。不過，我確實注意到，每次向辦公室其他同事提起訪問的事，他們全都馬上摀嘴憋笑，卻沒人向我解釋到底好笑在哪裡。我不禁疑惑，他們到底在隱瞞什麼呢？

到了約好的訪問時間，還是無人聯繫，我什麼也沒聽說。一天傍晚，我正在桌前辦公，突然聽見走廊一陣騷動。強光直直地朝我們辦公室前進，沿路眾人紛紛走避，飛快地逃離。強光步步進逼。光芒照耀之下，辦公室走進一位全身銀色裝扮的長腿日本女性，緊跟在她身後的是肩扛大型電視攝影機的攝影師，其後是舉著打光設備的工作人員，另一個則手持長柄收音麥克風。

那名妙齡女子身穿銀色金屬材質的高領無袖背心，內搭銀色金屬材質胸罩，下半身則是布料非常（非常！）少的銀色金屬迷你裙，側邊開衩。她頭髮也是銀色，閃著金屬光澤，連眉毛也是銀色，一隻手戴著露出手指的及肘長手套。

銀色女子踏著六吋高銀色金屬厚底靴，大步走向我，身上的銀色鍊飾與手鐲隨之發出清脆聲響。她穿了銀色鼻環，一手拿著巨大的銀色麥克風。

銀色女子還沒走到我的桌前，訪問就開始了。她把麥克風伸向我，等我回答，但我根本沒聽見她問了什麼。攝影師推擠至我面前，燈光師那幾千瓦的強光鎖定在我身上。我不善於面對突發狀況，即使聽見主持人提問，也過於震驚，無法回答。我的下屬和一群隔壁辦公室員工都站在攝影機絕對拍不到的地方笑著。其他辦公室的人則從門外探頭進來。

我滿腦子只想著不知銀色女子的服裝是在地球買的，還是從她家鄉星球帶來的？但真問出口恐怕會惹毛深夜節目觀眾，只能作罷。我盡力克制自己不直盯著她看，實在很難。除了身上少數部分被銀色布料包裹起來，她大部分肌膚都袒露在外，而且是難得一見的美女，渾身散發魅力，我站的位置又視野絕佳。

我不記得任何銀色女子問我的話，或者我的回答，只記得當下完全無法專心，訪談該講的重點都忘了講。在我看來，訪談並不順利，可後來見到鈴木先生時，他似乎相當滿意。不過，即使訪談真算順利圓滿，也不能算我的功勞。在日本，身為外國人，訪談成功百分之九十九都靠「外國人」這個身分，只需到場即可。若要說，我倒覺得自己有件事做得好：完全被銀色女子迷倒，動彈不得。

當然，我上電視與其他媒體訪談只是整體行銷企畫當中極小的一個環節。電影發行的國際展望只是哄抬聲勢的策略之一，像甜點盤飾，精緻甜點旁一抹艷紅糖漿，只是增添色彩而已，沒人會真的品嚐。鈴木先生行銷企畫重點是電視廣告、電影院播放的預告片，以及安排宮崎駿親自走訪日本各地市場。

製作《魔法公主》電視廣告與預告片堪稱行銷進階課。從一開始，鈴木先生挑選收錄場景便面臨激烈反對聲浪，許多考量與宮崎先生宣布新片為《魔法公主》時製作合作團隊提出的意見類似。

他們告訴宮崎先生，設定於古代的作品一定會失敗，因為日本觀眾已經受夠歷史劇。何況電影設於封建時代，主角卻不是武士、而是衣衫襤褸的村民，日本大眾絕不可能接受。片中包含斬首和肢體破碎的橋段，這放在真人動作電影當中可能還行，放在動畫片中等同自取滅亡。宮崎先生謝過製作夥伴意見，然後還是照著自己心意創作了。

鈴木先生設計宣傳用的電視廣告與預告片時，刻意把這些「缺點」全放進去，這可把電影發行夥伴嚇個半死。其中，主要製作夥伴日本電視台暗示不願播放電視廣告，直到最後才勉為其難放行。

最新吉卜力作品上映時，鈴木先生總會刻意偕同導演遊遍日本。雖是例行公事，在電影作品好不容易完成後，宮崎先生和鈴木先生總非常享受這些旅行時光。他們會搭火車旅行，與各地有意願放映新片的電影院業者會面，和準備撰寫影評的媒體交流。宮崎先生歡快地回答問題，繪製電影角色圖畫、四處發送，為人簽名。電影完成後，宮崎先生總是心情愉悅，而且他很重視與日本各地民眾交流的機會，熱衷於比較日本不同區域間各種古怪特色。

與電影院業者密切交流也讓他們更有意願延長放映，比業界一般上映期間更長。

日本電影院多為中小企業，經營困難，電影院每週七日不斷累積營運支出，消費人潮卻都集中在週末。當業者將一部片排入放映檔期，他們要考慮電影公司是否在放映期間持續投注廣告與宣傳資源，直到下檔。

同樣地，放映電影院有哪些、放映期間有多長，都決定了電影票房成功與否。日本電影院家數、平均影廳數相對比其他國家少，即使一部電影極為賣座，業者還是可能決定在放映兩週後下檔。因為永遠有新電影等著上映，只要是強檔鉅片，預期票房表現好，可想而知業者會如此取捨。另一方面，電影院業者也很討厭好萊塢片廠脅迫手段，老是以大片要脅，要求電影院放映其他比較小眾的作品。鈴木先生特別利用這一點。

好萊塢片廠傳統觀念認為，一部電影放映的電影院越多、獲利就越多。鈴木先生知道，即使這個道理在美國為真，日本卻不是這樣。鈴木先生策略是僅在一定數量電影院上映；放映《魔法公主》的電影院競爭對手減少了，業者就可能投桃報李，延長電影上映期間。

在日本做生意的美國人總會聽到別人說日本國情不同，再世故老練的美國生意人也常不信邪。與《魔法公主》檔期相同、計畫推出強檔鉅片（例如《侏儸紀公園》〔*Jurassic Park*〕）的好萊塢電影公司遵循傳統思維，要求日本工作人員盡可能敲定越多電影院越好。鈴木先生則不允許發行商與太多間電影院簽定檔期，甚至還拒絕了好幾間。

那個年代，在數位媒體興起之前，日本娛樂線記者若要評估一部電影首映票房如何，會在週六（日本新片上映的日子）起個大早，開車到東京、名古屋或大阪大型電影院附近繞繞，觀察售票口附近有沒有排隊人潮。若有人排隊等著買票，就算票房不錯，若隊伍排得很長，就算賣座了。通常他們會觀察當天前兩個場次售票情形，再寫成報導。

這是鈴木先生限制吉卜力電影首映電影院數量的另一個原因。若宣傳得當，首映當天就會有許多民眾想要買票入場。此時，上映電影院數量越少、票口就可能有越多人排隊。日本人對排隊有著無止盡的耐心，他們甚至感覺樂在其中。真心想看一部作品，日本觀眾絕不介意排隊等待。

《魔法公主》首映期間，鈴木先生會帶著宮崎先生和多位為電影配音的知名演員親臨電影院，在電影放映前或結束後現身。首映觀眾得以目睹知名導演和當紅演員風采，還拿得到紀念小禮物。這讓民眾更有動力買票進場，特別是東京市中心銀座附近常舉辦首映活動的大型電影院。

電視、電台和報章雜誌都會報導電影首映和明星出席情況，負責分析票房的娛樂線記者則會看到票口大排長龍，斷定《魔法公主》轟動全國，加以報導。

日本觀眾最想看的電影就是他們買不到票、看不到的那部。若座位銷售一空，這部電影就會大受歡迎；一旦大受歡迎，更讓所有人爭先恐後搶著看，深怕自己沒趕上這股熱潮。必須耐著性子排隊買票也無所謂，對日本人來說，排隊根本不算什麼。

須要點浪漫場景？

華特迪士尼公司在《魔法公主》上映前就相中宮崎駿和吉卜力作品、買下發行權，此般遠見在娛樂圈常為人稱道。促成這樁生意的是迪士尼家庭影片國際事業部門主管麥可・O・強森（Michael O. Johnson），他與美國之外國家商務往來經驗豐富，深知吉卜力一九九七年以前發行作品價值。

但迪士尼協議簽下吉卜力電影發行權時，MOJ（強森下屬對他的稱呼）或迪士尼、甚至日本國內，無人曉得宮崎駿正在製作的新片內容為何。

一九九七年四月初，MOJ到訪東京與新橋德間大樓。當時新片尚未完成，鈴木敏夫作為製作人，安排了預告片放映會。播放的預告片也未曾公開，只聽說看過的共同製作人毀譽兩極，吉卜力部分製作夥伴甚至力勸鈴木先生重新考慮。放映廳燈光暗下來，MOJ入座，準備欣賞自己說服公司買下發行權的電影；而他對這一切仍毫不知情。

斷臂橫飛，箭矢射落頭顱。黏稠的內臟肚腸從橫衝直撞的巨大野豬腹中流出。纖細的女主角以手背抹去嘴邊的血。放映廳燈光再度亮起，MOJ啞口無言。當著其他隨行人員的面，MOJ盡量不動聲色——包括迪士尼日本分公司、吉卜力製作團隊、德間商店行銷人員和當時正在拍攝《魔法公主》製作始末的紀錄片劇組。

直到當天晚上，MOJ與鈴木先生和星野康二（當時迪士尼日本家庭影片部門主管）共進晚餐時，才懇求鈴木先生，千萬拜託宮崎先生加些場景，降低暴力畫面衝擊。希望能讓男女主角多些浪漫場面，要是能加上吻戲就更好了。強森再三強調，宮崎先生是自己非常尊敬的藝術家，他明白藝術家本來便無需理會像他這樣的生意人有什麼意見，遑論要求修改電影內容。但是，拜託，真的萬事拜託了，鈴木先生能不能幫忙傳個口信，請宮崎先生稍微調整一下內容？

鈴木先生僅微微頷首，露出沈思神情。在MOJ和多數美國人眼裡看來，點頭就是理解與同意的意思。在同桌其他人眼中，這只代表鈴木先生正在思考，大概在思考怎麼拒絕。

MOJ看到的預告片不是完整版，大約一個月後，我和星野一起拜訪迪士尼總部時，帶了即將於電影院和電視播放的最終版本過去。完成版加了一句對白：「放開那個女孩！她是人類！」MOJ以為這代表男主角阿席達卡正要拯救女主角小桑，因而感到滿意。這是誤會，但我和星野都不置可否。

後來又出現小桑看似彎下身親吻阿席達卡的段落。太好了，MOJ說，多了浪漫場景。他看來如釋重負，囑咐我們務必要代他感謝鈴木先生和宮崎先生。他看到的其實稱不上吻戲，但我和星野沒有解釋。

預告片段落中，阿席達卡其實在瀕死邊緣，意識不清。小桑正在嚼碎肉乾，口對口餵給他吃，因為阿席達卡已虛弱得無法自己進食。MOJ相當開心，我們實在不好澆他冷水。還是讓他在電影上映後自己發現比較好。等到那時，《魔法公主》已經打破日本所有票房紀錄；無論MOJ對電影有多少疑慮，沒有什麼比史上最佳票房紀錄和隨之而來的全球好評更能讓他把擔憂拋諸腦後了。

不過，《魔法公主》對華特迪士尼公司而言仍是口味過重了，無法以迪士尼之名發行，因此後來才交給迪士尼新收購的子公司——米拉麥克斯影業——發行。

廣爲人知就好

日本人樂於成為國際新聞焦點（大地震或核電廠爆炸之類消息除外）。當日本動畫電影打破十五年來票房紀錄，國際媒體便注意到了。突然之間，美國有線電視新聞網（CNN）也報導起宮崎駿，讚許他為日本傑出電影創作者，畫面出現《魔法公主》上映數週後仍不減的排隊人潮。外媒對於成年人進電影院觀賞動畫片倍感稀奇，反而讓電影更為賣座；還沒看過電影的民眾因外國媒體關注而改變主意，決定買票進場一探究竟，因而一再刷新票房紀錄。

外國媒體（外語）採訪邀約開始湧入，從報導日本電影發行的產業刊物開始，再來是得知票房紀錄的國際新聞媒體，最後是歐美大型電視台和平面媒體。他們全都想瞭解日本民眾為何願意週復一週的排隊，進電影院觀賞一部非以兒童為目標觀眾的動畫電影。美國有線電視新聞網、美國全國廣播公司（NBC）、英國廣播公司（BBC）、法國電視一台（TF1）、德法公共電視台（Arte）和美國哥倫比亞廣播公司（CBS）都致電了。時代雜誌、新聞週刊、紐約時報和華盛頓郵報全都來電約訪。變得眾所矚目，縱使是吉卜力所樂見，卻在意料之外，公司裡並無負責應付外媒的專責單位。

大概是因為我的英文比公司其他人都說得好，回應外媒的工作便落到我身上。我們原本預計，等吉卜力電影發至海外國家，媒體採訪便交由當地發行商負責。國際媒體竟這麼快問起《魔法公主》日本的上映情形，令人始料未及，我還來不及學會「不要有問必答」的高深技藝。

我對新聞媒體與記者向來抱持尊敬且恐怕有些過於天真看法。我大學其中一位室友成了紐約時報記者，而他是我所見過最勤勞、最認真的人。他研究周延，為寫文章不眠不休、日以繼夜，一一驗證其中事實才發表。我以為每個任職於大型紙媒或電視台的記者都和我室友一樣認真，誤信每個署名報導的記者無疑都與鮑伯・伍德華（Bob Woodward）和卡爾・伯恩斯坦（Carl Bernstein）[1]同樣堅守專業倫理職業道德，拚盡全力與決心（像達斯汀・霍夫曼〔Dustin Hoffman〕與勞勃・瑞福〔Robert Redford〕在螢光幕上描繪的那樣）。顯然這不完全是事實。

我也發現，儘管我和外國人溝通無礙，我並不擅長與媒體打交道，尤其是「同意公開引用」具名受訪時。同意公開引用表示需對用字遣詞更為敏銳，將冗長、艱深且思慮周詳的長篇大論精簡至十五秒以內。受訪時口誤難免，但仍須言詞謹慎，知道哪些問題應「回而不答」更是重要技巧。專業公關做得到，這就是為什麼我們聘請公關來回答問題，而不是自己來。

過了一陣子，《魔法公主》開始在海外上映後，我接到紐約時報一個記者來電。紐約時報——這可是我至今仍每天閱讀的報紙。那名記者派駐於日本，致電邀請宮崎駿進行採訪。事實上，他說想訪問「宮澤俊」，聊聊新片。他說在電視上看到廣告，也看過預告片，有個男孩騎著巨大老虎，與來自太空的外星機器人對抗；他說想要安排一場私人放映會，並採訪導演。

我（禮貌地）解釋導演名為宮崎駿，並非「宮澤」；片中沒有巨大老虎，也沒有太空機器人；宮崎先生再過三天便要出發前往法國，能不能等宮崎先生返回日本再安排採訪？

「那約今天或明天如何？」記者問道。

「聽著，」我說，「感覺您對導演和他的作品認識不深。宮崎先生現在非常地忙，實在無法抽出時間受訪，最快要兩週後，能不能等他回國之後再約呢？同時，我能在這段期間為您安排放映會，也能安排公司其他工作人員在採訪前先為您做個介紹。這樣安排好嗎？」

「你才聽著，」記者答道，「這可是紐約時報，懂嗎？可不是什麼地方小報，紐

1 譯註：揭穿水門案的華盛頓郵報記者。

時報導對你們公司可大有助益，紐約時報耶。不如你告訴我今天或明天何時可以讓我過去採訪。」

記得我大概這樣回覆：「這麼說好了，這部電影是日文片，以日本觀眾為主，我想日本大概沒有人在乎紐約時報的觀點為何，我之所以在乎，是因為我爸媽會讀紐時，要是他們能在報上讀到我和電影的名字，我會很高興。但導演今明都沒空，後天也沒空，最快要兩週後才有時間，就這麼簡單。你若無法等到他回國之後，不如別採訪了吧。」

「我能夠引用你的回覆嗎？」對方問道。

「悉聽尊便，」我說。他也這麼做了。

現在我必須坦承，這實在不是應付記者的最好方式。

隨後，紐約時報登了一篇吉卜力工作室的負評，文中指稱我為吉卜力的公關。儘管整篇文章對吉卜力諸多批評，仍引用與一名中國女子的採訪內容，她在橫濱經營兩家電影院，提及《魔法公主》相當賣座。報導主張日本動漫盛行可能與低識字率有關，民眾因為認不得漢字，閱讀困難。

幾天後，這篇報導獲日本媒體轉載，標題為「紐約時報主張日本漫畫盛行主因是識字率低」。聯繫求證時，該名紐時記者惱怒以對，具名質疑日本媒體難不成在指控紐約時報記者不懂怎麼讀聯合國識字率統計圖表。他進一步指出，就是因為日文漢字艱澀難讀，火車和地鐵上的乘客自然寧願看圖不看字。該名記者評論刊出後，紐約時報因為收到許多憤怒回信，被迫代表那篇報導和記者致歉，風波延燒了好幾週，紐時甚至自己也刊登了幾篇反駁意見。

我對吉卜力工作室作品評價甚高，尤其是《魔法公主》。但我逐漸明白，不是每個報導吉卜力電影的記者都想要瞭解、學習如何欣賞這部電影，探尋埋藏其中的奧秘，或得知創作者想法。媒體記者有自己工作要做，他們並沒有義務看過每部報導的電影，或以創作者（及密切參與製作過程的人）思維去理解作品。記者只在乎自己的讀者。

紐時文章刊登後，許多親友與我聯絡，他們的反應令我大感吃驚；他們或寫電子郵件或致電，說讀過文章了，覺得報導得很棒。

「很棒？」我會這樣答。「不覺得是負面報導嗎？」

「呃……可文章有提到你的名字。」

「然後呢？」

「不知道啦，可能我沒有讀得太仔細。那是篇負評嗎？我只記得讀到你的名字，登在紐約時報耶，這樣很棒啊，不是嗎？」

文化戰爭

CHAPTER 03

令人捉摸不定的宮崎駿

我常在報章雜誌讀到宮崎駿不喜歡出國的事。從《魔法公主》在商業院線獲得成功開始，宮崎駿便躍上主流舞台，無論歐洲、亞洲或北美，只要他任何一部作品上映，便邀約不斷，希望他能露面。我在吉卜力工作室的職責之一便是規畫這些行程，並協助動畫製作人鈴木敏夫說服宮崎先生同意向海外發展。

宮崎先生倒常主動澄清自己絕非討厭出國。他說，若是私人行程，國外許多地方他都想去、曾經去過，或樂於再訪。他討厭明明造訪美麗或引人入勝的景點，所有時間卻得花在工作（作品宣傳）之上。

宮崎駿製作動畫的方式相當高壓，而且他認為這麼做恰如其分。他常說，一個人真的可能面臨失敗、必須承擔現實後果時，工作表現最佳。曾有好幾次，在完成一部片之後，宮崎先生會建議結束工作室，開除所有工作人員。他認為這能讓動畫師體會到失敗的下場，屆時，若找他們回來製作下部作品，他們會成為更出色的創作者。沒有人確知他是不是認真的。

宮崎先生宣布一部作品正式完工後，他就不再思考這部片的事；完成就是完成了，再多做什麼，也無法改善、或是改變作品一分一毫。他總是想繼續前進，開始構思下一部作品。

開始新企畫時，宮崎先生會先運用想像力，迸出各種畫面與創意，再以素描或水彩畫捕捉下來。他同時常有兩三部新片的點子。大量累積圖畫之後，他才開始完善構思，想出與畫面相應的劇情。他覺得構思足以發展成一部新作品時，就和製作人鈴木敏夫討論各種可能。他們會同意採用某個點子，告訴工作室其他人，眾人也熱切同意，然後宮崎先生又在一週後捨棄，轉而採用另一個截然不同的點子。

最後總會有個點子得以留下，圖畫構思終於成形。其他創作者會加入，著手電影美術概念設計。正式決策之後，工作室會延攬更多創作者加入，繪製背景、勘景，完成更多美術概念創作。宮崎先生會從自己圖畫中選出較為精細的一兩幅，作為整部電影代表，工作室也會發布新作的消息。接著會開始製作，訂下放映戲院檔期，幾乎總在恰好兩年後正式推出成品。

前述過程遠比實際情形更為平順。憑宮崎駿在日本的聲譽，只要新作消息一出，日本全國每家戲院都想放映。工作室通常在十二月宣布新作，在日本，要吸引眾人注意，年底最為適合。作品會在兩年後七月中上映，這是日本最適合的檔期，因為學生都在放假。正因為宮崎先生總是能如期交出作品，才可能訂出這樣的檔期。然而，他的創作過程從不輕鬆，更不安穩，他只是堅信動畫電影創作者永遠應在期限壓力下工作。吉卜力工作室只錯過七月期限一次，而且情有可原，更遠超出導演控制。

製作階段初期工作步調相對悠閒，宮崎先生負責繪製在吉卜力工作室稱為「econte（分鏡腳本）」。分鏡腳本結合了分鏡表與劇本，是製作整部電影的完整藍圖。宮崎先生通常會將分鏡腳本分成五個部分：A、B、C、D和E。這和劇本中幕次不同，各佔整部電影預計片長的百分之二十。

宣布新作時，宮崎先生通常已經想好A部分，B部分也已大致成形。他會充滿關愛且仔細地完成A部分圖畫。特別是較近期作品，宮崎先生知道所有作品分鏡腳本會在吉卜力美術館公開展覽，A部分更以精緻水彩細細繪成。B部分同樣以審慎步調完成。

一旦宮崎先生開始繪製C部分，整部片就進入全力製作階段了。儘管背景繪師與構圖繪師已先開工，進入C部分時，動畫師才開始繪製。同一段時間內，宮崎先生一邊準備完成整部片的劇本，一邊開始與動畫師開會，檢視動畫繪圖。到了宮崎先生開始畫D部分時，他會開始有所顧慮，擔心五個部分和規劃片長不足以呈現整個故事。這時，他往往還不知該如何收尾。對於電影結局，他可能有好幾個點子彼此牴觸，難以取捨；或者，他仍對結局毫無概念。動畫師會在繪製D部分時趕上宮崎先生進度，接著故事劇本會面臨瓶頸。

危機感會漸漸壟罩工作室，宮崎先生會完全停下劇本撰寫，開始做些與電影無關的事。他會開始為工作室的佛蒙特州鑄鐵柴爐劈柴，然後有人會向鈴木先生報告，鈴木先生便會前來，勸他別再砍柴、繼續工作。

E部分仍不見蹤影，整個工作室沉浸在極度高壓的氣氛中。戲院已經安排好檔期，製作進度卻延宕。沒人知道故事會如何收尾。

接著便迎來轉機，E部分成形。稍微慶祝過後，動畫師與後端製作團隊便開始違反日本勞動法規，不顧工時地衝刺，完成整部片。動畫師接獲回家睡覺的命令時，他們不是假裝離開、再偷偷回到桌前繼續苦戰，就是直接了當地拒絕。而負責支援的後勤團隊，即使此時已經沒有實際工作須完成，仍與動畫師同進同出。這既代表團隊團結，也是同儕壓力，顯示出日本不成文傳統：若其他人還在工作，就算你已經沒有工作可做，也不能休息。

這就是宮崎駿的創作過程。一旦大功告成，他便開始走訪日本各地，與戲院經營者、媒體會面，針對國內市場展開宣傳。作品既已完成，他自由了，還能在日本四處遊歷，這向來是他熱愛的事。接著，他會休一個月假，歸隱於山中小屋，與家人共度。沒過多久，他又開始構思新作品，整個過程從頭再來一次。

無論原因，要求宮崎先生中斷整個創作過程的規律都是份苦差事。試想，作品完成了，日本宣傳行程畫下句點，電影叫好又叫座，工作室得以繼續經營，你放了一個月的假；現在要你聽從立意良好的國際發行人員（以及立意沒那麼良好、受雇於國外電影發行商的公關人員）安排，造訪A國、B國和C國，還有X國、Y國和Z國，期間一天八小時都關在狹窄房間裡，坐在那兒，反覆回答記者以不同語言提出的同樣問題，還得耐心等待他人翻譯問答，如何？這種提議一點也不吸引人。

宮崎先生很早便瞭解到，海外宣傳與日本國內宣傳截然不同。在日本，電影製作公司主導整個宣傳流程，但在海外，一切則由專業公關人員掌控。

對公關而言，任何媒體訪問都好，多多益善。要是公關能作主，他們就會設法將電影宣傳行程排成一場場十五至二十分鐘訪問，一天八小時、連續四五天。他們會盡量把所有時段塞滿，有時安排的記者不但沒看過宮崎先生作品，甚至不知道是動畫電影，只知道他因為某種原因而出名。

這種採訪，多數記者提問總千篇一律，卻指望宮崎先生給出獨特答覆。這麼看來，宮崎駿可說是記者夢寐以求的採訪對象；即使同個提問，他給出的答案幾乎從不重複。例如：

記者：「本部片主角是年輕女性。您的作品都以女性為主角嗎？」

宮崎先生：「是的。」（上午十點）

「不是。」（上午十點半）

「我的作品一半以男性為主角，一半以女性為主角。人類男女比例大約各佔一半，我想這樣滿適切的。」（上午十一點）

「我構思作品時，很少注意主角是男性還是女性。」（上午十一點半）

「我希望十歲女孩去看我的電影，主角當然會是女性了。」（中午十二點）

「女性做為主角更有趣，所以我總是設法讓主角是女性。」（下午十二點半）

我第一次請宮崎先生出國宣傳，是因為《魔法公主》入選柏林國際影展非競賽片，美國發行商米拉麥克斯影業認為該片於柏林放映相當重要，而導演親自出席更是關鍵。當時因為柏林影展競賽單元不對動畫電影開放，《魔法公主》不能角逐獎項。根據米拉麥克斯影業說法，雖然《魔法公主》沒有機會贏得大獎，參加影展、在國際知名影展放映，仍可營造電影正面形象。

只要任何人要求宮崎先生做某件事，他便死也不肯做，他個性就是如此。就算請他做的是他原本就想做的事，他也會臨時改變心意。想當然耳，若請他花上兩週、到某地宣傳自己作品，他鐵定會拒絕。只有製作人鈴木敏夫知道怎麼說服他。

多數來自影展或商的邀外國發行約，我們都回絕了，因為知道宮崎先生不會答應，鈴木先生也想不出能夠說服他的理由。然而，像柏林影展如此重要的邀約，宮崎先生應該也找不到回絕的正當理由，我會先帶提案去找鈴木先生。假使鈴木先生同意，我們就會開始動腦筋，想想還能加上哪些行程，趁機要宮崎先生答應。一安排好提議行程，鈴木先生、我、森吉治予或武田美樹子便會一起去找宮崎先生，開始想辦法說服他。若鈴木先生不同意宣傳提案內容，他會要我們自己去找宮崎先生，明白宮崎先生肯定不會答應，我們也無可奈何。

日本學習技藝的傳統方式稱為「minarai」，藉由觀摩學習的意思。一如日本傳統的「sensei」，鈴木先生不肯透漏他的秘訣；一切都是他多年來不斷嘗試、不斷失敗才琢磨出來的，他絕不肯開口傳授成功之道。唯有仔細觀摩，觀察他的言行，才可能學到訣竅。

我曾觀摩許多次鈴木先生說服宮崎先生答應他原先不肯同意的事。我曾聚精會神、仔細觀察會面過程所有細節，卻還是不懂他怎麼做到的。有時，我們為了要宮崎先生同意某事而會面，卻全程沒有提到會面目的。通常鈴木先生和宮崎先生會聊起在場其他人都不認識的共同友人，他們的居處現況等等，兩人沉浸在回憶中，過了一會兒，儘管完全沒有提出請求、甚至未曾提到相關的事，鈴木先生會示意我們結束會談，起身離開。離開之後，鈴木先生會說，「好的，宮崎先生答應了，就照你們計畫進行」。

我總是以為，因為我是外國人，才錯過了某些幽微的肢體語言，或是敘舊閒聊中藏著的密語。但是，我向其他在場的日本人問起，不管是森吉、武田，或鈴木先生其他助理製作人，他們同樣完全沒有頭緒，不明白宮崎先生何時、怎麼答應的。儘管非常神秘，只要鈴木先生說宮崎先生已經同意，即使在場沒有別人看見或聽見，他真是同意了，宣傳計畫也能繼續進行。

為了那次首度參加柏林影展的行程，鈴木先生聽了我和同仁規劃的提案，看似同意，要我自己去問宮崎先生。那時我才剛上任，還沒發現這項工作不只是解釋宣傳行程的背景，也不會聽到他說「當然好了，我們何時出發？」現在回想起來，我認為鈴木先生是希望我無功而返，才能體會要宮崎駿同意做他不想做的事有多麼困難，由衷佩服他這門學問。不過，鈴木先生還是不忍心讓我一敗塗地，最後關頭，他打破身為師父不言之教的原則，給了我一點提示。「宮崎先生最近對愛沙尼亞很感興趣，」他告訴我。

許多美國人甚至連愛沙尼亞在地圖哪個位置都指不出來，我也不例外。不過，去見宮崎先生之前，我徹底研究了愛沙尼亞的大小事（僅限於當時剛起步的網路上能找到的資訊）。我記起愛沙尼亞位置和不少史實，希望能勾起歷史迷宮崎駿的興趣。

顯然，愛沙尼亞滿是古蹟，城堡與堡壘遍布。我知道宮崎先生在設計《魔法公主》片中達達拉城時，徹底沉浸在研究城堡與堡壘中。我也知道他對中世紀盔甲與戰役深感興趣。我查遍所有著名城堡與堡壘古蹟，也確認了從東京飛到那邊的航班。最理想的旅行方式是從日本搭機到芬蘭赫爾辛基，再搭渡輪橫渡波羅地海。我從網路下載了照片，規劃行程，並為提案行程做了簡報。

還沒開始製作新片的空檔期間，宮崎先生不一定會到吉卜力工作室來。我必須特地預約，到他個人工作室找他，而他唯一空檔是週六上午。他那時心情很好，相當友善，直到我把參訪愛沙尼亞古堡的彩色簡報交給他。我還沒開口，他已飛快地翻閱完畢，又把簡報還給我。

「鈴木先生叫你來問我的，對吧？他跟你說我對愛沙尼亞感興趣。哈哈哈，我對愛沙尼亞沒有興趣。我對這些堡壘和古堡沒興趣，倒是對坦克有興趣。愛沙尼亞有幾場著名的坦克戰役，我想參訪戰場遺跡。但是那些戰役發生時間是夏天，在沼澤裡，你規劃的行程是二月。那時沼澤都還結著冰，不適合去。忘了愛沙尼亞吧，你應該看看這個。」

這時，宮崎先生走向書櫃，抽出一本大開本畫冊。

「百水先生，聽過他嗎？」

我還真聽過。我有個大學室友父親收藏百水先生的印刷畫作，我們宿舍房間裡就掛了一幅。

「讀完這本，研究研究。我感興趣的不是印刷作品或畫作，而是建築。我喜歡他的建築設計，一直想要親眼看看。如果我們能去奧地利看看那些建築，我就願意去柏林。」

我向鈴木先生回報時，他明顯大吃一驚。總之，行程搞定了。

哈維・溫斯坦

我和武田美樹子(負責日本以外地區宣傳)安排吉卜力電影海外宣傳行程時，最常為了宮崎駿訪談長度與數量和發行商討價還價。宮崎先生堅持每趟出國期間越短越好，因此，發行商會設法把行程塞得滿滿，只要宮崎先生醒著的時刻，全都排上採訪和宣傳活動。發行商希望電影營收越高越好，我們則希望宮崎先生不要被宣傳折騰得連命也沒，還能活著繼續創作。

我們第一個北美發行商是米拉麥克斯影業，米拉麥克斯已經習於應付不愛跑宣傳行程的電影導演，比較有彈性，願意配合導演的藝術家脾氣。他們得知宮崎駿只要能順道拜訪維也納、參觀百水先生建築就願意參加柏林影展，便馬上安排租車和導遊，規劃了三天參訪百水先生建築的旅遊。

維也納的百水建築——包括一棟公寓、一座博物館、一座能發電的垃圾焚化爐，及一間餐廳——全都令人驚豔，值得一遊。鮮豔而波浪起伏的建築結構鶴立雞群，為周圍傳統歐式高雅建築地景增添玩心與色彩。百水建築設計融合了植被(樹木與草地)，延伸至建築本身，地板高低起伏、房間形狀不規則，馬賽克磁磚滿佈外牆。

百水先生不僅親自挑選材料，更監工看著多姿多彩的磁磚鋪貼完成。

垃圾焚化爐對環境友善，是令人驚豔的都會奇景，回收垃圾、焚燒垃圾產生蒸氣，為城市提供熱能。百水先生甚至設計了載運垃圾的卡車和焚化爐員工接駁巴士。我們在奧地利參觀的建築，幾年後成為宮崎駿設計東京三鷹市吉卜力美術館的靈感來源。

一九八八年參加柏林影展的訪外行程只是序幕，米拉麥克斯影業為《魔法公主》全球宣傳出資安排了一系列行程。其緣起要回溯至前一年十月，我和鈴木敏夫在洛杉磯與哈維・溫斯坦見面。哈維與其弟鮑伯（Bob Weinstein）經營當時為迪士尼旗下子公司的米拉麥克斯影業，將負責在全球多數地區發行《魔法公主》。迪士尼北美發行團隊認為這部外國動畫片不太適合兒童觀賞，最好還是由集團剛收購的米拉麥克斯發行。米拉麥克斯的人也比較擅長外國片和前衛的小眾電影。雖然公司據點在紐約，到西岸開會時，哈維常包下洛杉磯半島酒店辦公。

那時哈維所有因「Me Too」運動而起的風波[1]尚未爆發，也看不出那些事件可能發生的跡象，不過到洛杉磯半島酒店拜訪哈維確實是奇特經驗。飯店員工有種「態度」：若要形容，大概是「你如果沒錢、沒名氣就沒資格待在這裡」。若自己開車抵達，而車款不是保時捷或瑪莎拉蒂，泊車人員便會眼神鄙夷，不情願地遞來單據。

飯店員工就更傲慢了。

負責接待的助理門房簡直當鈴木先生和我是不小心從街頭遊蕩至此的遊民，叫我們在樓下等。我們坐在大廳外門廊的長椅上，哈維行程緊湊，耽誤了時間，大廳周圍至少一半的人看起來都在等著見他。

叫到我們時，我們被領上樓，抵達哈維的套房。空間極為寬敞，還有裝潢華麗的大型客廳。壁爐中柴火熊熊，令我困惑，洛杉磯白天向來溫暖，空調還開到最強。套房還有吧台區，外頭寬敞的露台擺著日光浴躺椅。哈維坐在房間中間其中一張沙發上。他（那時）身形龐大，身穿polo衫、深色呢絨褲，配亮紅色吊帶。哈維正在抽菸，大理石檯面與咖啡桌上都擺著巨型菸灰缸，鈴木先生興奮極了。終於遇到同好！對老菸槍來說，美國生活可能有點辛苦。鈴木先生馬上對哈維大有好感。

迪士尼國際事業部門主管麥可・O・強森為我們做介紹。前十五分鐘都在彼此互誇：哈維欣賞吉卜力電影、麥可欣賞哈維對藝術和電影的支持、哈維欣賞麥可是保有藝術感性的商業天才，麥可讚嘆吉卜力作品是不朽經典、麥可讚嘆米拉麥克斯影業、哈維讚嘆迪士尼……等等之類。

哈維說已看過魔「華」公主好幾次，愛極這部電影。會太長嗎？會不會考慮刪減？絕不。音樂棒極了，絕對不會更動一分一毫。整部片都很棒？不過英文翻譯很糟，太生硬了，一定得改。得為美國觀眾調整調整。哈維已經有人選了，尼爾・蓋曼（Neil Gaiman），現在還不太有名，他很快就會大紅。很快，很紅，尼爾會負責潤飾對白，改得更精彩。

哈維接著說，「迪士尼主管都不懂這部片，只有在座這位麥可・強森懂，我愛死這傢伙了。麥可請我發行這部片，麥可拜託我的事，我一定使命必達。麥克說這是部好片，就必定是好片。米拉麥克斯通常不發行動畫片，但這部片實在太棒了。太精彩了，就算麥可沒來找我們，我也想買下這部片。米拉麥克斯雖然在迪士尼旗下，但我們可不一樣，我們懂得魔『華』公主這種電影，我們知道怎麼宣傳。恭喜啊，鈴木先生，這部片實在太優秀了。」

接著，幾句寒暄、握手致意過後，哈維其中一名助理又領我們下樓回到大廳。鈴木先生說，哈維說話時他一直在觀察，哈維眼睛未曾停於一處，總是不停掃視房間周圍。

「這人非常聰明。」鈴木先生說。

1 譯註：二〇一七年十月紐約時報與紐約客雜誌揭露多名女性指控哈維・溫斯坦性騷擾與性侵，受害者以#MeToo標籤公開受到性騷或性侵的經歷，引發社會討論與後續事件。

這次會面過後，米拉麥克斯便安排《魔法公主》參加柏林影展，邀請宮崎先生至柏林。出發至柏林前，鈴木先生和我飛至紐約與哈維再次見面，討論電影宣傳計畫。鈴木先生曉得東京一間藏在新橋與有樂町間電車鐵軌下的隱密小店，是日本片廠採購日本武士電影中逼真武器的地方。他挑了一把武士刀帶到紐約見哈維。那把假武士刀逼真得驚人，每個細節都做得維妙維肖，只是刀刃並不鋒利，除非近距離仔細地看，根本看不出差別。

在那個年代，在隨身行李中塞了一把武士刀，還可能搭商業航空從東京飛到紐約[2]。鈴木先生在會議室將武士刀贈與哈維，嚇壞了滿屋子米拉麥克斯員工。其中一人後來對我說：「你們送哈維一**把刀**？你們瘋了不成？」

鈴木先生把武士刀獻給哈維時，以英文大聲喊道：「魔法公主，一**刀不剪**！(NOT CUT!)」會後，哈維安排我們到他和勞勃・狄尼洛（Robert De Niro）在附近合夥開的日式餐廳Nobu晚餐，以VIP規格招待。

第一次的柏林影展

二月柏林非常冷。通常大雪紛飛，不過宮崎先生到訪那年沒下。我們旅館位於前東德區，離布蘭登堡非常近，也就是冷戰時期諜報小說和電影中的「查理檢查哨」。我們在那附近散步，發現短短幾年前根本不可能沿著這些建築物閒晃，許多建築物自二戰結束起不曾整修，有些牆面還留著彈孔紀念。

影展正式活動包括開幕夜歡迎酒會，邀請競賽片和影展特別來賓參加。影展主辦人是個高大、愛開玩笑的男子，將長長的手臂攬在宮崎先生和鈴木先生身上，請我幫忙翻譯。

「知道嗎？」他說，「你們的電影發生了幾件趣事，我一定要跟你們說說。電影送來時，我們有個工作人員看了後說：『噢不對，這是卡通啊，一定是兒童影展的片』，就把電影送到兒童影展那兒。哈哈！多大的驚喜呀！頭顱和手臂滿天飛呢！這一搞混可不得了！我聽說導演來了，也看到導演在這兒，但演員呢？我在接待處找

2 譯註：一九九八年，美國航空安檢尚未因為九一一事件而變嚴格。

了半天都沒找到日本演員，才突然想到，對了，這是卡通片啊！當然沒演員啦！哈哈哈哈哈。實在很好笑，不覺得嗎？」

影展第一天有場為宮崎先生舉辦的記者會，宮崎先生坐在小小舞台上，台下約有四、五十名國際電影記者，記者席座位像體育場那樣一排排，以日文、英文、德文接力翻譯。

我原本沒有對翻譯多做他想；影展主辦單位說會提供口譯員，叫我們不需擔心。開始提問後，我監聽英日文翻譯情形，驚訝地發現英文問答和日文內容毫不相干。我越聽越覺得不對勁，翻譯幾乎像在憑空捏造。我向影展媒體統籌人員反映，告訴他翻譯錯得離譜。

「真的嗎？」他說，「沒有人抱怨呀。」

「確實，但他們都只聽翻譯，當然不會發現錯啊。」

「聽著，」他說，「沒有人抱怨，大家看起來都很滿意。既然眾人滿意，何必要搗亂呢？」

隔天則在一間沒空調又無窗的狹小房間裡，無止盡接受媒體短訪。宮崎先生因為反覆回答相同問題倍感挫折。他對於提問簡短而千篇一律感到意外，似乎沒有人打算與他認真討論電影。他也抱怨不太聽得懂翻譯（一名年輕德國女子）說的話，懷疑她可能沒聽懂問題內容或他的答覆。宮崎先生問能不能找人替換。

我向那名口譯搭話，問她這行做多久了，她說是第一次。問她是否在日本住過，她說從來沒有。

「我在大學修過兩門日文課，而且我丈夫是日本人。」

「昨晚的翻譯也是你嗎？」

「只有日文和英文的部分。」

「其他人負責翻譯日文和德文？」

「沒有，其他人把我翻的英文翻成德文。」

她是主辦單位聘來的，他們不願把她替換掉。最後，餘下訪談時間裡，翻譯工作落到我身上，那名口譯領了薪水，卻只需坐在一旁翻閱德文雜誌。至少，我沒有完全聽懂、或翻譯得不夠精確時，不會自己憑空捏造，翻譯內容即使稱不上完全正確，也和原本內容有關。

米拉麥克斯影業／迪士尼為我們一行人安排了幾次出遊，從緊鑼密鼓的採訪行程中稍微喘息。首先在一個午後參訪十八世紀修建的忘憂宮（Schloss Sanssouci）。那時忘憂宮並未開放大眾參觀。

宮崎先生通常不喜歡制式觀光旅遊行程，原本婉拒參加，但聽到這次參訪嚮導是揚・什魯巴克（Jan Eric Schluback），他和鈴木先生都興奮起來。什魯巴克是史坦利・庫柏力克（Stanley Kubrick）導演電影《亂世兒女》（*Barry Lyndon*）片中德國場景的美術指導，而此片是宮崎先生和鈴木先生最喜歡的電影之一。儘管宮殿華美，周邊花園也有不少引人入勝的藝術品，宮崎先生和鈴木先生多數時間都在和什魯巴克討論庫柏力克與他的作品。

第二次出遊則造訪了傳統德式餐廳，宮崎先生不知為何一直想嚐嚐德國傳統菜餚「燉豬腳（eisbein）」，米拉麥克斯影業／迪士尼便招待我們到以這道菜聞名的餐廳用餐。餐廳裝潢與我們一般想像的傳統德國餐廳極為相似，深色木牆和厚實木樑上掛滿野豬頭、鹿角、鷹與狐的標本和盾形紋章，畫框華麗精緻的十九世紀鄉紳畫像，以及德國各家啤酒釀酒廠紋飾。質樸木桌桌面結實，因長年使用而磨損。巨大的開放式石砌火爐中火焰熊熊。

當晚以示範德國人如何喝啤酒揭開序幕；我們每個人都拿到一個裝滿拉格啤酒的巨大白鑞啤酒杯，一名主辦的招待人員起身敬酒，教我們一口氣喝乾，再把酒杯狠狠摔在桌上。最後放下酒杯的人，必須再罰一整杯啤酒，喝完後所有人就再來一輪，繼續乾杯。之後又紛紛敬酒，紛紛乾杯。

接著燉豬腳上桌。菜單上，燉豬腳特餐標註為「屠宰牲畜的盛宴」，基本上是水煮醃製豬蹄膀，也就是從腳蹄連至豬膝的整塊部位。整塊肉油花密佈，覆蓋著一層厚厚脂肪。整道菜份量極大，且連皮帶骨，要先切開外頭的豬皮和脂肪才吃得到肉，餐廳還附上銳利無比的木柄切肉刀。裝盛的菜盤雖然已經很大，卻無法容納整隻蹄膀，仍有一部份豬腿掛在盤緣。盤中另外附上烤馬鈴薯、碎扁豆泥、德式酸菜和芥末。

只需看一眼，就能肯定這道菜來自哪個部位。招待人員貼心地提醒我們不用連豬皮和脂肪層也吃掉，切開吃肉即可。

宮崎先生評論說，這道菜毫不矯飾地展現我們平常吃下肚的食物：就是人類宰殺動物、擺上桌，如此而已。

有人附和道，德國人這種飲食風格，即是在日常生活中直接面對人類生存現實，因此才孕育出多位嚴肅哲學家，對生死與存在本質進行深刻省思。法國飲食文化則更為雕琢，常對食材加工修飾、看不出原樣，因此法國思想家較為注重藝術和美學層面，而非深刻的嚴肅命題。

根據燉豬腳餐廳用餐經驗，我認為還是少思考一些、在法國用餐比較好；只要有機會，現代德國人都會這麼選擇，至少他們是這樣告訴我的。

商業習慣大不同

日本人旅行和外國人旅行時最大差異在於：日本人不管到哪都要成群結隊，遠超過必要人數。若宮崎駿或鈴木敏夫需要出國洽公或宣傳，我們一定全體出動。我負責管理行程，代表吉卜力統籌協調。德間國際辦公室的森吉治予或武田美樹子（有時兩人一起）陪同。鈴木先生總會設法多帶一個吉卜力員工同行，通常是他正在培養、打算拔擢為製作人的人選，讓他們累積到國外出差的經驗。

奧田誠治是吉卜力主要合作夥伴日本電視台的製作人，也是宮崎先生和鈴木先生好友，總是陪同前來。既然日本電視台有人參加，吉卜力在日本其他負責製作和宣傳的合作夥伴也會想派員加入。於是，廣告公司電通的福山先生常會加入我們。既然電通來了，另一間廣告公司博報堂也不能漏掉，因此博報堂的藤卷先生也常一起來。有時東寶電影公司和三菱商事／LAWSON集團代表會加入，有時迪士尼日本分公司代表也會陪同。若宮崎駿一起出國，還會有劇組陪同，將行程拍攝記錄下來。有次，甚至連住友銀行（德間書店主要債權人）都派人來了。

我們第一次到柏班克與迪士尼開會，日方派了十二人。迪士尼主管們不知如何是好，相當不悅。他們迎賓活動和紀念品都只規劃了四人份。規劃好的行程，從職業棒球賽、籃球賽和曲棍球賽，迪士尼樂園VIP導覽、高檔餐廳訂位和迪士尼紀念禮品全都匆匆（也極為慷慨地）改為十二人份。第一次會議前，東道主麥可・O・強森在助理忙著找更大間會議室時把我拉至一旁。

他想知道，「這些傢伙是誰？你怎麼沒先跟我說他們會來？他們到底來幹嘛？」我無法事先告知，因為我自己也不曉得誰會參加。到了出發前最後一刻，出席名單還可能繼續增生。決定哪些人參加是鈴木敏夫的決定，而他似乎覺得這種事不需提前告知。

第一次在美國與迪士尼開會的結果問題重重。像吉卜力與迪士尼這種電影發行協議，通常會先確立俗稱「簡式」合約、或稱「協議備忘錄」的內容，列出雙方基本共識。這個協議具有合約效力，但因為非常籠統，無法單憑其內容從事商務往來，至少無法長久。簡式合約旨在敲定合作，好對外公布，並開始締約必要的準備。接下來，雙方開始協商「正式」合約內容，包含交易所需的所有具體條款。正式合約內容須設想到合約有效期間內（可能長達五至二十五年）所有可能情況及處理方法。

由於律師需把二十五年內可能發生的所有事件都寫進合約中，擬定正式合約需要不少時間。吉卜力合約花了兩年完成。要是我早點知道正式合約中有許多內容實務上根本沒人在乎、其中有些部分甚至根本無法履行，或許能省下不少時間。

一諾千金是電影界為數不多的普世道理之一，所有人都會乖乖遵守，若口頭承諾卻反悔，以後就沒人願意和你做生意了。你可以對合約細節吹毛求疵，糾纏不休，但絕不能翻臉不認帳。可是吉卜力老闆德間康快並不太懂這個道理。《魔法公主》發行權交易中，迪士尼同意事前付清高額最低保證金，且不可退還——以日本動畫電影而言，金額已經算高，此外還附加許多條款。儘管如此，總之鈴木先生滿意，迪士尼也滿意。可是，德間先生時不時就會要求吉卜力反悔、從頭議約。鈴木先生通常都能勸退德間先生，說服他這麼做對吉卜力百害無一利，甚至會成為海外發行阻礙。

我們花了將近兩年，才終於就德間書店與迪士尼的正式合約內容達成協議，麥可．O．強森某次至日本出差時，決定舉辦小型派對，以茲慶祝。雖然合約還沒簽署，所有歧見都已經排解，也定下簽約儀式日期。德間先生堅持在大倉酒店鐵板燒餐廳包廂舉辦慶祝派對。

一九八〇年代初期國際連鎖豪華飯店進軍日本之前，大倉酒店是東京最頂級的豪華飯店，專為日本上流精英服務，自一九五〇年以來風格不變。和其他同時代的日本組織一樣，「拒絕改變」被奉為其頂尖地位不容質疑的象徵。大倉酒店的服務把西式奢華服務「日本化」了，一切行事講究妥貼、謹慎、仔細、精準。每位工作人員身穿專屬其職位、熨燙得完美無瑕的制服；電梯小姐頭戴小巧帽子，在客人進出梯廂時深深地鞠躬；身穿和服的女性遊走於花團錦簇的大廳，敬禮將賓客送入電梯。

日本服務品質享譽四方。只要肯付錢，就能享受無微不至的呵護，簡直堪稱傳奇。不過，多數外國人並不知道，日本服務只有照著既定形式走的時候才能無懈可擊。客人無法隨心所欲，只能照他們規矩來，就這麼簡單。（請）不要替換，不能偏離慣例，不給改菜單；重形式過於本質，一板一眼，一切都就字面理解。

MOJ造訪日本時，總是下榻大倉酒店。他抵達的第一天上午，迪士尼日本分公司主管通常會到酒店與他討論公事。酒店早餐服務和緩而謹慎的步調非常適合開會。體貼入微的服務人員細心避免打擾，從不催促賓客、打斷交談或不請自來，只在遠處徘徊，隨時接受召喚。

某次早餐會上，眾人邊啜飲咖啡，邊初步檢視完MOJ行程，在場十人終於稍歇，開始研究早餐菜單。服務生被喚上前，沿著桌邊一個個記下點餐。MOJ最後點餐，問說起司煎蛋捲的起司能不能用瑞士起司（Swiss cheese）[3]，服務生肯定地回答，當然了，先生，您的起司煎蛋捲當然能夠用瑞士起司。

3 譯註：在北美可指稱原本產自瑞士的艾曼塔起司〔Emmental cheese〕，也可指稱所有類似質地的起司。

半小時後，眾人肚子開始咕嚕咕嚕叫，越來越餓，一名服務生捧著托盤過來，盤上擺著十幾種不同起司。服務生走向MOJ，對他說，「先生，這些全是產自瑞士的起司，請問您的煎蛋捲要放哪一種呢？」

這就是大倉酒店。德間先生若要在公開場合用餐，他只願意去少數幾間餐廳，都是以老派日式服務聞名、享譽盛名的餐廳，也都是他有私交的地方。他的好友日本電視台董事長氏家齊一郎時常遊歷歐洲，而且是法國精品（昂貴）葡萄酒蒐藏家。到法國波爾多的酒莊時，氏家齊一郎總會買下一兩箱酒莊裡最高檔的酒，運回東京，同時送個幾瓶給德間先生。德間先生把這些酒寄放在大倉酒店，妥善保管。

為慶祝德間書店與華特迪士尼公司創下歷史、達成協議，派對當晚共有八人出席：迪士尼方有MOJ、MOJ的幕僚長葛雷格・普羅伯特（Greg Probert）、迪士尼公司資深律師布雷特・查普曼（Brett Chapman）和日本分公司主管星野康二；德間書店方則是德間先生、鈴木敏夫、我，以及擔任翻譯的森吉治予。

森吉小姐是德間書店國際部門創始員工之一，也是鈴木敏夫在吉卜力的海外業務日益蓬勃時，派做吉卜力代表的第一人選。除了才華出眾、買賣電影權利經驗豐富，她也是非常優秀的翻譯。森吉小姐非常善於辨別哪些話不該講，並在翻譯時化危機於無形。舉例而言，若一方說：「我們實在受夠你們公司那群白痴，業績實在爛得要死，要是你們再不把問題搞定，我們就要解約了！」森吉小姐會翻譯成：「X先生非常感謝貴公司，感謝同仁辛勤工作，致力於行銷我們的產品，但不曉得有沒有什麼方法能夠改善業績呢？」

旅外經商的生意人，尤其意圖拓展海外新商機的人，鮮少體認到他們多麼仰賴翻譯，生意成敗都取決於翻譯。尤其是美國人，只要翻譯宣稱自己夠格，他們就假定翻譯夠格；有時則是沒能發現翻譯的功勞，其實翻譯表現出乎意料地好。森吉小姐是讓事務順利進行的天才。與迪士尼議約期間，有次一名張牙舞爪的迪士尼主管對德間先生說，像迪士尼這麼重要的公司，不可能與德間書店這種小蝦米簽訂五年期合約，堅持一次簽十年。森吉小姐翻譯成：「對方公司非常重視和我們的關係，希望能夠長期合作，因此想簽長約。」要是她逐字翻譯，德間先生肯定馬上走人，不可能再談下去。德間先生脾氣可火爆得很。

大倉酒店的晚宴繼續，酒店首席侍酒師（從酒店另一頭高檔法式餐廳借調過來）站在一旁監督，確認德間先生的陳年波爾多紅酒已好好醒酒。森吉小姐正在翻譯閒聊與問候，看來毫不費力。衣著優雅的女服務生幫每位賓客圍上圍兜，避免我們昂貴的正式服裝被十五公分外嘶嘶作響的鐵板油煙弄髒。多名身穿和服的年輕女子站在後方，隨時準備添滿賓客的水晶水杯（即使只啜了一小口）、更換亞麻餐巾、重新擺好筷子，或滿足賓客其他與桌上餐具相關的需求。每個座位都擺了非常大、適合裝盛昂貴法國葡萄酒的酒杯，但德間先生手邊酒杯比所有賓客的酒杯再大上一倍。

侍酒師先把幾滴酒倒進德間先生酒杯中，站在一旁，等著聆聽判決。德間先生搖晃巨型酒杯，啜飲一口。接著，他一句話也沒說，只伸出酒杯，等著侍酒師斟滿。因為這支酒實在非同小可，德間先生毫無反應，令侍酒師難掩失望。他示意身著黑色燕尾服的服務生將賓客酒杯斟滿。MOJ起身正要敬酒，德間先生卻示意要他坐下，接著開口。

德間先生起身，以馬龍・白蘭度（Marlon Brando）在電影《教父》（*The Godfather*）中那樣沙啞粗嘎的嗓音以日文發言，完全不等翻譯：「我們簽訂合約，目的是讓雙方公司互利互惠，但我不滿意。在此之前，我都讓下屬處理細節，以後可不，我受夠了。麥可・強森終於來到日本，我很高興，他也在這，我也在這。現在正是拋下先前所有約定的好時機，讓我們從頭開始吧，就在這裡解決，麥可・強森跟我兩人正面對決。」

語罷，德間先生握緊酒杯，大口喝下木桐酒莊（Chateau Mouton Rothschild）一九七五年份的酒，坐下等待回覆。

在場聽得懂日文的人，包括德間書店代表和迪士尼的星野康二，全都刻意控制表情，不對德間先生發言做出反應。MOJ、查普曼和普羅伯特一臉好奇，仍掛著溫和微笑，等著英文翻譯。星野先生望向鈴木先生，不知道他能否阻止森吉小姐翻譯；森吉小姐也望向鈴木先生，不知道他是否要她翻譯。MOJ和他的手下仍在微笑，所有人都不發一語。鈴木先生不情願地點點頭，他又能怎麼辦呢？於是，森吉小姐開始翻譯，語意罕見地貼近原文。

眾人皆知，MOJ偶爾會大發脾氣。他的下屬向來盡力避免惹他生氣，避免可能令他發飆的情境。我在迪士尼時，在他手下工作，有次和他在東京與一間發行迪士尼電影的日本公司開會，他當著對方董事長的面稱對方是個騙子。我還以為我們得拳打腳踢才能殺出重圍、逃離會議室（日本公司高層出席任何場合，至少都會帶上十幾名下屬）。

MOJ聽森吉小姐翻譯，起初只因為美好晚宴被打斷而表情稍微不悅。這說來諷刺，因為MOJ向來對日本不能在午餐或晚餐時間談公事的文化嗤之以鼻。

接下來好幾分鐘，眾人不發一語，MOJ環視全場，希望（性格古怪的）德間老先生只是開玩笑，或者是森吉小姐翻錯了。發現不是，他大發雷霆。MOJ臉開始漲紅，頸部青筋抽動，我幾乎看得見他頭上冒出來的煙。他跳了起來，大聲吼叫、爭辯和抱怨，德間先生完全挑起他的競爭心，按下MOJ的攻擊開關。MOJ氣得七竅生煙，音量之大，叫喊內容大多是胡言亂語。

餐廳服務生不動聲色地逃離現場。沒有人把MOJ說的話翻成日文，即使有心也做不到；森吉沒試著翻譯，星野也不想嘗試。德間先生平靜地坐在位子上，對自己無比滿意。鈴木先生、星野先生和我開始暗忖，儘管花了多年血淚，好不容易才走到這一步，這或許是合作的終點了。迪士尼公司律師查普曼表情有點邪門又難掩興奮，彷彿期待法庭大戰到來，好讓他施展拳腳。只有管錢的葛雷格・普羅伯特一派冷靜。普羅伯特向MOJ示意，用全場人都聽得見的低語說：「聽著，他們不能就這樣反悔。先別計較，把晚餐吃完，明天再單獨和鈴木談。我們總找得到方法解決，沒必要現在和他吵。」

眾人沉默了十分鐘之久，接著德間先生不著邊際地聊起與迪士尼和德間書店生意毫不相干的事情，餐廳服務生又回到房間裡來。菜一道道地上，眾人索然無味地吃下肚。油花細緻華美的神戶牛，切片、切丁，在烤盤上嘶嘶作響；活鮑魚和日本龍蝦放上炙熱烤盤，在眾人面前煎烤至死，供我們享用。為了增色，意思意思地上了幾樣蔬菜，成堆蒜片煎炒後分送給賓客佐餐。收尾米飯、醃菜和味噌湯送上來了。極為昂貴的哈密瓜切成小片作為甜點享用，接著又送上餐後咖啡。除了德間先生興致高昂地品嘗每道菜，大快朵頤了一番，其他人都食不知味。即使珍稀紅酒也無法勾起眾人興趣，雖然我們確實喝了不少。

隔天，除了德間先生，其他人再次會面。鈴木先生建議我們同意德間先生新提出的每個條件；因為他現在對美國合約的運作原理更為熟悉了，他建議我們把德間先生所有要求全都寫在合約裡，然後再於合約附註中以艱澀的法律用語抵銷一切。

「德間先生絕不會讀完整份合約，」鈴木先生說，「他只讀主約重點。」

德間先生最在意的是《魔法公主》的最低保證金，他嫌價碼不夠高。原本迪士尼為美國發行權支付的權利金已經創下日本電影紀錄，但德間先生仍覺得不滿意。他看《魔法公主》獲得國際媒體關注，因此打算獅子大開口，好向別人誇耀自己從迪士尼榨出一大筆錢。德間先生要求將最低保證金的金額翻倍。所以我們就把條款中最低保證金金額提高至德間先生要求的數字，在附註小字裡說明若特定事件發生，追加款項將於往後某某日期支付，接著再註明，導致追加款項實現的事件大概永遠不可能發生。

德間先生從沒讀到附註小字，對自己滿意極了。他邀來日本媒體，宣布自己再次獲得成功，不顧合約保密條款，把最低保證金加倍的事情全都講了出來，向記者誇耀。

後來此事帶來眾人始料未及的難題；日本國稅廳注意到新聞報導，決定稽查吉卜力工作室稅務。「你們只申報了最低保證金一半金額，」查稅人員說，「剩下金額哪裡去了？別假裝沒收到這筆錢，《讀賣新聞》可寫得清清楚楚。」

前往俄羅斯的疑慮

一九九七年十月，吉卜力一行人帶著加上英文字幕的《魔法公主》電影飛至洛杉磯舉辦美國首映，也是海外地區首映。一週前，同捲影片差點飛至俄國，在那兒舉辦國際首映，觀眾包括當時俄羅斯總統鮑利斯・葉爾欽（Boris Yeltsin）。德間先生密友——後來成為日本首相的小淵惠三（一九九八—二〇〇〇年），當時擔任外務大臣，即將代表日本官方參訪俄羅斯，希望能帶特別贈禮前往。小淵認為，讓已經馳名國際的《魔法公主》在俄羅斯舉辦國際首映會應該相當適合。小淵要求吉卜力將加上字幕的影片送至他外務省（日本的國務院）辦公室。

可是，「一份」《魔法公主》電影共有七個片盤，裝在鐵盒中，總重約二百五十磅。大映映畫主管和我用工業手推車把片盤運出新橋辦公室，搬上計程車，對體格不甚健壯的我們倆來說，這已是一番折騰。然而，帶著片盤經過外務省重重安檢，送至小淵辦公室，才是真正挑戰。

好不容易抵達目的地，我們坐在小淵先生裝潢典雅的政府辦公室等。他的秘書前來迎接，是個快五十歲、衣著入時的男子。在日本，重要政治人物「秘書」類似於大人物的幕僚長，假設發生異常事件或爆出不法情事，秘書就是負責背黑鍋、吃牢飯的人。

「這堆是什麼？」秘書指向手推車旁那一大疊金屬片盒，問道。

「這是小淵先生要我們送來的《魔法公主》影片，」我答道。

「什麼？這堆都是？現在不是都能做成一張小小的光碟、用機器播放就好了嗎？」

「不，這是電影院放映用的膠捲，」我說，「還沒有光碟。要在俄國播映，我們也有幾個問題得問。首先，這是三十五釐米電影底片，你們確定俄國那邊有三十五釐米放映機能夠播嗎？」

「不，我們原本計畫在會面場地播出，是一間莫斯科附近的渡假小屋。我們需要三十五釐米放映機喔？」

「是的，也需要專業放映師，他會需要曉得不少細節。這部影片是配上英文字幕的日文片，你們有沒有確認過葉爾欽先生是否懂日文或英文？我們知道他……呃……喜歡喝不只一杯……要是他看到一半睡著就太可惜了。」

「還沒翻成俄文字幕嗎？」

「沒有，最快要等到明年初了。最後，這講起來有點敏感，但我們必須確認保全的情況。智慧財產權觀念在俄國不是很普遍，如果電影被盜，流入黑市，吉卜力將損失慘重。通常電影第一波發行結束前，我們都會採取非常嚴格的保安措施。在俄羅斯時，日方必須有專人隨時守在影片旁邊。不能留放映師和影片獨處，不能把影片丟在飯店房間、無人看守。希望你們規畫行程時能認真把這點納入考量。」

「小淵先生明早就要出發往莫斯科了，或許這不是好主意，在這等等，我去向他確認。」

十五分鐘後，秘書謝過我們，要我們把膠捲帶回公司。在外務省維安警察懷疑眼神下，邊和成堆的片盒纏鬥，邊招計程車，著實艱難，但我們非常高興能把唯一一部加上英文字幕的《魔法公主》影片膠捲帶回德間大樓，放回我們在會議室沙發後方、沒上鎖的辦公室一隅。

著眼點的分歧

帶著二百五十磅重的金屬盒搭飛機出國，同樣艱辛。日本航空曾和吉卜力合力製作過電影，為我們伸出援手，讓我們以手提行李將膠捲帶上機。要是任何一捲片盤在託運過程中弄丟（一九九七年當時弄丟行李比現在更為常見），將是場災難。電影海外發行始於加上英文字幕的電影首映。無論口碑多好，實際看過電影前，沒有發行商會承諾買下發行權或訂下發行日期。

《魔法公主》剛完成就上映，上映不久就爆紅。導致需求大增，全日本影片公司都忙著拷貝日文版膠捲，一天二十四小時、一週七天不停工，半刻不得閒。我們必須懇求影片公司，拜託他們讓我們插隊，才拿到英文字幕版本膠捲。要拿到更多份，恐怕得再等好幾個月。

從日本飛往美國的團隊浩大，把膠捲以手提行李帶上飛機不成問題，由七個人各帶一捲片盤。報到櫃台對我們手提行李的規模和內容頗有微詞，不過我們事先已得到一名日航機場主管聯絡方式，接獲通知後，她便趕來打圓場。

日航允許我們帶影片膠捲上機，條件是同行至少有兩人必須搭頭等艙，登機後，空服員會把我們的片盤（和折疊式手推車）全都收到頭等艙衣櫃中。鈴木先生和我中選。

儘管我時常旅行，卻很少搭頭等艙，而且只搭過美國航空公司頭等艙。日航頭等艙可是全新體驗。報到完、並且向機場保全說明金屬片盒內容物之後，我和鈴木先生被護送至日航頭等艙休息室。抵達之後，我和鈴木先生分開走，他去吸菸休息室，我則去禁止吸菸的休息室。我是那班飛機頭等艙唯一不吸菸的乘客。

登機後，我發現自己坐在頭等艙最後面的座位。那時候，飛機上還沒有全面禁菸，我感到相當幸運，能和眾多吞雲吐霧的乘客隔了一排，因為我正前方的男士整趟旅程只抽了一兩次菸。我注意到頭等艙乘客平均年齡大概七十歲，鈴木先生和我算最年輕的，把平均年齡拉低不少。

晚餐時間長達四小時，用的是真正的銀器和玻璃。每道菜都是分別上菜，而且間隔許久，以便充分消化。晚餐結束時，我已經差不多準備蜷縮入睡了。

正當我要入睡，空服員趕至我身旁，拿走我蓋的毯子，迅速地帶來輕盈的羽絨被。

「睡覺時蓋這個，」她向我解釋，「剛剛的毯子是坐著時保暖用的。」

而當我終於安頓好準備入睡，卻注意到一件詭異的事。用完晚餐後，頭等艙年紀較大的乘客紛紛站在走道上，脫下褲子，安靜地遞出。空服員會無聲地收下褲子，帶回睡褲。乘客接著會穿上睡褲，回到座位，等空服員帶來羽絨被，為他們調整座椅、蓋上被子，準備過夜。隔天早晨用早餐前，換褲儀式又反著上演一遍。

所有人都通過海關後，我們又把七個片盤收在一起，重新堆回手推車上。美國洛杉磯海關人員對於片盤半點興趣也沒有，我們搭上赫茲租車公司的接駁車，抵達五分鐘車程外的租車場，出租車正等著我們（影片膠捲先運上一輛休旅車，剩下的人則搭迷你巴士）。

雖然我們先帶《魔法公主》膠捲抵達洛杉磯，第一場首映卻要往北，在柏克萊太平洋電影檔案館舉行。留在洛杉磯參訪迪士尼時，每個負責保管片盒的人都把自己片盤塞在旅館房間衣櫃裡——這就是我們的保安措施。

我們抵達位於柏班克的迪士尼總部時，麥可・O・強森氣炸了。出發往美國之前，德間先生強迫鈴木先生和我與SEGA公司（以電玩遊戲出名）的社長中山隼雄見面。SEGA剛和迪士尼的死對頭夢工廠（DreamWorks）簽下合作協議，中山先生想要我們在洛杉磯和夢工廠負責人傑佛瑞・卡森柏格（Jeffrey Katzenberg）見面。鈴木先生（委婉地）拒絕了，但德間先生事後卻致電中山先生，說我們同意會面，接著又打電話給日本媒體宣布這個消息。德間先生總是能讓《讀賣新聞》按他的意思刊登任何消息，因為他的好友氏家齊一郎是讀賣集團最資深主管之一。

拒絕和卡森柏格會面是一回事，但被告知同意參加、日本媒體已經報導相關消息，卻還爽約，可就太失禮了。我們才和迪士尼談妥眾所矚目的合作協議，一時半刻並沒有尋求新夥伴的意願，見見卡森柏格或許也無妨，畢竟，迪士尼內部有誰會看日本新聞呢？

結果迪士尼有間委外公司，專門為迪士尼高管蒐集所有與迪士尼、相關公司與合作夥伴的新聞剪報。德間先生的報導登上了迪士尼高管間流通的每日剪報，而麥可・O・強森正是少數幾位會把所有剪報完整讀完的人，便得知這個消息。卡森柏格和麥可・艾斯納彼此交惡，MOJ擔心艾斯納得知我們與卡森柏格見面會終結他在迪士尼的生涯。

和迪士尼的會議開始前，我們花了將近一小時說服MOJ，至夢工廠只是禮貌性拜訪，不會造成任何傷害。我們告訴MOJ，德間先生就喜歡做這些事，總是在謀劃，總是在盤算，從不滿足於現狀。所以，假使吉卜力和迪士尼未來真要合作，他必須趕快習慣，不要為此動怒，最好做足心理準備。我們對他說，這種事只會一再發生，抱歉啦，那位先生就是這樣。抵達迪士尼辦公室時，鈴木先生獲贈一件精美的華特・迪士尼影業皮夾克，他答應會穿著參加與卡森柏格的會議。MOJ還是很不高興，但同意我們與夢工廠會面。

在迪士尼這邊，我們第一場工作會議是與迪士尼行銷團隊見面。先前在協商德間書店與迪士尼的合作協議時，與我們交涉的迪士尼人員都對美國以外的娛樂產業有相當認識，對日本和亞洲尤其熟悉。這些人認為吉卜力作品是座尚未面世的無盡寶藏，在美國受歡迎的程度理應等同、至少不亞於亞洲。他們假定美國國內團隊會計畫盡快發行吉卜力所有作品。

但現實卻不如預期。首先，迪士尼美國行銷團隊對吉卜力作品的意見令我們始料未及。《天空之城》：有人對男孩開槍，不能讓美國小朋友看這個。《龍貓》：爸爸竟然不穿衣服和女兒們一起洗澡！美國不能播這個。《平成狸合戰》：浣熊竟用陰囊施法術！（陰囊欸！）不能讓小朋友看動物的陰囊。《風之谷》：女主角飛行時會看到她的臀部（其實看不到），不能播。《兒時的點點滴滴》：女主角提到月經初潮，不適合小孩看。諸如此類。

MOJ盡力說服，但是美國行銷團隊只同意先試映《魔女宅急便》，這部片說的是一名少女試著獨立的有趣故事（雖然她飛行時，觀眾偶爾會看見她的內褲）。對行銷團隊而言，這是吉卜力作品中「風險最低」的一部。

於是，我們便與行銷團隊開會，看看他們計劃如何在美國推銷這部片。當我們一行人浩浩蕩蕩地進入辦公室，找到足夠椅子讓所有人坐下，可以看出迪士尼行銷團隊的困惑：「這些人到底是誰？」簡單自我介紹就花了十五分鐘，介紹完雙方還是有著同樣疑問：「這些人到底來幹嘛？」

介紹完後，終於談起正事。負責創意發想的人開始向我們展示視覺設計，從海報、宣傳手冊、廣告傳單、媒體廣告、公車車身廣告，至網路廣告等。我們靜靜聆聽了半小時，然後鈴木先生提出一個問題。

「你們為何讓琪琪是左撇子呢？」

迪士尼行銷人員大吃一驚，有些人微笑了，以為鈴木先生在說笑，其他人則是一頭霧水。所有人都明顯都想著：「這到底有什麼重要？這人真是日本最知名的行銷天才嗎？」

主持會議的家庭娛樂行銷部門主管羅賓・米勒（Robyn Miller）禮貌地問：「鈴木先生，能為我們解釋解釋嗎？」

鈴木先生說，「我們在構思角色和電影時，花了很多時間考慮騎掃帚該怎麼飛。電影設定是，魔法注入掃帚後就能飛起來，琪琪用手操控掃帚。所有飛行場景都可以看見琪琪的手一定握著帚柄，尤其飛行的時候，不抓緊掉下來可會沒命。這麼要緊的時候，使力的一定是慣用手，若另一手沒有拿著東西或忙其他事，應該會兩手都握著帚柄。你們設計裡，琪琪都是右手拿著東西，抓得很緊，指節都泛白了。你們認為她該怎麼操控掃帚呢？她根本沒有好好抓住掃帚呀。」

聽罷，迪士尼的人更困惑了。最後，終於有人尖聲說了句：「還能怎麼操控掃帚？就用魔法啊。魔法掃帚才會飛，是魔法啦！」

那次會議大致預言了我們和迪士尼往後的關係。迪士尼許多負責公司運作的生意人認為思考極其危險，一點也不希望孩童試著思考。

與美國影業合作

CHAPTER 04

文化帶來的差異

日本和美國協商過程主要差別之一在於講價。日本人開始協商時喊出的起價，往往就是他們心中願意接受或支付的實際價碼。日式協商通常會先把價碼定下來，一旦講定，就不會再討價還價，協商重點在於討論這樁生意包含的內容，也就是以既定價格能買到／必須付出哪些東西。

美式協商則不同，喊出了起價，（若賣）可能翻倍或漲成三倍，（若買）或又大為砍價。協商過程在於怎麼討價還價，回歸到相對合理、至少雙方願意接受的價碼。

因此，當美國人和日本人談起生意，日本人往往位居劣勢。我以前在紐約當顧問時，我們公司團隊會陪同日本客戶進行協商。儘管我們竭力阻止，每次只要稍微提到價碼，客戶往往立刻同意。位於紐約曼哈頓，價值不超過兩億美金的飯店，開價六億美金，客戶也欣然接受。他們只想知道，以這樣價碼，最後能買到多少東西？可旅館買賣這樁生意，得多拿多少枕頭套、床單、肥皂和客房迷你酒吧中的飲料零食，才能和多付的四億美金打平。

以利潤而言，日本電影和電視節目在海外賣得並不好。年紀夠大的人都記得從小看著《原子小金剛》卡通長大，我所遇見的每個歐洲成年人都記得小時候電視會播《小天使》，全世界影迷都看過黑澤明導演的《七武士》、《大鏢客》和《生之慾》，雖然這些作品大受歡迎，出售發行權或授權的人只要對方開價隨即答應，因此成交價格都很低。即使是日本最知名的電視卡通，授權金通常只有每集五十美元，少得可憐。

日本人欠缺與好萊塢影業協商議約的經驗，對於娛樂產業合約暗藏的陷阱一無所悉，不知道一頁頁法律術語當中埋藏多少地雷。光明正大列在合約裡、以艱澀法律術語寫成的條款，看似無害，卻可能在一方毫不知情之下，在五年合約期滿後將電影發行權免費永久轉讓給對方。看似稀鬆平常的詞彙，法律意義可能與字面完全不同。一方預期能收到的權利金，總價卻可能是零；或者突然得付原以為不必付的費用。對方說只是制式條款，娛樂產業每紙合約都得這樣寫，但極可能並非如此。

日本大多無須擔心訴訟、律師或浩繁龐雜的法律合約，日式合約通常只有短短幾頁。美國娛樂業談生意，往往是單次交易，盡可能在手上這筆生意贏得有利條件，下筆生意又從頭再來。簽下合約之前講的話都不算數，只有白紙黑字寫在合約裡才算數。我們簽了合約，你不滿意就告我啊。生意往往如此。

而在日本，做生意重點往往是建立關係，不僅關乎當下這筆交易或其直接獲利，而是因為找到合適的合作夥伴，在當下這筆交易，以及未來無數筆交易持續合作，互惠互利。

合約只是形式而已。日本企業達成協議時，無須細讀合約條款就能瞭解彼此動機、合作關係性質，或未來商務合作走向。這樣的關係奠基於瞭解，而並非信任；當你瞭解對方行為模式，不需信任也能合作。

而在美國娛樂產業，合約各方都只顧追求自身利益，為了達到目的，可以使出各種手段，任何派得上用場的手段。誰不懂遊戲規則、沒識破詭計而吃虧了，是他們活該。這就為什麼美國企業花大錢聘律師，這是他們長處所在，而且最好是具備相關產業經驗的律師。

德間書店與迪士尼合作協議的正式合約，原本是迪士尼律師起草的，最初版本有好幾百頁，密密麻麻，都是超級專業的法律術語，字型、行距和印刷都令人特別難以閱讀。整份合約看起來和讀起來都像是來自太空、文明先進的外星人放進鈦金屬製成的球體、留在月球上等地球人有朝一日發現的文件，既古老又前衛，意義不明，動機隱晦而神秘。

雖然是單次合約，卻附含好幾份附約和待決事項，各為獨立文件，同樣艱澀難懂，字型和文義組織的方式又不相同。有的句子甚至長達三頁。許多段落實在太過艱澀，交叉參照合約其他部分的定義與條款，即使是撰寫合約的律師也需要反覆細讀個五六次才能確定理解。我們會把合約翻成日文，讓吉卜力和德間書店的法務人員檢閱。我時常懷疑，有些特別複雜的部分，到底能否適切地翻譯。

光是協商正式合約的內容，就花了快兩年。第一步驟是搞懂合約內容的實際意義，第二步驟則是將艱深法律術語改寫為一般人能讀懂的英文。接著，在確定所有人都看得懂之後，才是最後步驟，討論如何修改合約條款內容。

由於種種原因，整個過程花了兩年。雙方法務團隊歷經至少三次大規模人事異動，每一組新上任的律師團都會找到條款內容隱含、卻在意料之外的細節，導致各方提出新意見，要增刪條款、段落或附約的內容。合約文件本身也歷經多次修改，每改一次就須再翻成日文。於此同時，在海外發行吉卜力電影的工作同樣如火如荼進行中。因此，法務團隊又發現更多細節，需要再改合約內容。

吉卜力這邊所發現最大、最令人措手不及的問題是，合約允許使迪士尼得以掌握吉卜力所有作品在全球各地發行權，但若迪士尼選擇不發行，迪士尼仍有權永久押著這些作品。對吉卜力工作室而言，最重要的目標是讓所有作品一刀不剪、（除了翻譯）完全不經修改發行至全世界所有地區。當初洽談的迪士尼高管麥可・O・強森和他的人馬也希望迪士尼在各地發行這些作品，但是迪士尼總部高管不見得有同樣想法。

吉卜力從未想過迪士尼可能拒絕發行這些作品，同時又握著發行權不放。當迪士尼明確表示不打算發行時，吉卜力曾提出要買回這些作品發行權，並在迪士尼不打算發行的國家另找發行商，讓迪士尼拿走發行所得。協商了將近一年，最後迪士尼還是拒絕了，他們認為還是押著不發行比較好。德間書店和迪士尼簽的簡式合約用詞模糊，准許迪士尼這麼做。

使情勢翻盤的主因是新科技崛起：數位多功能光碟（DVD）。早在一九九〇年代，電子硬體製作人和娛樂產業便不斷尋找新科技，將整部電影、預告片和廣告全都裝進單一小型光碟，讓消費者能夠在家播放，而且影音品質能媲美、甚至超越錄影帶（VHS）。

先前曾出現過雷射影碟（Laser Disk），是和黑膠唱片差不多大的雙面影碟，受到影視愛好者歡迎，但仍過於笨重且昂貴，對大眾市場消費者也不便利。最大缺點是電影播到一半還得手動將影碟翻面繼續播放，體積也過於龐大，一般消費者很難擺在家裡收藏。SONY、JVC、飛利浦和其他公司不遺餘力地尋找壓縮檔案的方式，希望能將整部電影存至與音樂光碟差不多大小的硬體設備中，其播放品質又足以令影視愛好者滿意。可惜，由於壓縮技術遲遲無法推進，即使影音品質勉強過關，一張光碟頂多可存七十五分鐘的影音檔案，但娛樂產業定義的電影長片最短為九十分鐘，多數電影長達兩小時、甚至更長，還要再加上廣告與預告片。

一轉眼間，技術突破出現了。儘管影音品質尚值得商榷，單面就能容納兩小時影音檔案的新光碟技術橫空出世。物件移動速度太快或影像過於複雜時，畫面確實容易模糊，但以多數標準看來，DVD堪稱最適合家用電影的儲存設備了。好萊塢片廠「家用錄影帶」部門紛紛更名為「家用娛樂」部門。

當初迪士尼與德間書店議約時，董事長德間先生對於合約技術細節不大關心，唯有一項堅持，就是堅決不讓迪士尼取得數位發行權。德間先生的友人包括SONY董事長和SEGA社長等等，都勸他留住數位發行權。而實際進行協商的鈴木敏夫，幾乎敢肯定德間先生根本連「數位」二字意思都不明白，也全心同意這項決策，因此整個協商過程中，德間書店集團堅守數位發行權，沒有放手。

當新技術崛起，使單一光碟可能容納長達兩小時的電影，所有大片廠都展開調查，研究消費者是否會接受這項新科技。迪士尼研究認為DVD絕對不會受到消費者青睞，不可能成為娛樂產業未來重要媒介，因此，與德間書店協商時，迪士尼消極爭取了一會兒，就乾脆地讓德間書店保留DVD等媒介的數位發行權。而當DVD終於（很快地）成為電影買賣最重要的媒介，而且迅速取代錄影帶時，迪士尼發現自己確實需要吉卜力作品數位發行權，至少是他們已經發行、或計畫發行的作品。

最後吉卜力工作室以DVD數發行權換回迪士尼拒絕發行的電影地區發行權，終於能在這些國家另尋發行商。對吉卜力電影創作團隊而言，沒有什麼比讓自己作品進入電影院更重要的事了。宮崎駿和吉卜力工作室的導演和動畫師自認為電影工作者，其藝術作品理應登上漆黑劇院的大銀幕供觀眾欣賞，而且，唯有電影院高規格音響設備才能讓觀眾沉浸在細節豐富、做工精緻的聲音環境中。

吉卜力追求的目標抽象而無形，迪士尼要的則是錢，所以協商起來相當容易，很快就討回迪士尼不打算發行作品的發行權。儘管誰也沒想到，迪士尼這樣的好萊塢巨擘，竟會在調查即將席捲集團單一最大收入流（錄影帶）的新科技（DVD）時，得出錯誤的結論，鈴木先生與德間先生仍都搶著居功，吹噓自己對新科技的遠見。

皮克斯工作室

從《魔法公主》開始，每部吉卜力電影海外首映都在皮克斯影業舉行，須從舊金山行經金門大橋抵達。沒有人比創作動畫電影的從業人員更懂得欣賞動畫電影了。當然，好作品不需要背景知識也能欣賞，但獲得同儕肯定仍是一大殊榮。

定居日本，時常往返歐美出差，我總是躲不過飛機旅行。二十多年來，我搭機來來去去，卻從沒喜歡過，即使九一一攻擊事件之前，安檢沒有那麼麻煩，我也從未覺得搭機是種享受，總是能免則免。若從洛杉磯開車到舊金山，需要七至八小時車程。

為了到皮克斯總部播映《魔法公主》，我們自然選擇開車，因為想到得帶七大盒影片膠捲（重達二百五十磅，而且僅此一部、無可替代）搭國內線班機，車程根本不算什麼。走這麼一趟有三條路可選，其一是五號州際公路，最快也最無聊；其二是景色壯麗的太平洋海岸公路，但路程得花兩天；其三是折衷，走一〇一號美國國道，沿途美景不少，也能一窺加州大規模農業生產的樣貌。

清晨六點，加州天空無雲卻朦朧，鈴木敏夫、日本電視台的奧田誠治和我在洛杉磯下榻旅館前，把二百五十磅《魔法公主》影片膠捲裝進租來的福特休旅車，出發向北。我們在聖塔芭芭拉的桑波餐廳（Sambo's）停下來用早餐。餐廳彷彿停在一九五〇年代，像諾曼・洛克威爾（Norman Rockwell）畫作中的南加州景色。

原來桑波餐廳曾是連鎖企業，只有創始總店延續至今（名字桑波和「小黑人桑波[Little Black Sambo]」一樣），其政治正確程度可和雪茄店印地安人「媲美」。[1]餐廳工作人員制服從一九五七年開業至今沒有變過，咖啡無限續杯，以厚實白瓷馬克杯盛裝。全天供應早餐特餐包括堆得老高的酪乳鬆餅，新鮮牧場雞蛋，香腸和培根，全都相當便宜。常客可以拿到木製代幣，未來光顧可以打折。從一九五〇年代以來，這裡的改變只有售價，十美分買不到咖啡了。桑波餐廳應該還是能發展成連鎖企業，專賣復古情懷，像強尼火箭餐廳（Johnny Rockets）那樣，只是名字可能得換換。

旅途中，奧田和我輪流開車，鈴木先生把公路旅行當成補眠的好機會（他在日本時每天睡得極少），一坐上休旅車後座，他會馬上睡得不省人事，每過兩個小時左右，他會迷迷糊糊地起身，抽根菸（當時租車還沒禁菸），看看車外景色，又倒頭繼續睡。

輪到奧田開車時，他會把三大袋洋芋片（海鹽白醋口味、烤肉口味和白切達起司與洋蔥口味）和兩大瓶夸脫裝的可樂擺在右手（奧田開車以左手握方向盤）觸手可及的地方。他平均車速大約為時速九十英哩（約一百四十公里），興致一來就隨便超車（可能從右側，也可能從左側），每次伸手抓洋芋片或可樂時，車身總會劇烈扭動。

奧田開車時，我通常都在擔心可能沒命，但他確實省了不少時間。後來鈴木先生私底下告訴我，奧田是他見過技術最糟、最恐怖的駕駛。

次日，我們帶著《魔法公主》膠捲到加州大學柏克萊分校的太平洋電影檔案館，電影將在那裡舉行放映會，接著再往北幾哩，參訪皮克斯工作室。吉卜力與皮克斯的關係始於皮克斯創意總監約翰・拉薩特與宮崎駿從一九八〇年代初培養至今的友誼。當時一群即將成立吉卜力工作室的日本動畫師，包括宮崎駿和高畑勳，待在洛杉磯好幾個月，參與改編溫瑟・麥凱（Winsor McCay）作品《小尼莫》（*Little Nemo*）的企畫案。

該企畫目的之一是讓日本和美國最優秀動畫師彼此切磋交流，共享構想和技術。當時，日本動畫師還曾與迪士尼傳奇動畫師「九大元老」（當時還碩果僅存的幾位）會面。約翰・拉薩特與日本動畫師分享了當時尚未問世、他眼中動畫長片的未來：電腦動畫。在洛杉磯會面後，約翰・拉薩特與宮崎駿從此成為好友。

後來，宮崎先生製作《龍貓》時，拉薩特造訪了吉卜力。拉薩特帶來當時構思中的作品《單輪車的夢想》（*Red's Dream*）和《頑皮跳跳燈》（*Luxo Jr.*）片段，而宮崎

1 譯註：小黑人桑波原為兒童故事，雪茄店印地安人則常在廣告中出現，兩者都是種族歧視對少數族裔貶抑的刻板印象範例。

先生則讓拉薩特看了《龍貓》部分段落。究竟拉薩特如何憑一己之力找到吉卜力工作室，沒請翻譯卻還能與宮崎駿溝通，至今仍是未解之謎。拉薩特拜訪吉卜力時還發現另一件事：宮崎駿會把捨棄不用的分鏡表丟掉。他學到，造訪吉卜力的時候，去翻宮崎先生的廢紙簍，往往能大有斬獲。每次從垃圾桶找到廢棄圖紙，他總會問，「你要把這張丟掉？真的假的？」

拉薩特在皮克斯的辦公室看起來像玩具博物館。我第一次拜訪時還懷疑那只是展示空間，以為他有別間實際使用的辦公室。後來，人家告訴我拉薩特只有這麼一間辦公室。辦公室牆上就掛著拉薩特從宮崎先生廢紙簍撈出來的分鏡表。每次宮崎先生來訪，看到自己畫作，都會嘆息著說，「我實在不該刪掉那些場景的呀。」

我們一行人待在洛杉磯和迪士尼談生意時，十二名來自吉卜力的動畫師正在參觀迪士尼動畫部門，他們與我們在舊金山會合，參訪皮克斯工作室。到皮克斯時剛好是萬聖節前夕，每個員工辦公桌、辦公室或隔間都裝飾得像得了全國萬聖節裝飾比賽冠軍似的，處處可見妖精、食屍鬼、（從事各種活動的）骷髏、女巫、南瓜燈和黑貓，瞪視行人。走廊假蜘蛛網上掛著大型假蜘蛛。皮克斯員工腳踏閃亮的銀色滑板車，在門廊間滑來滑去，四處都有意料之外的裝飾道具，例如擺在走廊正中間的古董理髮師座椅，拉薩特還為我們示範如何使用，還有一九二〇年代私酒酒吧，品項一應俱全。

導覽最後，東道主問吉卜力動畫師對皮克斯的看法。他們覺得棒極了。甚至他們還說，皮克斯令他們想到許多吉卜力工作室能改善的地方，已經著手列舉建議，要請鈴木先生考慮採納。

「這裡每個人空間都好大，」他們說道，「為什麼吉卜力不行？」

鈴木先生當下立刻決定，從此再也不讓動畫師參觀外國動畫工作室了。

約翰・拉薩特在柏克萊一間相當高檔的義大利餐廳宴請吉卜力一行人，晚餐後，我們一起前往太平洋電影檔案館參加放映會。電影開始前，鈴木先生將我拉至一旁，請我幫他寫篇短短的英文講稿。我在微暗的劇院大廳寫就，在鈴木先生走向麥克風前遞給他。他迅速瞄過，宏亮（他一向如此）而自信地以英文發言，只改動講稿幾處用詞。後來這成為吉卜力電影在外國放映時的慣例。

《魔法公主》放映會廣受好評，皮克斯動畫師與工作人員似乎比其他觀眾更享受吉卜力作品各種細膩表現手法，更懂得欣賞一般觀眾恐怕看不出來的巧思，這展現出手繪動畫令人驚豔的高超技藝。許多觀眾以為皮克斯動畫作品既然是電腦動畫，多數動畫製作工作都是由電腦完成，可惜並非如此。越是看來不費工夫，越需要高超動畫創作技巧。正因如此，吉卜力向來喜歡在皮克斯舉辦海外首映會。

動畫師精神

在柏克萊辦完首映，鈴木先生、奧田和日方工作人員帶著膠捲飛回日本，我則陪同吉卜力動畫師拜訪亞利桑那州鳳凰城的福斯動畫工作室。多年下來，我發現世界各地動畫師都相當尊敬其他動畫師的成就，情誼宛如手足，無論他們隸屬的企業「父母」交情如何，皆相處融洽。就像共度難關的手足，即使外人對其技藝缺乏認識與肯定，他們當中，只要誰破解了難題，都會慷慨地與其他人分享。

動畫師之間坦蕩無私的互動令人驚豔。我一開始觀察到吉卜力動畫師這樣的表現，只認為他們過於天真（或許因為成天埋首桌前，沉浸在幻想當中，太少和外界接觸）；但是，我卻在我們造訪的每間動畫工作室看到同樣景象，才明白我以前太過蒙昧，不懂得欽佩動畫師此種精神。

吉卜力動畫師造訪迪士尼動畫工作室和皮克斯工作室，單純為了參觀工作環境，會會其他動畫師，但是他們拜訪福斯動畫有更具體目標。《魔法公主》是最後一部以傳統手繪賽璐珞製作完成的動畫長片，以手工為透明塑膠賽璐珞上色繪製，將每張原畫賽璐珞翻拍成照片，再製作成動畫。如今，後端手工製作流程逐漸被電腦取代。新軟體出現，使電影中每個畫面上色步驟更快、成本更為低廉。

不過，速度快或成本低並非吉卜力的考量。隨著世界各地（日本包括在內）動畫工作室開始採用新科技，原本從事賽璐珞上色的工作人員越來越難找到工作，紛紛轉職；實在找不到上色人員，宮崎駿才不情願地決定吉卜力也要採用電腦上色。宮崎先生討厭電腦出了名，若非萬不得已，他絕不會做出改變。

《魔法公主》上映後的夏季，吉卜力幾乎全員都因盂蘭盆節放假時，工作室整個描線與上色部門被裁撤，工作室裡一排排擺著各種顏料粉的櫃子，則被一台台電腦終端機取代。吉卜力作品中常掛名色彩設計的保田道世女士，與高畑勳和宮崎駿合作許久，幾乎從他們進入動畫這行共事至今。保田女士當時六十多歲，儘管和宮崎先生一樣這輩子從沒用過電腦，她卻得學著使用專業電腦軟體上色，而她的學習速度驚人。

保田女士一直想拜訪福斯動畫工作室，因為只有他們和吉卜力使用相同描線與上色軟體。由於手繪動畫越來越少見，支援手繪動畫製作的後端軟體使用頻率漸漸降低。福斯同意與吉卜力會面，分享他們使用軟體的心得，談談他們曾面臨的困難和解決方法。

福斯的動機並非全然無私，動畫工作室控制成本的最大困境包括動畫製作週期性質和對專業人員的依賴。背景畫師只畫背景，動畫師只做移動物件；多數後端工作都須等其他團隊繪製工作完成後才能開始。這表示各部門常有許多無事可做的空檔。倘若一間動畫工作室只做自己作品，背景畫師、動畫師和其他後端工作人員許多時間都虛耗掉了。當動畫師全力投入製作時，後端工作才剛開始，背景畫師工作已經要告一段落。動畫師完工後，輪到描線和上色人員全力衝刺，此時動畫師和背景畫師已經完全無事可做。

既然福斯和吉卜力使用相同描線與上色軟體，理論上來說，兩間工作室的描線與上色人員受的技術訓練相同，就可能彼此支援，緩解工作高峰期負荷，也幫閒置人員找點事做——至少理論上如此。

我們在福斯動畫工作室度過愉快而疲勞的一天（至少擔任翻譯的我很疲勞），參觀各部門工作情形，學習福斯製作電影的技術細節，彼此交換掌握預算和趕上製作進度的訣竅。我們還被允許參觀機密重地：福斯剛展開新一部電影製作，我們得以參觀動畫師工作現場。動畫電影《真假公主》（*Anastasia*）導演之一蓋瑞・高登曼（Gary Goldman）向我們說明，電腦描線和上色不僅沒有減少工作室負擔，反倒增加了工作量。「選擇太多了，」他說，「而哪個導演不想在拍板定案前先看看各種效果呢？只要滑鼠一點，就能換成截然不同的配色。讓我看看這種，再讓我看看那種。結果最後完成時，我害他們工作量加了一倍。」

這趟參訪之旅既有趣又資訊豐富，我們得知許多福斯創作電影的流程，也分享了不少吉卜力的經驗。福斯動畫工作室原本位於愛爾蘭，因此許多員工是愛爾蘭人，儘管公司位於亞歷桑納州，整個工作環境卻帶有國際人才匯聚的氣氛。離開時，我們感覺兩間工作室未來可能在多個領域繼續合作，不過後來並沒有開花結果。對於描線和上色軟體，保田女士從未說過她學到什麼，但她全程提出許多疑問，顯然她和在場的人對軟體同樣瞭解、甚至瞭解更深。

次日早晨，一行人起得很早，我們得早早搭機返回洛杉磯，再轉機回東京。我在外散步時，遇到保田女士和《心之谷》導演近藤喜文。他們正在看日出，那是我一生見過最美景象之一。

「色彩真是令人驚豔，」保田女士說，「看到這樣的景色，跑這趟就值得了。」

合作的難題

CHAPTER 05

董事長會面

德間康快是吉卜力工作室母公司德間書店集團董事長。德間先生其中一項奇異的人格特質，即是不讓任何形式的成功白白浪費。他堅信絕不能滿足於任何成就，假使成就任何事，勢必要好好榨乾能換取的所有價值。

《魔法公主》登上國際舞台，名氣正在攀升，德間社長已經在盤算還有哪些辦法佔據鎂光燈焦點。年歲已高，健康狀況也不方便德間先生出國到處跑，但他一聽說米拉麥克斯影業正在規劃《魔法公主》盛大的美國首映活動，就準備好隨時跳上前往紐約的班機——前提是活動盛大到值得他跑這一趟。一定要在享譽盛名的場地舉辦，而且務必要名流雲集，還要是日本人聽過的名流才行。

哈維・溫斯坦和其他米拉麥克斯影業主管一直在洽談租下中央公園船屋餐廳，邀請最重量級巨星名流出席。哈維與政治圈、娛樂圈都很熟，之前甚至聽說美國總統比爾・柯林頓可能參加《魔法公主》美國首映。德間先生表示，若有機會與美國總統見面，只要柯林頓總統能出席，他會非常、非常高興，高興到願意出錢贊助首映會。要是總統不克出席，希拉蕊也是他能接受的替代人選，他很樂意和希拉蕊聊聊。

這項計畫後來因為爆出莫妮卡・陸文斯基（Monica Lewinsky）風波[1]，比爾或希拉蕊柯林頓都忙得不太可能出席電影首映。副總統高爾（Al Gore）曾可能有意願出席，但是德間先生不想要將就於二號人物。哈維他們也曾提起其他重要政治人物，但德間先生對美國政治瞭解有限，沒聽過這些人的名字。最後，由於德間先生贊助的可能性越來越低，首映活動也就不了了之。

除了與美國總統見面，德間先生也一直很想親自會會迪士尼集團董事長麥可・艾斯納。德間先生認為，既然他的公司和迪士尼建立了深厚而長遠的合作關係，兩間公司大家長應該見個面，交換交換彼此經驗與智慧。加上他的健康狀況不允許他出國，德間先生認為艾斯納理應到日本來拜訪他。德間社長不時把我叫上樓，到他的辦公室吃哈根達斯冰淇淋（香草口味），交代我讓艾斯納到東京來見他。

每次我向迪士尼處理吉卜力事務最資深的主管、迪士尼國際業務部門的麥可・O・強森這樣提議時，MOJ總是轉移話題。我盡可能時常提起，也解釋這對德間先生而言有多麼重要，列舉各種迪士尼可能得益的方式，例如德間書店和吉卜力工作室將永遠欠迪士尼一份人情，諸如此類，但從來沒有成功。抱歉啦，MOJ會說：做

1　譯註：一九九八年柯林頓與白宮實習生莫妮卡・陸文斯基的外遇事件。

不到，那是不可能的，艾斯納不喜歡出遠門，除了去歐洲，他絕對不會答應。

然而，一九九八年十月機會突然到來。麥可・艾斯納將到日本來。他必須到東京，出席東京迪士尼樂園旁新主題樂園的動土儀式。迪士尼正要增建以海洋為主題的「迪士尼海洋樂園」，園中將包括各式各樣海洋遊樂設施，包括一座忠實複製所有細節的（義大利）威尼斯城區。迪士尼原本打算在加州長灘市建造海洋樂園，但原計畫面臨許多瓶頸，包括法國的歐洲迪士尼樂園財務困難等，迫使迪士尼打消念頭。由於新的遊樂設施和娛樂演出規劃都已完成，迪士尼決定說服經營東京迪士尼樂園的東方樂園株式會社擴建海洋樂園。

東京迪士尼海洋樂園將規劃為迎合成人遊客的主題樂園。遊樂設施速度會比較快、比較嚇人，專為成人打造，不見得適合兒童。東方樂園起初並不情願增建不同主題樂園，若真的得花錢，他們寧可擴建原本、迎合兒童的迪士尼樂園。經歷長時間且艱難的協商，雙方終於同意增建迪士尼海洋樂園。而艾斯納必須飛到日本，不僅象徵新的主題樂園對迪士尼的重要性，更為了增加曝光，確保新的海洋樂園成功。他必須站在東方樂園高管身旁，拍下眾人鏟起動工第一堆土的照片。

這就是迪士尼董事長唯一任務，也是他飛到日本、停留一天的唯一目的。MOJ特別向我們強調，他為了爭取到這次機會到底花了多少功夫。為了德間先生，向他老闆（其實是老闆的老闆）、也是美國最知名、最受敬重的企業領袖之一爭取這半小時時間MOJ警告我們千萬不能讓他在公司董事長面前沒面子。他又補充說，若德間先生能像艾斯納強調德間書店集團和吉卜力工作室多麼重視MOJ對日本迪士尼業務的貢獻，那就更好了。

聽說期待已久的會面終於能夠實現，德間社長得知會面將在浦安（東京迪士尼樂園所在地）、而非他位於新橋的辦公室舉行時，大發雷霆，還威脅要取消會面。然而，他發現若不到浦安去，就不可能見到面時，也只能讓步。到了會面當天，德間先生、鈴木敏夫和我坐進德間先生由專人駕駛的座車，前往東京迪士尼樂園。

浦安位於東京東邊的千葉縣，並不是什麼風景名勝地區，多數地區都在東京灣水面下，直到現代東京周圍大規模填海造陸，方得以誕生。與東京多數水岸相同，浦安水岸發展漸漸出現許多倉庫建築，只重功能不重美感。

日本民眾總是（明智地）避免在容易淹水的地區建造房屋；而由於東方樂園擁有不少浦安土地，某個東方樂園株式會社員工劃出水岸土地，大膽提出不同想法：要是日本有自己的迪士尼樂園呢？位於東京近郊，和創始迪士尼樂園一模一樣，如何？當時正是日本經濟的轉型時期，從製造廉價山寨品轉型為高技術、高品質製造業。東方樂園肯定迪士尼公司絕對會同意他們建造東京迪士尼樂園。

日本史上空前成功的兩大創舉，發起時都受到報章雜誌與電視媒體無情嘲笑。日本在一九七〇年代早期引進麥當勞，日本麥當勞總裁藤田田不斷受到眾人訕笑，說日本人非但不可能吃漢堡，更不可能自己走到櫃檯點漢堡來吃。藤田答道，日本人不僅肯吃漢堡，吃漢堡更會促進整個民族身體健康。他的名言是：「日本人又矮、膚色又黃，就是因為吃魚和米吃了兩千年；如果日本人吃麥當勞漢堡和馬鈴薯，吃個一千年，就會越長越高，皮膚會變白，髮色也會變金。」

此番言論或許值得商榷，但現在日本人均麥當勞店數比美國還多，日本麥當勞有幾年營收甚至超過美國麥當勞。我兒子從小在日本長大，第一次到美國康乃狄克州見祖父母時，看見美國竟有麥當勞，還大吃一驚。他和許多日本孩子一樣，以為麥當勞是日本餐廳。

東京迪士尼樂園一九八三年開幕時，一般認為不會有人想去看亞洲版複製品。開幕時，樂園多數工作人員都是日本人（可能因為日本政府限制外國娛樂人員簽證數量，而且優先發給脫衣舞孃和女侍的緣故）。假使沒有原汁原味美國表演人員，只有日本人，就算他們都戴著金色假髮，日本民眾不可能接受。

當時不看好的人說，要是日本消費者無法在迪士尼樂園體驗到道地美式（異國）風情，東京迪士尼樂園勢必一敗塗地。連迪士尼公司都不指望東京迪士尼樂園成功，放棄合資經營，寧可只授權，向東方樂園收取權利金。結果，幾乎打從開幕起，東京迪士尼樂園就大為轟動，每年吸引一千兩百萬至三百萬遊客，有幾年甚至是全世界第三受歡迎的主題樂園。夏季月份遊客絡繹不絕，實在太過熱門，甚至得拒絕遊客進場。

因為浦安周圍仍倉庫林立，又有做生意、往返迪士尼樂園、往返機場，以及一般民眾往返東京通勤的車流，東京與浦安間公路交通擠得水泄不通，傷神又費時，著實是一大煎熬。事實上，這樣的煎熬，得經歷兩次：先在東京至浦安的高速公路上一路塞車，抵達浦安之後，還得穿過壅塞街道，才能抵達東京迪士尼樂園和周邊渡假旅館。當我們座車抵達目的地時，德間先生心情已經很差。

與迪士尼董事長會面地點是其中一間官方迪士尼樂園旅館，我們接獲指示，先到旅館等艾斯納一行人抵達。根據德間書店集團凡事都要提早至少半小時的實務原則，我們提早快一小時到達，旅館人員領著我們到特別為本次會面預留的日式會議室等候。德間先生掃視會議室，說道：「無法接受。我要走了！我們回新橋。」

德間先生認定這間會議室太小；如此重要的會議，卻在狹小會議室舉行，對他這樣地位的人簡直是侮辱，認為這是不敬之舉。我必須盡快設法留住他，否則吉卜力和迪士尼、以及和MOJ的關係就毀了；要是被放鴿子，艾斯納肯定不會高興。情急之下，我解釋說，在美國，這樣人數較少的會議，安排較小會議室其實是出於尊敬。空間小，與會者才能暢所欲言，而不像大型會議室，大家都只是官腔客套，說些無關痛癢的話。我跟德間先生保證，美國最重要的會議都在狹小空間裡進行。無論真實與否，總之德間先生信了，讓我們領他進（不夠大的）會議室等候。

日本會議室有兩種形式，風格大相逕庭。首先是常見的會議空間，有一張大桌，周圍擺一圈辦公椅，前方牆上或許有電視螢幕或白板——這種會議室最適合基層員工坐下來討論無聊且瑣碎的具體細節。另一種會議空間則像會客廳，有著舒適沙發或扶手椅（或者兩者都有），中間擺著低矮咖啡桌，可能是玻璃或石材桌面，面積只夠擺幾個菸灰缸——這種會議室適合高階主管自在地暢談未來宏圖。我們所在會議室為後者，依照日本慣例，德間書店集團的人坐在咖啡桌一邊，等著艾斯納一行人到來。

德間書店集團和吉卜力工作室習慣凡事至少提早半小時，而迪士尼則習慣凡事至少遲到半小時。預定會議時間逐漸逼近、到了又過了，德間社長已威脅要離場至少一兩回，迪士尼一行人才終於抵達，大概遲了四十五分鐘。

迪士尼一行人走進會議室，由日本迪士尼主管星野康二為雙方作介紹。除了麥可・艾斯納和MOJ外，迪士尼策略長彼得・墨菲（Peter Murphy）也在場。麥可・艾斯納相當地高，雙方引介時，他伸出的大手握起來非常柔軟。會面當天，他看起來非常疲憊，亟需睡眠。

迪士尼一行人在咖啡桌對面坐下。艾斯納對面是德間先生，坐在會議室離門最遠的一端；星野坐在艾斯納旁邊，為雙方翻譯（翻得非常好）。MOJ坐在星野旁邊，對面是鈴木先生；彼得・墨菲坐在MOJ旁，面對著我。會面先從寒暄和客套話開始，不能免俗地恭維起對方公司，肯定德間書店集團和迪士尼的合作關係多麼重要，恭喜吉卜力作品的成功，強調一間公司在海外做生意需要俐落可靠的合作夥伴，肯定全球第二大經濟體日本對任何跨國企業的重要性等等。總之，講些生意往來的陳腔濫調，所言固然不假，只是行禮如儀。

不過，當艾斯納提到日本對迪士尼公司而言始終是個謎團，氣氛熱絡了起來。他說，迪士尼確實在日本獲得不少商業成功，但他總覺得迪士尼理應能達成更高成就，他們也一直在找尋提高獲利的方法。這一番話打開了德間先生的話匣子，他開始向艾斯納細數迪士尼在日本經營策略的錯誤，「開示」迪士尼的解決之道。

整段發言冗長，充斥各種範例，大意是說迪士尼組織鬆散，集團底下分成許多獨立子公司，各自為政，既不溝通、協調彼此工作，甚至不清楚其他單位的業務目標，時常各說各話，一團混亂。

德間先生告訴艾斯納，合作夥伴常以為在和迪士尼交涉，卻發現自己只和迪士尼的一個單位交涉而已，只顧個別單位利益，卻不在乎迪士尼公司整體利益。他說，要是迪士尼所有單位齊心協力，追求共同目標，還有做不到的事嗎？在日本，代表迪士尼發言的人應被賦予更多權限，而若有必要，其他子公司代表應該也要有足夠權限代表迪士尼發言。當然，前提是主事的人對日本瞭解夠深。

從日文聽來，這段演說精采絕倫，但我們不時必須提醒德間先生暫停，讓星野康二翻譯。（德間先生很不情願地配合，星野則是發了狂地寫筆記。）德間先生宏亮地講話時，艾斯納半個字也聽不懂，看來非常地睏；而在英文翻譯段落中，若聽見特別感興趣的內容，艾斯納又會突然精神起來。德間先生幾乎等不及星野翻譯完，匆匆繼續往下講，急著為迪士尼的成功提出建言。

這樣一陣枯燥、一陣激烈的講講停停（取決於你聽何種語言，各人感受不同）持續許久，坐在星野身旁的MOJ突然站起身，從墨菲身後繞過咖啡桌到德間書店這一邊，站在我旁邊。他彎下身，手掩著嘴，「試圖」低聲地對我說話，雖然我覺得在座眾人可能都聽得見，至少我對面的墨菲肯定聽見了：「史提夫，德間先生一直沒有提到我。你可以請他為我美言幾句嗎？」

霎時我簡直不敢相信這真的發生了。會議室如此地小，裡頭坐了七個人：德間先生正用政治人物那種低沉、粗嘎而宏亮的聲調向艾斯納說教，鈴木先生正在聆聽演講，不時點頭，星野忙亂地記著筆記。艾斯納慵懶而疲憊地等著英文翻譯，他睏倦的眼神跟著MOJ走到咖啡桌另一端，墨菲則比較有精神，露出狐疑神情。我大為困惑，難道MOJ以為自己是隱形人，還是迪士尼高階主管常常這樣做，所以顯得很正常？我瞄向仍在高談闊論的德間先生，思考怎麼可能不唐突且不動聲色地讓他達成MOJ的請託。

MOJ俯身瞪著我，等待我的答覆。

「呃……」我低聲回答，「我不知道，但我會試試看。」

MOJ似乎滿意了，站直身子，又走回對面坐下。

鈴木先生轉向我，問我MOJ說了什麼，我照答。他看來絲毫不意外，只說，要向德間社長解釋任務並設法讓他照辦，可能有點困難。德間先生停下來讓星野翻譯時，鈴木先生傾身向他轉達了MOJ的意思。接著，再輪到德間先生開口時，他口中迸出的話是我們多麼幸運，能和麥可・O・強森如此才華出眾的優秀人才合作。比起向艾斯納數落迪士尼種種失策時相比，稍微笨拙了些，德間先生擠出更多前言不對後語的溢美之詞，讚譽促成兩家公司互惠合作的幕後推手。由於德間先生對外國名字相當不在行，他有時稱讚的是麥可・傑克森（Michael Jackson），而非麥可・O・強森。

我難以想像，現場看著MOJ走過來對我耳語，看著我對鈴木先生耳語，再看著鈴木先生對德間先生耳語的所有人，不會覺得現在德間先生突如其來的盛讚顯得虛假。從那時至今，我始終不明白，對麥可・O・強森（和／或麥可・傑克森）如此虛假、斧鑿痕跡如此明顯的讚美，何以令艾斯納刮目相看。然而，艾斯納和墨菲都沒有表現出奇怪的樣子，德間先生突然讚美起MOJ，他們只是點了點頭，甚至稍微表現欣喜，似乎以為這是德間先生的由衷肯定。假使迪士尼高管是日本人，我或許更能理解。

日本傳統戲劇歌舞伎（戲服華美、由男性演員演出男性和女性角色的戲劇）和「Bunraku（人偶戲）」當中，舞台上有全身穿著黑色服裝、非演員的工作人員，稱為「kuroko（黑衣）」。黑衣就像是幕後工作人員，負責變換場景或其他工作。在日本戲劇中，黑衣整場演出都在台上，觀眾看得見他們，同時也看不見。他們幫忙拿取道具和布景，在台上四處走動；他們可說是操偶師，觀眾看得見黑衣的動作，並為他們的成果而讚嘆，同時卻要假裝台上只有人偶或演員，對黑衣視而不見。觀眾接受黑衣的存在，同時卻也忽略他們。黑衣好像在場，同時又不在場。可能，MOJ比我預想得更精於日本文化，儘管他並沒有穿得一身黑，觀眾似乎相當捧場。

會面結束時，大家看起來都很滿意。德間先生得以向麥可・艾斯納傳授生意經，

MOJ在公司董事長面前獲得讚譽。鈴木先生和我又能把一項不可能的任務從待辦清單中劃掉，星野再次展現他將看似無法翻譯的內涵轉換為另一種語言的獨到才能，成為日本與西方文化交流橋樑。回東京途中，德間社長說，要是真的太過困難，沒辦法與柯林頓總統會面，他也能夠接受。不過，假使與麥可・艾斯納會面告吹，他肯定難以接受；德間先生說，畢竟艾斯納只是一間公司的董事長，和他沒兩樣。

沒有一處未改

紐約那邊，米拉麥克斯影業正展開製作英文版《魔法公主》的工作，以便於美國電影院上映。我們事後才明白，這項工程多麼浩大。洛杉磯那邊，迪士尼則在製作英文版《天空之城》和《魔女宅急便》，準備發行錄影帶。過程中，我們不時面臨始料未及的問題。

吉卜力與迪士尼的合作，奠基於迪士尼對吉卜力原作的絕對尊重，海外發行時，絕對不能對原作進行任何更動或修改。這一點並非吉卜力的請求或協商成果，迪士尼根據其自身考量，展開協商時就已提議這麼做。後來，撰寫正式合約時，迪士尼律師千辛萬苦地將「更動」、「修改」和電影翻譯精準地切割開來。可以想見，律師們已考慮到翻譯可能出現歧異，縱然如此，「不做更動」大原則仍保持不變。

米拉麥克斯影業時常擅改發行作品內容，這點確實聞名遐邇。不過我們始終認為迪士尼方對吉卜力作品相當尊重，也沒有理由懷疑他們的誠意。因此，我們拿到製作中的《魔女宅急便》和《天空之城》影帶時，發現迪士尼竟加上了新的配樂、效果跟對話，實在震驚至極。兩部片都做了大幅度更動。

我向迪士尼製作團隊指出問題時，他們堅持英文版除了翻譯對白之外，絕無任何更動，與日文版完全相同。這與事實相差太遠，我不得已只能向迪士尼法務部門提出異議——通常我們極力避免走到這一步。雙方花了兩年，歷盡艱辛才敲定正式合約。不到逼不得已，實在不想訴諸法律；但若真的有此必要，合約白紙黑字就是保障。

吉卜力提出請求數週後，迪士尼法務部門和製作團隊確認完畢，結論是英文版與日文版除了翻譯之外並無更動。他們還說，就算真的有任何變動，也不會有法律問題，因為這些更動都已經經過鈴木先生同意。具體用詞是「推定同意」，意思是說，吉卜力方知道做了這些更動，但沒有表達反對。

迪士尼律師指的是一次鈴木先生造訪洛杉磯時，製作團隊曾讓他看過《魔女宅急便》英文版部分片段。鈴木先生注意到英文版的更動，但只稍微覺得有趣，他很好奇製作團隊想更動的段落有哪些，以為往後還有正式審核程序能否決或批准任何變動。畢竟，這些條件都寫在合約裡。

我致電麥可．O．強森，確認迪士尼是否真的意圖違反協議，大幅更動電影內容，還主張吉卜力同意這些改動。又過了數週，MOJ回電，說他已經調查此事，製作團隊向他擔保，除了翻譯成英文之外，沒有任何修改。我告訴他這絕非事實，問他是否看過最新電影內容。MOJ答說，看過兩個版本的摘要，沒有發現重大更動，不過，要是吉卜力還是堅持作品被更動了，他提議讓我飛到柏班克，與法務部門和製作團隊一起檢視英文版電影內容。

於是我就這麼做了。

我們在柏班克迪士尼辦公室會面，由我代表吉卜力，迪士尼方出席人員包括兩名公司律師、MOJ與其他兩名迪士尼主管、迪士尼技術部門主管、亞太地區技術部門主管，以及負責吉卜力電影英文版的迪士尼製作人，於此容我稱為X女士。我們圍著一張大型會議桌坐下，兩台大型螢幕並排立於前方，一台播放日文版原作《天空之城》，另一台則播放迪士尼製作的英文版 *Castle in the Sky*。

律師之一為會議開場，問我哪些段落更動了，看我有沒有打算先看哪段。我望向X女士，她竟同意出席這場會議，真好奇她是怎麼想的。原作內容被大幅增改，這點無庸置疑。我出發前往柏班克前幾天，還收到為英文版創作配樂的人寄來的信，信中表達誠摯感謝，說能為宮崎駿和吉卜力工作室電影創作新配樂是偌大殊榮。那封信我還帶在身上。

「從哪裡開始都可以，」我說，「電影內容幾乎沒有一處未改。」

「那好吧，」律師答道，「我們就從頭開始。」

於是我們開始一段段檢查；先播日文版《天空之城》一分鐘，再播英文版相同段落。從電影剛開始幾秒鐘，就已經明顯不同，再漫不經心也不可能忽略。英文版開頭是一段原作根本沒有的對話，接著加了各種音效，再加上更多對話，還有原先沒有的配樂和鑼鼓等樂器聲響。MOJ和兩名律師看著螢幕，瞠目結舌。只看完幾段，他們就叫停了。

「真不知道該說什麼，」MOJ說。「顯然我們確實做了更動，現在必須補救。我們會改回來。」接著，他轉向X女士，那番斥責可會讓任何大漢哭出來。

隔天，我又和律師與技術人員開了會，討論未來的選項。迪士尼英文版《魔女宅急便》已經製成轉拷母帶，而且批發商已經拿到製作完成的卡式錄影帶，準備販售了。迪士尼當時慣例是在發行日期前先把錄影帶送至零售商手上，配合發行日當天店內大規模宣傳。召回已經發送出去的產品幾乎不可能，代價也相當高昂。至於《天空之城》，由於距離發行日還有幾個月，還有轉圜餘地。

迪士尼原本英文版製作團隊歷經大換血，馬上著手開始從頭製作《天空之城》英文版。迪士尼向我們保證，未來吉卜力工作室有權對英文版作品最終裁決，拍板定案、經過吉卜力書面同意後才會發行。此外，迪士尼也同意，當《魔女宅急便》以新格式（例如DVD）在英文市場發行時，迪士尼會重做、發行沒有任何更動的版本。

迪士尼還有另外一個請求：他們想請宮崎先生和鈴木先生考慮，允許他們與吉卜力所有宮崎駿作品的配樂作曲家、也是《天空之城》作曲家久石讓合作，為英文版創作更多配樂。我告訴迪士尼，宮崎先生不太可能同意，但我會向該片製作人鈴木敏夫轉達，他若同意，就會詢問宮崎先生意見。

鈴木先生知道，假使他直接向宮崎先生提起，宮崎先生絕對會拒絕。這是鈴木敏夫否決其他人餿主意和瘋狂建議的方式：與其一口拒絕，他反而會直接問宮崎先生，既不解釋，也不表示贊同，宮崎先生會看著他，沉默個幾秒，然後拒絕。接著，鈴木先生就能說，他確實有問，可惜宮崎駿不同意。想不到，宮崎駿沉吟片刻後竟然同意了，令我們大吃一驚。

宮崎先生堅信，一部作品完成之後，就不該再東修西改，因為創作過程永無止盡，不可能有至臻完美的一天。完成了就是完成了。話雖這麼說，他還是好奇作品可能有什麼變化。迪士尼的請求讓他有機會一探究竟，還是迪士尼出錢，而且不須費他半點功夫。於是，英文版配樂加上了比原本規模大上三四倍的交響樂團演奏的悠揚旋律，交給宮崎先生審核。一如所料，被宮崎先生否決了。

技術問題

吉卜力和迪士尼商議如何重新錄製《天空之城》配樂時，我們又發現另一個問題。我們接獲迪士尼通知，說吉卜力為了發行《魔女宅急便》與《天空之城》錄影帶交給迪士尼的技術素材有瑕疵，替換需花費將近五十萬美元。

瞭解並管理技術素材（也就是把母帶膠捲轉拷為卡式錄影帶、DVD和電視播映檔案所需材料）簡直噩夢一場，得和無數蛋頭技術人員[2]周旋，他們彼此也會爭吵不休，每個人都堅持自己那套才是唯一正確的方法。數位化使早期針對各種電影膠捲製作和放映技術的競爭與消長變得毫無意義。

吉卜力與迪士尼的協議中，迪士尼堅持加入罰則條款，若吉卜力提供的影片檔案素材有瑕疵，必須賠償鉅款。鈴木先生乾脆地答應了，畢竟日本可是影片技術大

2 編註：Egghead，美國俚語，指人因為沉浸在自己感興趣的知識中，而脫離現實、缺乏常識、性冷感等。

國，國內標準就是整個產業的黃金標準。製作吉卜力電影技術素材的SONY PCL公司不僅發明了整個技術流程，多數製作技術素材的機器也都是SONY PCL製造的，這裡應是展現日本優越技術的領域。

然而吉卜力提供《魔女宅急便》和《天空之城》影片檔案素材後，迪士尼竟告知我們檔案有瑕疵，含有「異常影像」，要汰換必須花超過四十萬美元，因此迪士尼要行使合約權利，要求吉卜力償付。

我們從起初的震驚平復之後，趕緊要SONY PCL檢查素材，他們確認素材百分百沒問題。SONY一頭霧水，不知道所謂「異常影像」到底是什麼。他們一次又一次地測試，結果都沒問題；迪士尼一次又一次地測試，堅稱找到異常影像和「人工產物」。SONY完全不知道迪士尼指的是什麼，迪士尼完全不明白為何SONY找不出問題所在。國際電話費日益增加。

到這個節骨眼，已經演變成民族自尊心之戰。日本方認為，既然整個流程是日本發明的，多數機器也是日本製造的，他們技術絕對不只一流，更是全世界頂尖。絕對沒有什麼異常，也絕對不可能有。美國方認為，美國人、尤其是好萊塢的美國人，坐擁最充裕的預算、投入最多資源、具備最先進技術與專業，要是找到了異常，就一定是異常。

為了調解產業兩大巨擘之間的紛爭，我被派至洛杉磯，和迪士尼影業技術部門主管Q會面，看看能否達成共識。具體問題到底是什麼？能不能轉換為普通人也聽得懂的語彙，好讓律師接手（總比蛋頭技術人員好得多）評估究責，解決更要緊的事情，比如說該由誰付錢。

因此，一天下午，南加州溫暖且晴朗無雲，我、資深迪士尼律師B與Q一起坐在無窗的隔音密室中，周圍全是人類史上最先進的影音設備。Q要向我們展示所謂異常影像和人工產物，釐清所有疑慮。

我們坐在暗室裡，以大型電視螢幕逐幀檢視《魔女宅急便》電影段落，Q指給我們看，從一幀畫面移至下幀畫面時，約有三分之一畫面可看見前一幀畫面的微弱殘像。「可看見」指：若用最先進的超大螢幕，在暗室裡逐幀仔細檢視時會看見。我們逐幀檢查畫面，全都同意，確實可看見模糊、鬼影般的殘像。

記憶中對話如下：

我：「這些殘像是怎麼來的？」

Q：「這是從膠捲轉為影片檔案的產物，轉檔流程中自然產生，只能逐幀消除，成本高昂而且很花時間，所有迪士尼電影都會進行這一道手續。」

我：「普通消費者在家看錄影帶時看得到這些殘像嗎？」

Q：「不可能看到。要看到殘像，必須逐幀檢視，卡式錄影帶沒辦法這麼做。」

B：「假如是雷射影碟，能夠逐幀播放，就看得到殘像，對嗎？」

Q：「當然。」

我：「但是迪士尼不會發行這些電影的雷射影碟，就算有雷射影碟，除非逐幀播放，不然也看不到，對吧？正常播放看不見，對嗎？」

Q：「對，看不見。」

我：「那好，恕我冒昧問一句，既然正常播放看不到殘像，即使逐幀播放看得見，又有誰在乎呢？而且，既然這些作品只會發行錄影帶，根本不可能看見，那為什麼還需要設法消除這些殘像？」

Q：「因為迪士尼官方政策是把這些殘像從所有電影中消除。一切都源自雷射影碟技術剛普及的時候，有些影音愛好者逐格檢視迪士尼電影，發現了迪士尼動畫長久以來的大秘密。迪士尼動畫師，從最早最早的創始動畫師開始，幽默感就有點……呃……有點下流。我猜，可能是反覆一直畫同樣畫面很無聊吧，不知道，總之他們開始偷加入一些自己畫的東西，加到單格畫面中，反正不會有人看見。」

B：「自己畫的東西？像什麼？」

Q：「喔，有次我們找到一幀畫面，米奇正把手伸進米妮裙子裡，有部片到處都是納粹卍字旗。你們可能有聽過，《小美人魚》(*The Little Mermaid*)海底宮殿的畫面，有根柱子畫成了陰莖，諸如此類。後來，對技術在行的觀眾開始找這些影像，還寫文章介紹。」

B：「有這樣一群擁有雷射影碟播放機，而且還逐幀播放電影的觀眾？」

Q：「對啊，還有一些用雷射影碟播電影的普通消費者，可能暫停或什麼的，不小心就發現了。迪士尼早期動畫有好多這種畫面，我們可花了很多時間才通通刪掉。迪士尼高層大概不想再冒任何險了吧，就確立了官方政策，每部電影都要檢查和消除。」

我：「可是我們談的是吉卜力電影，又不一樣，吉卜力動畫師才不會做這種事。而且我們講的可是根本不會有人看到的殘像！根本不值得擔心，就算用雷射影碟播放，暫停時看到了畫面殘像，又如何呢？」

B：「等等，我們講的是動畫電影的異常影像。你剛說所有迪士尼電影都會檢查、消除殘像？包括真人電影嗎？好萊塢影業和正金石影業(Touchstone)的電影也會？」

Q：「是的。」

B：「那這樣會花多少錢？」

Q：「每部電影大概二十萬美金，如果修正幅度很大，成本更高。」

B：「所有迪士尼、好萊塢影業和正金石影業出品的電影都會檢查？全部電影嗎？」

Q：「是的。」

B：「還有我們買下、發行的所有電影？算起來每年總共有三十至四十部片呢。」

Q：「是的。」

B：「好，我想我們聽夠了。Q，謝謝你撥冗說明。史提夫，你說的很有道理，我想這些異常影像應該不需要修正，讓我想想辦法，看怎麼解決。」

數週後我們接獲通知，說問題解決了，吉卜力不用償付替換瑕疵素材的費用。

至於B，幫迪士尼公司省了那麼大一筆錢，我想他應該拿到不少獎金吧。

北美宣傳之旅

CHAPTER 06

迪士尼動畫工作室

宮崎駿第一趟北美宣傳行程，從加拿大多倫多影展《魔法公主》放映會展開。發行商迪士尼／米拉麥克斯影業讓宮崎先生和鈴木敏夫從日本搭聯合航空到加拿大。宮崎先生和鈴木先生通常習慣搭日籍航空公司班機，全程都講日文，服務也向來可靠。

隨著人潮，好不容易通過多倫多海關，宮崎先生發現聯合航空竟把他的行李箱徹底弄壞了。宮崎先生行李箱是那種極為精美（與昂貴）的輕量鋁製行李箱，現在看來像先被一隻大象坐在上頭，再被一群八百磅重的大猩猩丟來丟去。這種程度損傷絕非不經意碰撞造成。

聯合航空行李處人員竟能面不改色地說行李須經由航空公司指定的行李廠商鑑定，才能判定是否確實受到損害，令人佩服。那時已是週六下午四點，指定廠商週一早上才會開門營業，而我們飛往洛杉磯（仍是聯合航空）的班機將於週日起飛，來不及讓廠商檢查行李。米拉麥克斯影業陪同人員直接為宮崎先生買了新的行李箱。有時候，身旁有專人照顧還不錯。

除了宮崎先生和鈴木先生，從日本出發的一行人包括日本電視台的奧田、電通的福山、博報堂的藤卷，吉卜力的森吉、武田和我，還有兩位跟拍攝影師，正在拍攝《魔法公主》製作過程的紀錄片，片長有九小時。由於宮崎先生堅持留在多倫多的時間越短越好，週六當晚有多倫多影展《魔法公主》放映會，之後還有幾場媒體採訪，行程很滿。

我們只有幾個小時可稍作休息，米拉麥克斯影業安排一輛禮車載我們到放映會現場，之後採訪也在同個地點，車程只有十分鐘。我們全都第一次搭加長禮車。同行的人這麼多，爬進車中可不容易。日本人習慣照輩分安排座位、排隊輪流上車，又拖了不少時間。車中座位並不舒適，尤其以單純交通工具而言。最前面的長椅背對駕駛、面向後方，車身一側是非常長的長椅，對面（另一側）則是酒水吧台，各種飲料一應俱全。禮車後方還有一排長椅，面對前方，與坐在前端長椅的乘客，約莫是大聲喊叫才聽得見的距離。座椅以黑色皮革包覆，高度很低，因此上下車極不方便，禮車行進時也坐得不舒服。

禮車內部車頂鑲了鏡子，邊緣畫上星空作為裝飾（不是梵谷畫作那種星空），還有一個開關，打開之後，車內就會被紫外光籠罩。禮車備有高級車內音響，一瓶瓶香檳在桶中冰鎮。吧台上擺著塑膠香檳高腳杯，隨時可倒來喝。車內地板是厚實長毛地毯。要徹底享受加長禮車體驗，或許車程需不只十分鐘，還要有些餘裕啜飲香櫝，音樂放得震天價響，或許還在地毯上滾一滾，乘客鐵定得再少一些。

我們抵達放映會現場，電影開始前，主辦單位向觀眾介紹宮崎先生，全場起立鼓掌，我此生沒再聽過更熱烈的歡呼與喝采。宮崎先生起先感到意外，甚至有些不好意思，心情終於好了些，這對之後訪談來說，真是好預兆。

放映會結束後，五名米拉麥克斯影業公關人員加入我們，招待我們到附近高檔法式餐廳享用晚餐。晚餐時，整群人自然而然地分成兩組；餐桌一端正在討論虛無主義在藝術領域的角色：命運、因果宿命，以及精神分析和非西方醫學的價值。餐桌另一端則在討論喬登酒莊一九九〇年份卡本內蘇維翁紅酒的優點。

幾名公關告訴我們，他們已從米拉麥克斯影業離職，鼓勵我們繼續點酒，葡萄酒、白蘭地，陳年波特酒，高興點什麼就點什麼，因為之後沒人須向公司交代這些花費的緣由了。日本方離開餐廳時，米拉麥克斯影業的人還在喝酒。

因此，隔天早上進行採訪時，米拉麥克斯影業無人到場主持。第一場採訪人是羅伯・埃伯特（Roger Ebert）。他和一個年輕男子一起進來，全程錄音，我們以為那人是埃伯特的助理，後來才得知原來他只是擅闖會場的吉卜力影迷。因為米拉麥克斯影業無人到場，我們不知道他們是否有安排採訪場地，就直接在旅館大廳接受採訪。路人不時駐足聆聽，在旁徘徊，向宮崎先生或埃伯特索取簽名。

埃伯特和宮崎先生相談甚歡。媒體採訪鮮少出現對電影如此精闢的對談。結果，整場討論都被不知名路人給錄了下來，還在網路上公開了。接下來的採訪，看來是我們說了算，於是我們移駕至屋頂酒吧，方便宮崎先生和鈴木先生抽菸。室外秋日清新冷冽，還能眺望安大略湖。有些赴約的採訪人設法找到我們，其他人就沒出現了。

傍晚，我們從多倫多搭機至洛杉磯，與時任迪士尼動畫工作室總裁的湯姆・舒馬克（Tom Schumacher）共進晚餐。舒馬克要求我們不帶隨行人員或紀錄片攝影師出席。晚餐在沃夫甘・帕克（Wolfgang Puck）的餐廳Spago舉行，帕克主廚甚至應允賓客請求，親自下廚。可惜我必須擔任翻譯，無法好好享用美食。

宮崎先生不是很喜歡在高級餐廳用餐。第一道菜是生魚片，盛裝在一個個冰淇淋餅乾筒中，佐以特別的香草和醬汁。我絞盡腦汁，拚命把宮崎先生和鈴木先生對菜單品項與昂貴佐餐酒的諸多批評轉換為得體應答，他們知道我沒有照實翻譯，興致更高，變本加厲地挑剔起來。直到聊起動畫電影製作的難處和預算管理，他們才認真應答，講些真正能夠翻譯的內容。我也因此錯過最後兩道主菜和三道甜點。

湯姆・舒馬克曾贈予宮崎先生一瓶他珍藏的限量加州葡萄酒。舒馬克遣自己部門一名資深主管親手把酒帶到日本（九一一恐攻發生以前，酒瓶還能放在手提行李帶上飛機）。那名主管找來一個皮革手提箱，把葡萄酒放在裡頭，加上高級開瓶器和（開瓶後保鮮用的）瓶塞。禮物送到宮崎先生手上時，宮崎先生把酒從皮箱取出，放在一旁，熱切地端詳皮箱，謝過那名主管，興沖沖地捧著皮箱走了，葡萄酒卻留在原地。

隔日拜訪洛杉磯迪士尼動畫工作室時，也由我擔任翻譯。由於保全規定，同行人數有限制，我必須對迪士尼千拜託萬拜託，紀錄片跟拍攝影師才得以加入，參訪迪士尼製作動畫長片的工作室——一般稱為「帽子區」（因為建築外觀設計得和米老鼠在電影《幻想曲》（*Fantasia*）魔術師的學徒段落戴的帽子相似）。這裡是孕育、發想和製作所有迪士尼動畫長片的地方，一切都是最高機密。我以自己生命起誓，保證攝影師跟拍時絕不會將鏡頭朝向牆上畫作或動畫師手邊工作，連想都不敢想。迪士尼告訴我，要是攝影師違反承諾，我恐怕要傾家蕩產，連長子性命都不夠賠償。迪士尼動畫工作室保全著實嚴密，滴水不漏。

進到帽子區後，我學到寶貴的一課：紀錄片攝影師為了取得畫面，根本不擇手段，罔顧別人、甚至他們自己為獲得拍攝許可答應了哪些條件。只要一開拍，其他一切都拋諸腦後。說句公道話，為紀錄片捕捉好畫面恐怕不容易，而攝影師作品和生計都仰賴於此。紀錄片攝影師在野外拍攝動物時，大自然能加以制衡，防止攝影師侵門踏戶；倘若野生獅群不喜歡鏡頭追著獅子寶寶拍，攝影師本人勢必得直接付出代價。獅群沒有律師，不會特地找製作人算帳。

宮崎駿參加導覽時，總會很快地忽略嚮導，高興去哪就去哪。迪士尼為我們介紹迪士尼動畫工作室各個發展階段時，宮崎先生竟直接跑去看動畫師工作。當時，迪士尼作品仍以手工作畫。宮崎先生晃進我們被禁止進入的區域，不時有迪士尼動畫師攔住他，希望向他自我介紹，表達他們的仰慕之情，有些人甚至索要簽名。

跟拍攝影師當然趁機跟上前，拍攝牆上迪士尼未公開作品的畫作。直到保全威脅要攝影師（和同行紀錄片製作人）的命，以及激烈推擠之後，我才有辦法勉強要求攝影師遵循他承諾遵守的規定。我們和紀錄片團隊朝夕相處，同進同出，但涉及紀錄片取材，做人分際和文明社會的規矩都煙消雲散。

參觀完動畫長片工作室，迪士尼一個動畫導演臨時想向宮崎先生提案，但我們原本行程已經要遲到了，於是鈴木先生和同行其他人先去「圓形大廳」（迪士尼主管用餐的餐廳，建築物外部立柱是七矮人造型）與約翰・拉薩特共進午餐，宮崎先生和我則前往另一棟建築。迪士尼讓我們看當時正在製作的《幻想曲2000》（*Fantasia 2000*）片段，請教了宮崎先生看法。他答說，「好糟糕……實在太糟糕了」，我翻成：「很有趣……宮崎先生覺得很特別也很有趣」。

迪士尼導演想要提案的是以前宮崎先生自己提出的構想。曾有迪士尼主管問他，若要選一本童書改編為動畫，他會選哪一部作品？宮崎先生當場提了一部，迪士尼竟真的跑去買了版權，準備改編。這次提案就是向宮崎先生展示分鏡表，說明迪士尼打算如何將那本童書改編為動畫電影。

那是個小男孩遇上神秘怪獸的故事，書裡小男孩和祖父母住在貧瘠的小農場，祖父母既嚴厲又寡言，鮮少表達情緒或對小男孩的關愛。除了小男孩，書中其他主要角色包括一顆來自外太空、會說話的神祕石頭。宮崎先生之所以鍾愛這本書，是因為故事展現了孤單、與世隔絕的年輕人怎麼克服困境，生存下來。怪獸和石頭真實存在，還是男孩幻想出來的？作者的意思是幻想能幫助人克服困境嗎？男孩祖父母是真的不愛他，或者只是不善表達？書中引導讀者提出這些疑問，卻都沒有明確解答，正是吸引宮崎先生的主因。

然而，在迪士尼提案中，怪獸變成可愛的森林精靈，祖父母換成充滿關愛、善體人意的阿姨叔叔，時常和男孩談心，撫慰男孩。迪士尼讓神祕太空石頭裂開、跳出長著翅膀的仙子公主，需要男孩協助返回自己王國。（真的不是我編出來的。）

提案最後，迪士尼邀請宮崎先生到洛杉磯，共同執導這部作品。宮崎先生答覆是這樣的：很榮幸承蒙邀請，但因為他要退休了，必須婉拒。就算創作新作品，宮崎先生說，他很久以前就發現，自己在日本國內才能自在地創作。

影展是很商業化的

我得比其他人早離開洛杉磯，飛往紐約。跟拍宮崎先生的紀錄片團隊希望能夠拍攝他在紐約《魔法公主》放映會上台的影像，像這樣公開露面的場合，日本電視台都會請拍攝團隊捕捉影像，在電視新聞與綜藝節目中播放。過去紐約市林肯中心(Lincoln Center)舉辦的紐約影展即將放映《魔法公主》。在這之前，團隊到場拍攝宮崎先生出席放映會的情景從來不成問題。我們同意遵循特定限制和規範，承諾在紀錄片片尾名單列出放映會場地名稱，有時支付小額費用。然而，為了拍攝宮崎先生在艾佛利・費雪廳(Avery Fisher Hall)[1]舉辦的放映會登台露面兩三分鐘的影像，紐約影展拍攝許可竟然要價一萬美元。米拉麥克斯影業無法說服他們調降金額，日本電視台預算沒有這麼多，於是鈴木先生希望我到紐約，看能不能說服他們降低費用。

我出發往紐約那天是週三，紐約影展給米拉麥克斯影業的最後期限是當天晚上六點，必須在那之前決定是否拍攝，並且繳清費用。我早上四點半就得從旅館出發，

1 譯註：二〇一四年為紀念捐款人，更名為大衛・格芬廳(David Geffen Hall)。

搭上早上六點從洛杉磯國際機場飛往紐約甘迺迪機場的班機。我先告訴擔任米拉麥克斯影業與紐約影展聯絡窗口的DT（也是在多倫多宴請日方一行人的東道主之一）我會過去，一到紐約，我們就能討論怎麼做。在那之前，DT會先動用米拉麥克斯影業紐約VIP人脈，越級去找紐約影展負責人的主管，看能不能降價。除了支付費用，影展還希望我們簽一份長達二十頁的法律文件。

飛往紐約的班機準時登機，正要起飛時，機長又將飛機駛回登機門旁，宣布為了檢修一個小問題，需延遲十五分鐘起飛。許多乘客相當不滿。我睡著了，兩個半小時後醒來，發現飛機正要起飛。抵達紐約時已經五點四十五分。我趕緊找公用電話聯絡（當年已經有行動電話了，但仍不普及），還得推開一位老太太（我並不自豪），才搶到正常運作的電話。DT已讓紐約影展降價至八千美元。

DT：「但他們還是要你簽那份文件。」

我：「我六點前趕不到那邊，只剩十五分鐘了，不可能趕上。」

DT：「好，我看看能怎麼辦。但你能接受八千美元嗎？」

我：「可以，請幫我想想辦法，我會盡快趕到。」

到了航站外，往曼哈頓計程車排隊排得老長，少說也有兩百人。而在轉角，我注意到一位美麗且穿著入時的年輕女性，正衝著一輛紐約市計程車司機怒吼。發飆一番之後，她原想重重甩上車門作結，可是車門有點卡住，她的力道也不足，車門關上後，巴基斯坦裔司機只照印度半島風格聳了聳肩：「我還能怎麼辦呢？講講道理嘛。我們都是這個星球的住民，不過討口飯吃。」

計程車逐漸駛離那位女性，沿著人行道經過我時，計程車慢了下來，司機從車窗探頭對我說，「先生，到曼哈頓嗎？上車吧，我可以載你。」

他八字鬍茂密而整齊，身穿鮮艷傳統巴基斯坦袍服。我望向排隊等計程車的人龍，再望向司機清澈、誠摯的雙眼。管他的。我把行李丟進後車廂，跳上他的車。

我給計程車司機旅館地址，他則向我娓娓道來和那位憤怒女子的爭端。

「我在曼哈頓載到那位小姐和兩個朋友，她說到甘迺迪機場，好啊，我就開到甘迺迪機場。我們到了機場，她朋友下了車，那位小姐叫我等等，也下了車，又親又抱，揮手道別，之類的。然後那位小姐坐回計程車，說要去布魯克林。我才不去布魯克林咧。我六點半就輪完班了，回曼哈頓還行，但布魯克林可沒門兒。她說要去布魯克林，我說辦不到。我對她說，小姐，這是紐約市計程車的規定，從機場回紐約市一定要排隊搭車，我不能載你到布魯克林，我不能在機場人行道載客，就算剛剛是我載你來的也不行，拜託不要逼我報警。我這樣告訴她，先生，你明白我的難處吧？」

我說我明白。當他在拉瓜迪亞機場附近從布魯克林—皇后區快速道路轉進皇后區住宅區，好跟他的兄弟換班，我也說我明白。這位兄弟載我往曼哈頓的路上，又在布朗克斯區下高速公路加油，我也說我明白。結果因為塞車，抵達曼哈頓花了將近兩小時。然而，假使我沒有跳進這輛計程車，恐怕還在機場排隊。

米拉麥克斯影業的DT正在旅館大廳等我。

「聽著」他說，「我先以米拉麥克斯影業名義簽了文件。主辦單位願意接受，但是他們還是要你過去親自跟他們說願意付錢，最後總金額是八千一百四十六美元十五美分。」

鈴木先生囑咐我，若別無他法，就乖乖付錢，所以我能夠接受。

「我們會付錢」我答道，「但我要怎麼付款，而且金額怎麼那麼奇怪？我身邊沒有支票簿什麼的，得打電話回日本請他們匯款。」

「我想也是，所以我跟他們保證說米拉麥克斯影業會付錢，你只要露臉跟他們說聲就好。我也問了金額的事，他們死都不肯解釋。就是這個金額，不付就拉倒。」

於是，我們兩人走過五六個街區，到林肯中心與影展代表見面。

簡短寒暄之後，我問起費用金額的事。

我：「其他新聞機構也會在影展期間進行拍攝，他們也付同樣金額費用嗎？」

影展代表：「不是。」

我：「那麼恕我冒昧，你們怎麼決定讓誰拍攝、誰該付多少錢呢？」

影展代表：「我們自有一套評判標準。」

我：「瞭解。所以你們不認為日本是個重要國家、影展在日本的名聲不重要囉？讓日本新聞電視台拍攝幾分鐘影展觀眾歡迎宮崎駿的畫面，有什麼不好嗎？」

影展代表：「聽著，我們才懶得管日本觀眾，他們又不會買票來看。我們影展本來就很有名了，還請黑澤明來過。我們高興在影展放映哪些日本電影，從來沒被拒絕過。最重要的是填滿觀眾席，僅此而已。你們到底付不付錢？」

我：「我們會付。」

那人謝過我，我和DT就離開了。

回到旅館的路上，我對影展主辦單位的態度感到相當失望，DT對我滿是同情。

「你還以為影展是理想崇高的電影愛好者辦的文化活動，對吧，」他說。「不是說絕非如此，只是他們也得經營生意。無論如何，往好處看吧。我給你的那份法律文件，你大可丟了。在多倫多我就說過要辭職了，從上週五開始，我就不再是米拉麥克斯影業員工。打從一開始我就無權代簽那份文件，你什麼也沒簽。雖然還是得付錢，但那些要提及影展名稱的規定什麼的，都不用管了。既然吉卜力沒有人簽名同意，管他們去死咧。」

拒絕馬丁・史柯西斯

宮崎駿起得很早，旅行時，特別喜歡在早餐前出門散步，四處探索。但在洛杉磯不適合這麼做。若在洛杉磯散步閒晃，會被看作別有居心的可疑人物，居民可能報警。慢跑倒不會引起洛杉磯居民警戒，所以要是你真的很想出門散步，記得打扮得像出門慢跑運動的樣子（止汗頭帶、手臂繫著iPod，腳穿運動鞋）。

紐約則特別適合散步。不過，外地人可能因為對環境不熟，因紐約治安不佳的風評而打消念頭。我們住的旅館離中央公園非常近。當時是早秋，抵達紐約第一天涼爽而景色優美，所有人一起到公園裡散步。我曾住紐約差不多十年，對中央公園非常熟。宮崎先生問我在公園裡怎麼能輕鬆辨別方向，穿過草地、灌木叢和重重林徑，我不小心說溜嘴，傳授了秘訣：抬頭看看高樓大廈的方向即可，我們下榻旅館清晰可辨。

羅賓・喬納斯（Robin Jonas）負責我們的紐約媒體行程，期間她也代表米拉麥克斯影業關照我們。隔天早上，她發現宮崎先生竟不在旅館、自己出門遛達，簡直嚇壞了。宮崎先生獨自到中央公園散步，晃至百老匯大道，買了貝果和咖啡回來，臉上掛著大大微笑。羅賓將我拉至一旁，拜託我別再讓宮崎先生獨自出門。

午餐前後都排了採訪，晚上在林肯中心華特・瑞德戲院（Walter Reade Theater）舉行《魔法公主》媒體放映會，接著是記者會。一切都相當順利，結束後羅賓帶我們到附近中國餐館晚餐，那間餐廳的招牌菜是北京烤鴨。

吃到大概第十一道菜，羅賓接到米拉麥克斯影業總裁哈維・溫斯坦來電。掛掉電話時，她滿臉發亮。哈維人在馬丁・史柯西斯（Martin Scorsese）下城區公寓，邀請我們所有人晚餐後過去喝一杯。史柯西斯想要見宮崎駿，和他聊電影。我們轉達宮崎先生，他請我們謝過哈維和史柯西斯先生，但是他必須婉拒這個邀請。翻譯給羅賓聽後，她看來憂心忡忡。

「史提夫！」她說，「馬—丁—史—柯—西—斯邀請宮崎先生到他家拜訪。馬丁・史柯西斯欸！他知道那是誰嗎？他明白這機會有多難得嗎？」

「他應該知道。」我說。「我想他只是累了，今天已經忙一整天，這趟行程也相當漫長。」

「馬丁・史柯西斯欸！」她答道。「拜託再問他一次，求你了。」

我和鈴木先生商量。鈴木先生和同桌其他六位日本人都樂得跳上計程車去見馬丁・史柯西斯，和他喝一杯。鈴木先生轉頭同宮崎先生說話。

「沒辦法，他不想去。」鈴木先生說。「請她謝過哈維和史柯西斯先生，但我們必須婉拒。」

我翻譯給羅賓聽。她的神情更顯憂慮，臉微微漲紅。幾分鐘後，她示意要我到一旁私底下談談。

「你不能勸勸他嗎？能不能拜託他露面呢？我可不想丟了我的工作。」

我說會試試看，回到桌邊，我又再問了鈴木先生。「沒用的，」他說，「我們都想去見馬丁・史柯西斯，但他就不想去。做什麼都沒用，你得叫她看開點。」

拜訪荒川修作夫婦

後來羅賓沒被開除，整整兩天採訪都順利結束了。米拉麥克斯影業的人致電，說有一晚沒排行程，問宮崎先生想做什麼。

《魔法公主》製作期間，宮崎先生全程被紀錄片攝影團隊跟拍，製作成長達九小時的紀錄片，發行錄影帶（現在大概也發行DVD和藍光光碟了）。宮崎先生沒有特別喜歡上鏡頭，但對於紀錄片拍攝相當配合，甚至頗有興致，直到在紐約的這一晚，他突然拒絕攝影師跟拍，也不想要任何人隨行，打算把握這個機會在紐約自由地渡過。

宮崎先生約到老友建築師荒川修作，要去他在蘇活區的住處共進晚餐。鈴木先生擔心宮崎先生安危，把我叫至一旁，對我說：「艾伯特先生，你和他去吧，確保他不惹禍。順便帶上福山先生，他也認識荒川，而且宮崎先生很喜歡他。你不用太費心，可以放輕鬆。他們都講日文，不用翻譯。」

晚上六點，米拉麥克斯影業派車接我們到紐約下城區。我們抵達宮崎先生拿到的地址（在豪斯頓街北邊一點點，嚴格說來不算蘇活區）時，發現建物好幾戶電鈴都沒有標示門牌，按了也沒反應。宮崎先生走回街上，雙手圈住嘴巴，朝樓上打開的窗戶死命大喊荒川名字。一顆頭探出窗外，丟下鑰匙。

我們踏著搖搖欲墜的木梯爬上四樓，抵達寬敞的雙層開放式空間。一面牆擺滿一排排書，直至天花板，一旁擺著梯子方便拿取；畫作和建築圖稿掛在牆上、畫架上，斜倚著各種物品；建築模型散落桌上和地上。整個空間兼做住家與工作室。

荒川向我們介紹他的妻子瑪德蓮・金斯（Madeline Arakawa Gins，同樣是建築師）和助手克蘿蒂亞（Claudia，一位德國與印度混血的討喜女子，正在紐約大學修習建築）。對話很快轉向兩人的個人生活，因為荒川先生和宮崎先生已經很久沒見，急著敘舊。我假設荒川先生會為太太翻譯，就和福山一起欣賞周遭環境和藝術作品。建築模型非常獨特，引人入勝，克蘿蒂亞過來為我們介紹。模型所有部件都可以拆開來檢視內部。

其中一個住宅計畫看起來像巨大甜甜圈，被林木和原野包圍，甜甜圈中間是公共休閒空間。還有一系列環環相扣的建物，都是空間精巧的公寓住房，內部裝潢以高度較低的居住空間為中心，周圍設有座位和收納空間，因此除了桌子和床以外，不需要其他家具。有些模型以形狀流動的橡皮製成，沒有稜角。有些模型則形狀銳利，沒有一處不是稜角。各個計劃模型都附有手繪概念圖，克蘿蒂亞將畫作和素描抽出來，讓我們與模型做比較，全都有趣極了。

過了一會兒，金斯女士過來找我。「你會說日文，對嗎？」

我謹慎地點點頭。

「太好了，我要拜託你幫我問宮崎先生事情。我想問他有沒有興趣成為天命反轉的先鋒（Reversible Destiny pioneer）。快來，我們這就去問。」

我光想怎麼以日文說出來，腦筋就快打結。雖然我知道每個字的字義，卻完全想不出組合起來的意思。金斯和荒川在紐約不僅以建築聞名，他們同時也是畫家和思想家，藉由創造能夠停止老化、阻止死亡（很不幸，未能完全成功[1]）的建築，探索死亡的概念，天命反轉是他們構想一部分，剛好就是我沒弄懂的部分，不知如何翻譯。我得向金斯女士解釋我不知道該怎麼翻。

聽起宮崎先生與荒川的對話，我發現他們正輪番講起每個共同友人，以及討論晚餐要吃什麼。經過鉅細靡遺討論，打過幾通電話，我們走下樓，坐進在路邊等候的米拉麥克斯影業黑色迷你巴士。我們指揮司機駛至附近一家新開幕的葡萄牙餐廳。荒川夫婦一直想嘗試，而且他們最喜歡的餐廳當晚都訂滿了。

餐廳坐落於哈德遜河旁，無人街道上只有這棟建物不是倉庫。餐廳前面設有露天座席，前方就是鵝卵石鋪成的街道。餐廳電線還沒有完全設好，夜色漸沉，服務生端出蠟燭和火把，四處擺放。氣氛非常浪漫，但太黑了，菜單看不太清楚。我們點的食物美味極了，只不過，吃到八點四十五分時，已經分不清自己吃的是烤鱸魚還是烤鵪鶉（都很美味）。

藝術家們暢談理論時，克蘿蒂亞為福山和我說明藝術家在曼哈頓生活的難處。她說自己和男友和另一對情侶合租曼哈頓下城區一間狹小套房，我完全無法想像那幅景象。對剛落腳曼哈頓的住客而言，花費實在過於高昂，而曼哈頓以外其他四個行政區又太偏遠；因此，若想住在市區（曼哈頓），生活便得各種將就。

晚餐將近尾聲，甜點後，通常不太喝酒的宮崎先生點了一杯四十年陳年波特酒。送來以後，他淺嚐幾口，要我喚服務生過來，把酒退回去。

「這不是四十年陳年波特酒。」他說。

對我來說，在餐廳把酒退回去極其需要自信。到底是酒真的味道不好，還是食客味蕾不夠敏銳？

服務生先嚐了嚐酒，拒絕把酒收回去。我堅持請他們退回，餐廳經理過來嚐了嚐，又拒絕了。酒裝在醒酒器裡，他們無法給我們看酒標結束這場爭論。

---

1 譯註：荒川修作與瑪德蓮·金斯分別於二〇一〇年、二〇一四年過世。

「請您原諒，這確實是您點的四十年陳年波特酒。若您堅持，我們會把酒收回去，但我們認為您的要求對我們極為不公平。」

我望向宮崎先生，他搖搖頭。「這不—是—四十年陳年波特。」他說。

「很抱歉，」我說，「請收回去吧。」

大約十五分鐘後，餐廳老闆帶著一瓶波特酒過來，汙漬與塵土覆滿瓶身。他滿懷歉意地說，經過確認，服務生確實弄錯，把酒齡較低的陳年波特倒進醒酒器了。他帶來真正的四十年陳年波特酒，為全桌賓客各斟一杯，免費招待。

之後，我們襯著大城市炫目燈光，隨著零星車流回到上城區的飯店。一路上，我忍不住思忖，宮崎駿幾乎不在餐廳用餐、也很少喝酒，到底怎麼喝得出陳年波特酒酒齡有沒有四十年。

刪減是不可能的

隔天是週日，沒有行程，宮崎先生想看看紐約市以外的風景，我們便租了輛休旅車出發，由我開車。我們先在巴尼・格林格拉斯熟食店（Barney Greengrass，人稱「鱘魚王」〔Sturgeon King〕）停下，外帶兩大袋紐約招牌口味三明治準備在路上吃：燻鮭魚貝果、鱘魚貝果、白鮭貝果，還為不想吃煙燻海鮮的人準備了醃牛肉黑麥三明治。配菜有高麗菜沙拉和馬鈴薯沙拉，以塑膠叉子食用，飲料還有布朗博士汽水。同行多數人只想要甜甜圈和咖啡，但我堅持要為他們創造貨真價實的紐約體驗。

宮崎先生心目中的遠足是開車造訪傳統新英格蘭村落，把車停下，坐在能眺望村落綠地的戶外餐桌，啜飲本地釀造的生啤酒，欣賞早秋壯麗林景。我解釋這番景色要開四小時的車到佛蒙特州才看得見，他顯得非常失望。

我計畫帶大家到史東金藝術中心（Storm King Art Center），那是座展出許多大型現代藝術雕塑的戶外公園。我知道宮崎先生說過討厭現代藝術，但我認為就算如此，他也會為作品擺放方式感到驚艷：大型雕塑迎合藝術中心遼闊的地景擺放，相得益彰。可惜的是，我記錯史東金藝術中心位置，跑到哈德遜河對岸去了。當我發現必須到哈德遜河西岸、朝西點鎮方向才對，我們已經迷失在威切斯特郡的偏僻角落。

在當地加油站買來地圖後，我們順利找到回紐約市的路。結果，我又轉錯了彎，跑到風景如畫的厄文頓鎮。車才駛進鎮上，宮崎先生突然大喊，「停車！」他銳利的雙眼已瞥見別人都沒看到的東西：主街古董店櫥窗中擺著一座外觀特異、做工精緻的十九世紀機器，以木頭和金屬製成，我們全都看不出這台機器的可能用途。我們進到古董店裡，店主說這是由一間老牌紐約公司製造的工廠打卡鐘，那間公司後來與另一間公司合併，組成IBM。

宮崎先生發現這台機器正出售中，而且並不昂貴，便買下運回日本。他把機器放在吉卜力工作室，要求動畫師每天打卡上下班，直到動畫師群起反對為止。現在那台機器擺在東京三鷹市吉卜力美術館二樓，看來同樣特異、不尋常，完全找不著標示。就像吉卜力美術館其他展品一樣，好奇訪客能試著猜測機器的功用，不然也能在經過時單純欣賞它的外觀，絲毫不明白擺在那裡的意義或用途。

我們回到旅館時，還有時間打個小盹，再於大廳集合，搭禮車往北四個街區，到林肯中心參加紐約影展《魔法公主》首映。顯然，搭休旅車（而非禮車）抵達電影首映現場是不被接受的。哈維・溫斯坦與我們會合，一起走紅毯，並在閃爍的鎂光燈和電視台刺目弧光燈前方正式歡迎宮崎先生和鈴木先生的到來。

我護送日本電視台拍攝團隊到會場內，儘管我們付了八千多美元獲得拍攝許可，進場仍不順利，我們還是被保全擋了下來，得叫主辦單位管理階層前來處理，好不容易才趕到舞台側邊定點，及時趕上宮崎先生上台。現場觀眾同樣歡聲雷動。紀錄片團隊和日本電視台拍攝團隊及時捕捉到他們所需影像。

放映會結束後舉行了派對。米拉麥克斯影業租下哥倫布大道附近一間名為第八街（Calle Ocho）的古巴餐廳，那間餐廳的莫希托調酒（蘭姆酒、糖、萊姆汁、氣泡水和薄荷）遠近馳名，這種調酒好喝的秘訣並非材料是否豐富，而是材料品質和精確的調製手法。莫希托整壺端上桌，絕非浪得虛名。

整場派對氣氛低調怡人。幾位媒體記者受邀出席，有些配音演員也來了。貴賓抵達後，得先推開一群狗仔記者（米拉麥克斯影業特地找來的），才能擠進餐廳。賓客們彼此介紹，低聲交談。尼爾・蓋曼也出席了，有機會與宮崎先生攀談。負責過幾部吉卜力作品的配音導演傑克・佛萊徹（Jack Fletcher）與妻子從舊金山飛來參加。餐廳裡瀰漫著和諧、熱絡的氛圍。

米拉麥克斯影業的人過來說哈維要見我。我和那人與幾名米拉麥克斯影業主管一起到餐廳中央，宮崎先生和鈴木先生在隔壁桌，正與克萊兒・丹妮絲（Claire Danes）相談甚歡。哈維看來有些急躁，起先低聲說話，後來音量越來越大。「聽著，」

他說，「電影得再刪減，我希望片長不要超過九十分鐘。」（全片原本長度約為一百三十五分鐘。）我回覆說導演不會同意剪片。

「那你最好他媽的跟導演談談，」他低吼道，「因為你要是不能說服他把該死的片剪了，**你就他媽的別想在這一行混下去了**！你他媽的聽懂沒？！再也混不下去了！我要剪那部該死的片！」

我正要提醒哈維說我的工作地點在日本，也沒有計畫在紐約或洛杉磯找工作時，鈴木先生探頭過來詢問哈維為何對我怒吼。我據實以告，接著宮崎先生也探過頭來，問鈴木先生發生何事。他轉達之後，宮崎先生說，「我明白了。那好，我們走吧，先回旅館討論怎麼辦。我們現在就離開，其他人可以留下，但我們三人得先走了。」

鈴木先生向宮崎先生說，現在離開可能觀感不太好，或許留一會兒再回旅館比較合適，但宮崎先生堅持，假使哈維想要刪減電影，我們就該馬上離開、討論對策。鈴木先生又試著勸阻他，解釋現場記者可能會借題發揮，但宮崎先生已打定主意。宮崎先生要我向哈維轉告我們隔天早上會給出答覆，約他隔日在旅館共進早餐。接著宮崎先生、鈴木先生和我走出餐廳，搭上一輛待命的米拉麥克斯影業禮車，返回旅館。離開時，周圍的人嗡嗡低語。我聽到米拉麥克斯影業其中一個公關人員說，「老天爺啊，哈維又做了什麼？」

後來我和人談起這件事，所有人都認為哈維可能侮辱了宮崎先生，使宮崎先生受到冒犯，憤而離席。這並非事實。我們回到宮崎先生旅館房間時，他心情愉悅，稍微有些困惑，但一點也沒生氣，非常放鬆。宮崎先生和鈴木先生兩人的旅館房間都是寬敞而舒適的套房。鈴木先生的套房能將哈德遜河一覽無遺，宮崎先生的套房則俯瞰中央公園。鈴木先生的套房是日本方一行人集合地點，宮崎先生則忽視套房中各種豪華設備，單純作為休憩場所。為了討論，我們三人在宮崎先生套房間置的客廳安頓下來，橫掃房裡的迷你酒吧，然後坐在龐大皮沙發前地板上，討論哈維想剪《魔法公主》的事。

宮崎先生說，「我實在不懂他為什麼想要剪片。他們說只能九十分鐘，我該從哪剪掉四十分鐘呀？隨便四十分鐘都行，只要全片不超過九十分鐘就可以嗎？不可能隨便把電影縮短四十分鐘啊，他們有說想要把哪邊剪掉嗎？有特別原因嗎？我們可以討論怎麼讓電影縮短一些，但規定片長只能九十分鐘實在太荒謬了。真令人沮喪，我想具體知道他們要我剪掉哪些片段。」

我解釋說，哈維並沒有講明，因為他也不知道該剪哪裡。據我瞭解，若導演同意刪減，哈維和手下會檢視電影內容，決定哪些片段可剪，然後舉辦試映會，看觀眾反應如何。過程可能相當耗時。

宮崎先生繼續說。「我不知道該怎麼回覆他。艾伯特先生，你覺得呢？我們該讓他刪減電影嗎？」

日本開會習慣是資淺的人先發言，讓資深的人能夠周全地考量所有人的想法，再做出最終決定。我也知道身為業務部門代表，我的職責是支持哈維剪片，確保電影在美國發行成功，賺更多錢。我應該代表業務部門發言，然後宮崎先生與鈴木先生會在聽取之後否決我的意見；不過，這並不代表他們不重視我真正的想法。我知道自己肩負的職責，但不知為何我就是說不出口。

若為了顧及美國發行成果，真的刪減電影內容，我不想當促成一切的那個人（而且我相當肯定宮崎先生絕不會同意）。我也想到，米拉麥克斯影業勢必會花非常多時間、耗費大筆金錢，剪出九十分鐘版本，雖然吉卜力最終會否決，我們還是得出這筆錢。而刪節版從此會存在於某處。

「我不認為您應該讓哈維剪片。」我說。

宮崎先生和鈴木先生對我的回應露出失望神情。我知道不該明說自己的具體推斷，於是我說，假使宮崎先生同意，也沒有人能夠保證片長較短、票房就會比較成功。沒有人握有確切數據，說明電影剪至九十分鐘能多賺多少錢。

要是我們刪減了電影，票房卻還是不理想，到時該做何感想？我不知道米拉麥克斯影業會對電影做出哪些更動，但從他們企圖刪改英文配音版內容的行為看來，我敢肯定，到頭來一定會後悔讓他們剪片。我看得出來，這番話顯然不是宮崎先生和鈴木先生想聽到的答案。我不能明目張膽說出口的是：既然你們自始至終都不可能讓米拉麥克斯影業發行刪減版電影，假意同意讓他們剪，對誰都沒好處。

鈴木先生對我的答覆尤其失望，因為宮崎先生絕不可能同意發行刪減版，他和鈴木先生只是好奇米拉麥克斯影業會提議怎麼做。他們現在只是在琢磨，怎麼在無須同意發行的前提下得知米拉麥克斯影業提案內容。哈維並不確知該怎麼剪，但若吉卜力同意，他一定會投入時間、精力和金錢想方設法刪減；而除非哈維確定吉卜力同意發行，我們無從得知米拉麥克斯影業會怎麼剪。我不想為哈維打開那扇機會之門，最好直接回絕。

鈴木先生和宮崎先生又嘟囔了一些話，試圖給我改變立場的機會，或者加以補充。而我不從，關於哈維剪片的討論就不了了之。宮崎先生和鈴木先生對話內容飄回日本，又聊起他們共事的人——他們每次討論事情都會這樣。幾分鐘內，對話就完全離題了。

米拉麥克斯影業以將藝術片從外國引介至美國聞名，不少作品因此叫好又叫座，備受讚譽。《英倫情人》(*The English Patient*) 等片甚至模糊了藝術片和商業片界線，成為好萊塢賣座鉅片。一般常認為這些電影成功的關鍵是哈維・溫斯坦能夠在藝術與商業之間達成平衡，(加以刪減)使電影體裁更迎合美國觀眾胃口。

但是，說不定獲得商業成功的藝術片才是例外。通常藝術片有其想要呈現的樣貌，不是為了賺錢才拍。當然，賺錢固然是好事，但試圖把電影改造成和其本質不同的作品，無法成就任何事。

觀察鈴木敏夫在日本如何宣傳吉卜力電影，我學到幾項重要道理。鈴木先生無疑是行銷天才，能夠推銷任何東西，他的訣竅就是跳出傳統窠臼。當周圍所有人都希望你打安全牌時，面臨這樣的壓力，會令人難以貫徹自己的構想。鈴木先生常採取的作法是從一般認為是弱點、其他人說會成為障礙之處下手，反其道而行，將弱點轉換為最有利的賣點。

全世界都說不會有人想看頭顱和斷手齊飛的動畫電影，就把這些場景放進預告片裡，先行公開。全世界都說，又是一部講武士的日本古代電影，沒人感興趣，就先拿這件事打廣告。全世界都說主角不該屬於日本最被輕視的階級，就不要為此多加掩飾。我們無須向「弱點」低頭，或者企圖掩飾，而應顛覆既有觀念，使這些弱點成為賣點。這麼做相當違反直覺，鮮少有人願意冒險嘗試。而說服投資金主同意這麼做極其困難，因此更難讓人做出違背慣例的決策。

宮崎先生或鈴木先生兩人都未曾有過半點讓哈維剪片的打算。他們倆在製作電影期間，早就聽過許多日本人建議他們縮短片長，而且說服力道更強、面臨風險更為迫切。日本票房失敗可能導致吉卜力工作室的末日，但《魔法公主》證明所有人都想錯了，創下從未有人膽敢想像的空前票房紀錄。而海外票房優劣根本無關乎吉卜力工作室存亡，既然在日本已經有過此番論戰，而且大獲全勝，宮崎先生或鈴木先生又怎麼可能為美國票房屈服呢？

美國對多數日本人而言具有特殊意義。對日本棒球迷而言，打進棒球之鄉美國大聯盟的日本球員，就是登峰造極。好萊塢是電影故鄉，對於電影創作者而言，打進好萊塢也代表登峰造極。而代表成功的可能是票房紀錄，也可能是影評讚譽。

我們提前離開哈維的派對後，宮崎先生和鈴木先生大概指望我們能討論刪減《魔法公主》的優點。可惜，今晚他們未能如願。

過了一會兒，宮崎先生示意我們離開，說他隔天早上會給哈維答覆。

次日在旅館餐廳共進早餐時，哈維為了在眾人面前威脅我道歉。他說，相信我明白他對於發行電影的熱情，絕對無關個人。我說我明白。接著，宮崎先生說，他決定拒絕刪減電影。他告訴哈維，希望有人能具體說明哪裡該剪、該怎麼剪，但這並不會影響他的決定。宮崎先生不同意剪片，這是他的最終決定。

哈維表示明白，說會尊重宮崎先生決定，以後不會再提起這個話題。眾人點了早餐，就這樣拍板。當天稍晚，我們搭休旅車前往甘迺迪機場，飛回東京。

CHAPTER 07

銷售亞洲發行權

在韓國、臺灣和中國做生意

非亞洲人常發現在亞洲做生意困難重重。亞洲人做生意的文化或歷史都比西方人更為豐富悠久，因此（加上其他因素）經營生意的手法更為機巧隱晦。打個比方，若西方人做生意像試圖解開《紐約時報》週六填字遊戲，亞洲人做生意也像解字謎，卻少了填字用的縱橫方格。

儘管物事更迭，時局也不停改變，仍可總歸一句：在亞洲做生意的規則與西方不同。例如，誠實並不被視為美德，通常也不會預期生意往來的對象誠實相待，一般假設每個人都說謊。合約簽了常不遵守，若指出對方言而無信，對方也不大會因此難為情。經商的基本假設是：無論先前承諾過什麼，所有人都只根據自己的個人最佳利益行事，因此永遠掌握大家真正在乎的利益才是上策。

這並不是說生意往來沒有既定規則或慣例，只是，沒有經驗的人恐怕需要一番適應。在亞洲做生意，說出「我的律師會跟你聯絡」通常是玩笑話或諷刺。

吉卜力原本與迪士尼簽訂的發行協議只包括亞洲以外地區。對德間康快而言，讓迪士尼在亞洲地區發行吉卜力作品簡直難以想像。在他看來，日本公司不可能自取其辱，委託美國公司處理亞洲業務。

德間先生認為，迪士尼才應該請他指點怎麼處理迪士尼的亞洲業務呢。當時吉卜力亞洲業務表現並不理想。韓國、臺灣和香港都是吉卜力電影極富潛力的潛在市場：許多報告都將《龍貓》列為臺灣史上最受歡迎的電影，但是吉卜力的授權發行商回報的業績數字卻近於零。韓國禁止發行日本動畫電影。香港和中國則到處充斥盜版的吉卜力作品，用低於一包麥當勞小薯的價錢，就能買到任何一部吉卜力電影。

德間先生有中國電影產業的人脈，曾製作好幾部中國導演的電影。他的電影公司（東光德間）為謝晉導演的《鴉片戰爭》投入大筆資金，創下當時中國電影的製作紀錄。德間先生安排電影到日本完成後製，更支付其費用，作為交換，片方允諾讓德間先生取得完成電影的亞洲發行權。

《鴉片戰爭》是歷史鉅片，批判英國殖民主義和英國在中國的種種惡行（包括提倡鴉片導致鴉片成癮盛行）。中國政府起先同意讓德間先生發行，後來發現電影恰好時逢一九九七年英國政府將香港移交中國，時機堪稱完美，然後又想到，這部電影的製作人之一是日本人，又由日本公司發行，中國面子掛不住，索性反悔，也沒賠償德間先生的投資，謝過他就翻臉不認人了。

多數吉卜力的亞洲發行商都未能履約，也沒有支付權利金。各國負責與吉卜力議約、精通日文或英文的和善窗口，都在簽訂合約後不久離職，繼任人選只懂中文。若與迪士尼擴大合作，讓他們負責亞洲地區的發行業務，相對省事輕鬆。除因迪士尼能有力地協助吉卜力對抗盜版和政府禁令，我和迪士尼亞洲地區的主管也很熟，而且迪士尼亞洲子公司一直積極爭取與吉卜力合作。可是德間先生自有原則，我們只好拒絕迪士尼代理吉卜力亞洲業務的提議，反而由我到韓國、香港、中國大陸和臺灣，擺脫既有發行商，尋找更合適的合作夥伴。

韓國

在韓國，吉卜力的問題不在於發行商。韓國政府堅持對日本電影的禁令，不肯放寬。吉卜力的韓國發行商與我們密切合作，積極推動政府取消禁令，尤其是針對日本動畫電影的限制。這家公司與吉卜力合作多年，雙方從未出現過信任問題；部分原因或許是法律根本不允許該公司發行吉卜力電影。不過，隨著《魔法公主》票房紀錄與讚譽於各地造成轟動，我們希望韓國能夠破例允許電影上映。我們敢肯定許多民眾想要看這部片，而且韓國政府似乎可能讓步。

韓國曾受日本軍隊佔領，在年歲較高的韓國人（亦即政府官員）心中留下揮之不去的陰霾。韓國年輕人倒沒有此番顧忌，逐漸熱切地擁抱一切日本事物。韓國政府擔心日本娛樂將主導市場，影響韓國年輕人的心智，就像法國政府擔憂法國年輕人受到好萊塢電影過多影響。此外，韓國與法國亦須扶植自己國內的動畫產業，保障其不受外國競爭。因此韓國政府官員堅持不肯讓步，仍禁止《魔法公主》在韓國上映。

我第一次代表吉卜力工作室至韓國出差時，發現首爾市中心每家大型家電賣場的展示用電視螢幕都在播盜版的《魔法公主》。首爾到處都找得到在後車廂販賣盜版片的盜版商，任何人都能買到，有些錄影帶店甚至公然販售盜版片。由於韓國禁止《魔法公主》上映，韓國政府積極地阻止電影在電影院、電視或合法商店出現；但政府卻對打擊非法盜版、協助吉卜力發行商阻止明目張膽的侵權行為毫無興趣。

盜版能透漏許多電影作品的市場資訊。確實，盜版剝奪了電影創作者的合法收入與心血；但若盜版商為了販賣，甘願投入時間、精力和成本盜拷電影，設計精美的韓文封面，並承擔財務風險、製造數十萬份盜版影片，就表示這部作品肯定暢銷。假使盜版商不感興趣，或不願意投入成本、大量發行，表示這部作品可能會賣不好。我們固然希望政府能夠貫徹法規，取締盜版，但盜版商品的存在表示，若禁令鬆綁、打擊盜版有成，至少吉卜力能肯定韓國已累積了不少影迷。

於首爾出差時，我造訪了各個人潮聚集地的吉卜力商店，全都販賣未經授權、仿冒或盜版吉卜力產品。大型家電賣場、唱片行都設有吉卜力陳列區，販售各種仿冒吉卜力商品。從東京往首爾的班機上，許多韓國年輕人甚至認出鈴木敏夫（吉卜力所有作品的製作人），請鈴木先生為他們的吉卜力美術集簽名。我們考察仿冒的吉卜力商店時，鈴木先生也多次被顧客認出來，請他為他們在店裡買的畫冊簽名。雖然我懇求他別再簽盜版作品了，每次鈴木先生都從善如流（甚至欣然同意）。話說回來，儘管吉卜力電影在韓國全都被禁，卻有這麼多人對吉卜力作品熟到認得出鈴木先生，著實令人大開眼界。

一九九九年一月我們終於獲得許可，得以在釜山國際影展播映《平成狸合戰》和《紅豬》。武田美樹子（吉卜力的韓國市場窗口）和我應邀至釜山，我也受邀代表吉卜力出席《紅豬》放映會，並於播映前向觀眾作介紹。雖然只是小小的進展，但至少是個開始，或許能持續推進。我們尊重法規、無論政府願意做出何種讓步，都願意配合——這點對我們很重要。

吉卜力作品持續在韓國的影展和特別放映會播映，場場座無虛席。民眾要求引進的呼聲漸高，最後政府終於放寬部分限制，不再禁止日本新推出的動畫作品。隨著市場環境或多或少趨於正常，韓國成為吉卜力作品最大的國際市場之一，而正版吉卜力產品的出現，也使韓國的吉卜力盜版與仿冒品（稍微）式微。有進展就是好事。

臺灣

許多報導都說《龍貓》是臺灣最受歡迎的動畫電影。到處都買得到龍貓錄影帶：百貨公司、藥妝店、夜市或街頭攤販。儘管如此，吉卜力的授權發行商從敲定授權以來，回報的業績數字始終將近於零。我決心要找到更好的發行商。

學生時期，我曾在臺灣待了一年，也向來樂於造訪。我在迪士尼的友人理解吉卜力不能把電影臺灣發行權交給他們的原因，不僅樂於和我們分享吉卜力目前發行商的消息，也慷慨地為我們引介其他臺灣發行商——信譽比較值得信賴的發行商。

從我過去待在迪士尼的經驗，我知道許多臺灣當地娛樂公司經營正當業務之餘，仍涉足各種盜版生意。這些公司會把正當生意的業績報給簽約授權的外國公司，同時隱瞞盜版產品收入，而且後者規模相較前者大上許多，更銷往中國、香港和泰國。有些公司甚至不費事掩飾自己的欺騙行為。若要找信譽良好、誠實履約的合作夥伴，選擇極少，而這些公司往往也是其他所有歐美娛樂公司的合作對象，預算最高的（好萊塢）電影總能搶得最多資源。

介紹給我們的公司當中，我覺得最有希望合作的由一個中國商人所有，在此容我稱他為「比爾」。比爾年輕時是工程師，發明了VHS錄影帶關鍵製程，因此全球各地（除了專利和著作權形同虛設的中國、香港和臺灣）每賣出一支卡式錄影帶，比爾都會收到一筆小額權利金。比爾運用如此累積而來的財富和其他資源，成立了幾間製作並發行電影的娛樂公司。他是市場上少見的誠信商人，許多大型片商都和他旗下的公司往來。

比爾有兩間發行公司，其中一間老闆是女性，大家都認為是比爾的情婦，另一間則由比爾的年輕（男性）弟子經營。雖然兩間公司都為比爾所有，卻彼此競爭。

我第一次與比爾見面約在龍山寺附近的餐廳；龍山寺是臺北華西街附近的一座小廟。華西街以前是臺北最大的紅燈區，直到一九九〇年代廢娼後才式微。然而實際上，嫖妓一直都是違法的，而一九九〇年代廢娼使其成為「違法中的違法」，箇中學問恐怕只有法學學者和其他懂得中華民國地區法律實務的行家才弄得明白。

比爾邀我共進晚餐的餐廳曾是妓院。我必須承認，我從沒進過真正的妓院，所以不清楚妓院實際裝潢如何，不過我敢賭設計這間餐廳的人也不知道。餐廳裡擺著數尊裸女大理石像，牆上是油畫（多為裸女圖）和紅絲絨壁紙，天花板掛著水晶吊燈。家具是某人心目中的十八世紀法國風。餐點中西合璧，中菜美味，西餐難吃。比爾帶了葡萄酒來。他說，致富之後，他第一個鑽研的就是高級葡萄酒。比爾的醫師說他對單一純麥蘇格蘭威士忌的熱情會毀了健康，於是他決定改喝葡萄酒。每當喝到喜歡的酒，他就會大量購入，晚餐時招待朋友。

第一次與比爾見面只是彼此認識認識，第二次與比爾共進晚餐時，是在另一間餐廳的私人包廂，包廂內全是鍍鉻、玻璃和黑色皮革的裝潢。我們沿著巨大圓桌而坐，雖然看得見同桌用餐的賓客，卻聽不見對面的賓客說什麼，只能偶爾大喊幾聲寒暄，以微笑和肢體語言傳達善意。晚餐時，我坐在比爾和他的情婦中間。那位女士不僅真是比爾的情婦，比爾更直接介紹她為自己的情婦，也是旗下公司之一的總裁。我不確定那位女士是否喜歡被這樣公開情婦身分，但看來似乎不成問題。情婦與比爾同住，也陪著比爾渡假旅行，正妻則在別處有自己的住所。這一切都不是秘密。

吉卜力最終和比爾另一間公司簽約。這後來為我們帶來教訓，證明根據常識進行決策的重要性：簽約不到六個月，我們簽約的公司就被情婦經營那間公司併吞了，吉卜力又孤苦伶仃，得再找新的發行商。不過，那時候德間先生已經過世了，吉卜力得以將業務交給臺灣迪士尼，生意自此欣欣向榮。

中華人民共和國

讓臺灣迪士尼發行吉卜力電影有別的好處。當時，臺灣迪士尼也負責母公司的中國業務。洛杉磯的迪士尼高層一直想方設法，拓展中國業務。光想到只要每個中國人花一美分向迪士尼買東西，迪士尼就能賺一千三百五十萬美元，就令這些主管痛苦萬分，覺得公司痛失大好機會。他們不斷尋求解答。

一九九〇年代中國與臺灣之間出現古怪的新趨勢，臺灣商務人士開始進軍中國，協助經營中國的公司。中華人民共和國（中國大陸）和中華民國（臺灣）的關係並不融洽，要從中國飛往臺灣，或從臺灣飛往中國都須經過香港，沒有直飛航班。中國不讓臺灣人合法居留，臺灣人前往中國也是違法的。然而，仍有將近五十萬臺灣人公然在上海近郊定居、工作。

中國經濟發展過程中面臨的最大困難之一是缺乏經營人才，欠缺訓練有素、有經驗和世故的中階經理人，懂得企業如何具體運作。中國政府扶植的國營企業搖搖欲墜。

臺灣最大的問題之一則是空間有限，隨著人口成長，才能出眾、教育程度高且能幹的商務人才逐漸過剩。儘管兩國法律禁止，部分臺灣人仍開始遷居至上海，經營管理中國企業，使這些企業正常運作。突然之間，到中國經商的外國公司找到講理的生意夥伴了。一個好奇的西方商務人士，可能問過這些臺灣經理人是否曾被逮捕，從中國遣返。「當然沒有」，他們總會這樣回答。那回臺灣過農曆新年時，是否曾被逮捕？「沒有，」他們答道，「何必擔心呢？」

迪士尼在中國發行電影的授權發行商是中國公司和新加坡公司的合資企業。外國公司除非與中國企業合資，否則無法獲得中國政府許可。實務上，若沒有人脈極廣的中國合作夥伴，外國公司根本不懂怎麼和政府打交道，在成文與不成文的法規與限制織成的密網中行事。

新加坡公司老闆是一群帶著頭飾的錫克教徒，都是先進電子工程博士，公司主要業務為製造影音產品，例如高級電視、音響系統和DVD播放器，同時也製造冰箱。發行電影錄影帶、DVD和VCD只是新加坡公司的副業。合資的中國公司則規模較小，員工寥寥數人，不特別經營業務，公司老闆是文化部副部長。中國文化部的職責之一是決定哪些電影能在中國上映，哪些中國公司能產製錄影帶、DVD或VCD（一種廉價、低品質的播放格式，在中國非常受歡迎）。

那個年代中國變革速度飛快，相隔一個月，原先掌握的所有資訊就都已經過時了。我和吉卜力同仁武田美樹子只拜訪過中國發行商一次。這間公司（此後稱為C-T

公司）總部在上海，實際業務於此經營，另外在北京還有一間規模較小的辦公室，專門與政府官員打交道。

上海C-T公司總部的工程師為我們介紹在中國的製造業務。最熱銷的產品是DVD／VCD／音樂CD播放器，影音品質一流，能播放所有最新光碟格式，同時與以往所有低階光碟技術相容。製造商的批發價格約為每台五十美元，一家大型日本電子公司與C-T公司簽約，買下整批播放器，以免和這間日本公司更為昂貴的播放器產品競爭。然後，這間日本公司以副牌在日本販售C-T公司製造的產品，售價每台五百美元。C-T公司的經理要送美樹子和我一人一台播放器，讓我們帶回日本，但大概會被海關扣留，我們只好婉拒。

C-T公司的其中一位業務經理是臺灣人，帶我們四處考察上海地區的影音店面。幾間規模比較大的，比以前美國百視達一般店面（或東京大型蔦屋書店）大了三到四倍，吉卜力系列作品的貨架就佔了半個店面。每一部吉卜力電影都有不同版本，包括中文配音版與原音字幕版。封面畫作有的和日本原作一模一樣，有的則是激情擁抱的愛侶（吉卜力電影中未曾出現的畫面）。所有店鋪販賣的商品全都不是C-T公司發行的正版電影。

C-T公司的業務經理（曾任職於臺灣迪士尼）向我們解釋，打擊盜版的唯一辦法是奠基於盜版商已經開拓出來的市場，在技術上盡可能搶先。隨著電影播放格式推陳出新，正版發行商著眼於搶先發行最新格式產品。發行商能夠在以正版產品著稱的通路（如百貨公司和知名電器賣場）掌握高階市場利潤，行銷廣告主打正版商品的種種優點。

我們在臺灣知名餐廳鼎泰豐的山寨版餐廳用午餐。鼎泰豐本店位於臺北，餐廳有好幾層樓，多年來食客大排長龍，只為大啖小籠包、麵食和其他名菜。鼎泰豐也在許多國家開設分店，可上海分店並非其中之一。

參訪完上海，我們移步至北京拜訪C-T公司的中國業務部門。比起上海，北京灰撲撲的，較無生氣，而且冷上許多。只要一呼吸，肺部馬上清楚察覺空氣汙染有多嚴重。

我們未能獲邀參觀C-T公司的北京辦公室，但仍造訪了幾間店鋪，和上海相當類似。我們也趁機逛了逛天安門廣場附近大街上空間寬敞的國營書店。抵達北京第一天，我們在一間知名的高檔烤鴨餐廳午餐，其他客人都是身著正裝禮服的高階軍官。晚餐時，我們被帶至北京中部近郊的頤和園。

頤和園原本是中國帝王宮苑，現在已是公園，有著豐富造景和幾處保存完善的宮殿。頤和園原址從十二世紀中葉（金朝）即修建有宮殿，不過現存園林與建築最早追溯自十八世紀中葉的乾隆時代。部分池山建築對大眾開放，我們晚餐的地點則位於不對外開放的建物中。東道主W先生即組成C-T公司的中國企業負責人、合資發行公司總裁，也是中國文化部副部長。

專車夜裡載我們入園，因此我們沒能欣賞到什麼池山園景。當時已過營業時間，園裡靜謐，幾乎空無一人。我們行經暗門，被領至一處獨立宮殿，刺骨寒風刮過近處的漆黑池面，發出呼嘯的幽聲。

我們穿過一連串陰暗狹窄的走廊，忽然出現一座小院，前方是曾屬於中國皇室的皇家寺廟。我們站在庭院裡，一群舞者身著紅色絲質服裝，走進庭院，臉抹妝彩，頭戴羽飾，隨著清朝音樂翩翩起舞。表演結束後，我們被領至一間小型餐室，中間擺著圓桌。那夜北京非常冷，可室內熱烘烘的，幾乎能在地板上烤餅乾了。

不苟言笑的W先生坐在圓桌主位，他坐在原位，不帶一絲笑容地歡迎我們入座。我們被告知W先生不會說英文，他一切都對著迪士尼的隨行人員說，再翻譯給我們聽。我試著用中文感謝他的招待，他卻聽若罔聞，仍只對著我們的迪士尼嚮導說話。

身穿清朝服飾的服務生入內上菜，一次只上一道，邊上菜邊說明菜色。我們拿到一紙菜單，服務生說當晚料理重現宮廷史料中的御膳，乾隆皇曾在我們所處的餐室享用過同樣菜色，包括鱷龜湯、燉牛腱和海參湯，辣駝峰肉、鹿肝炒竹筍，與蓮藕和蘿蔔一起煮的兔肉，裹上酸辣醬的蝦頭，蔥炒鴨肫，以及以栗粉、玉米和麵粉蒸成的麵點。

我們在上海的最後一晚，美樹子想買絲巾做為東京同事的伴手禮。她總共要買七條，旅館的禮品部只有五條。禮品部女店員提議為美樹子多做兩條，要挑什麼顏色呢？製作絲巾的工廠就在城外，車程一小時。美樹子謝過店員婉拒了，因為我們隔天早上六點就得離開旅館。店員說不成問題；早上退房時會有人在櫃檯等她。還真有人拿著絲巾等她。一條絲巾售價才兩美元，我們難以想像，竟有人願意製作兩條絲巾、開車進城來回跑一趟，只為了賺四美元，不知有多少利潤可言？

中國的電影盜版產業終究大為衰落，致命一擊來自科技。當家用娛樂技術從實體媒介走向數位串流，便猛然進入中國政府強力監督與管制的時代。當政府發現打擊盜版不只能賺錢，還能加強對內容的管制，娛樂產品盜版產業幾乎一夜間風雲變色，步入衰微。

不過，這對想要提升在全球最大市場利潤的外國公司來說，差別不大。從我上次拜訪中國至今，進軍中國市場仍限制重重。迪士尼想從每個中國人手上賺取一美分的夢想尚未實現。

《神隱少女》

CHAPTER 08

日式得獎感言

二〇〇一年底，一名記者問宮崎駿：「《神隱少女》是日本電影史上最空前的成功，也是唯一一部全球票房超越兩億美元的非美國片。您是否引以為豪呢？」

宮崎駿答道：「無論電影成功或失敗，我總試著以平常心看待。我聽說票房收入高過於製作成本都會很高興，這樣就能繼續創作下一部電影了。」

我向來很喜愛日本相撲。多年來，我看著日本公共電視台NHK訪問剛完成壯舉的力士，無論是創下勝場新紀錄的橫綱（最高級力士），或擊敗體型比自己大了一倍橫綱的新進力士，無論紀錄多麼驚人、成就如何令人讚嘆，受訪的力士總會吸口氣，歪著頭，眼神盯著自己腳趾，囁嚅地說：「我只是盡力做到最好。」答案永遠相同，從未改變。

而我最不解的是，明明NHK採訪記者也確知他們會怎麼應答，彷彿明知受訪者永遠只會說該說、得體的話，絕不會偏離常軌，仍樂於企圖問出不同答案。在外國人眼裡看來，這種謙虛之詞可能聽來虛假（也可能確實是假話），可那並不是重點。西方記者的理想目標是得到令人耳目一新、獨特，或深刻的個人洞見；在日本，採訪提問的目的是確認已知，現狀與過往相同，未來也將維持不變。記者會問最顯而易見的問題，受訪者會給出最顯而易見的答案，皆大歡喜。

外國記者可能不會發現，前述對宮崎先生的提問只有一種標準答案。就像相撲力士和棒球員，日本電影導演必須在回答提問時展現謙遜，才合乎期待。我在海外代表宮崎先生發言時，時時刻刻提醒自己這一點。

宮崎駿向來不喜歡親自領獎，眾所周知。綜觀他的生涯，宮崎先生得過無數大小獎項，其中不少頒給了《神隱少女》。該片在國際上獲得超過五十個獎項提名，贏得三十六項國際知名影展大獎，包括第二十五屆日本電影學院獎最佳電影、第五十二屆柏林國際影展金熊獎，以及好萊塢第七十五屆美國影藝學院奧斯卡獎最佳動畫長片。

《神隱少女》於全球創下種種紀錄、橫掃各大獎項之時，我負責領受所有海外獎項，代表宮崎先生發表得獎感言，有時也代為受訪。吉卜力工作室盡了全力也只能說服宮崎先生接受日本媒體採訪，只要是外媒，他幾乎全都拒絕。

對任何藝術家（電影創作者在內）而言，同儕、同業和專門品評其創作的專業評論人的讚美是最大的肯定。宮崎駿並非不重視這些獎項代表的肯定，他只是不喜歡親自站在現場接受眾人讚美。若理由充分、好說歹說，或認清自己逃不掉，他還是會勉強出席。此外，和其他才華出眾的人一樣，他非常、極其好勝，若需要與其他入圍者一起坐在公開典禮現場等待頒獎，宮崎先生就不太可能應邀參加。

二〇〇二年以前，柏林國際影展競賽片不接受動畫電影報名角逐大獎。吉卜力作品的歐洲發行公司負責人文森・馬拉瓦爾（Vincent Maraval）說時機成熟了，《神隱少女》是最有可能說服評審團的動畫片，使動畫電影得以參加競賽，與真人電影一較高下，角逐柏林影展最大獎項（最佳影片）金熊獎。幾年前宮崎先生另一部作品《魔法公主》參加柏林影展時，被排除在競賽片外，但影評甚佳。

我向製作人鈴木敏夫提及馬拉瓦爾的建議，他要我自己去問宮崎先生。這通常表示他推測宮崎先生會拒絕。要是覺得宮崎先生可能答應，鈴木先生會和我一起去問。鈴木先生還說，要是電影獲選為競賽片，但最後沒有得獎，他可能必須開除我——這是另一個我必須自己去問宮崎先生的原因。我當時還沒有發現他是認真的。

《神隱少女》光獲選為柏林影展競賽片，就已是一大榮譽，能使馬拉瓦爾的公司在歐洲發行該片時大為獲益。歐洲人相當重視大型影展獎項，無人能準確預測特定電影能否贏得大獎。每個大型影展都有好幾部優異且令人驚豔的作品參加競賽。

東京三鷹市的吉卜力美術館剛剛開幕，宮崎先生通常在完成一部片後都會休長假，到山裡休養生息，此時卻推遲了難得的假期，留在東京協助美術館營運。美術館其中一項展品重現了宮崎先生創作作品時使用的辦公桌，宮崎先生原本的構想是每週到美術館來一次，在此工作，美術館訪客能親眼見識宮崎先生的創作過程。

然而，這個構想未能順利實現，每當宮崎先生坐在桌前工作，總吸引大量觀眾駐足圍觀，動也不動，看得目瞪口呆。他曾試著驅趕，或請觀眾繼續前進，不要妨礙其他觀展訪客行進，卻都徒勞無功。於是他把工作桌搬到走廊盡頭的會議室中，四周隔著玻璃。我和國際部門同事武田美樹子去問宮崎先生柏林影展一事，那天吉卜力美術館的訪客發現宮崎先生坐在會議室的玻璃隔間裡，外頭又自然形成一堵人牆，全都目瞪口呆，讚嘆地望向他，擋住觀展人流。

美樹子試著向我解釋，假使《神隱少女》未能贏得金熊獎，我真的可能被開除，她也明白地告訴我，雖然她會幫我說服宮崎先生，但是沒能拿到金熊獎的後果我可得自個兒承擔。美樹子是翻譯天才，總能將我所說的日文「翻譯」成能夠說服目標的語言。我知道，若沒有她的協助，不可能獲得宮崎先生首肯。

我們向宮崎先生解釋原委時，美術館工作人員拉上簾幕，遮住會議室內部，希望駐足觀眾能夠移步，卻不成功。宮崎先生為此相當困擾，心情很差。他聽完我們的請求，稍作討論，說：「好啊，你想報名就報名，但我絕對不會出席，連問都別問。」

我和馬拉瓦爾確認，他說導演必須出席，若沒有親自出席，評審團或許會覺得不受重視，電影贏得大獎的機率可能大為降低。

「你真的認為這部片能贏？」我問。

「是的，」他答道，「我認為很有可能。若宮崎先生不能出席，至少製作人得出席。」

我如此向鈴木先生回報，他同意代表《神隱少女》出席柏林影展。

金熊獎

那年二月柏林下著雪，非常冷。鈴木先生、武田和我至旅館報到時，發現一樓塞滿了柏林影展相關人士。旅館與影展場地皆在波茨坦廣場，與當年隔開東西柏林的柏林圍牆非常近。波茨坦廣場是全新建物，炫目的玻璃與鋼鐵建築充斥，SONY德國總部也位於此。廣場周邊幾乎都是空地，德國聯邦議院與波茨坦廣場隔著一個遼闊的公園，廣場另一端則是巨大的表演廳，此外附近只有零星商店或餐廳。廣場周邊的空地還在等兩德統一後經濟逐步復甦，加以建設，廣場內，矗立於SONY總部建物旁、以炫目鋼鐵與玻璃建成的賣場，幾乎尚無商家進駐。

影展一切相關活動都在旅館附近進行。旅館大廳就像尖峰時刻的火車站，人潮洶湧，每一吋空間都有人或坐或站，手上端著飲料或手機，或者兩者皆是。從日本搭機二十小時抵達柏林，中間在阿姆斯特丹轉機，還得在旅館人聲鼎沸的櫃檯報到，實在不容易。

在辦入住手續時，我旁邊的客人與櫃檯經理爆發口角，因為經理拒絕免費取消訂房。一對身穿皮夾克的英國伴侶想要取消訂房，去別間旅館，因為房間令他們「完全無法忍受」。假使英國客人開始抱怨旅館，表示問題大了。上樓之後，我漸漸瞭解客人的不滿從何而來。

房間的設計極為簡潔優雅，稜角分明，配置出乎意料，房間裡所有用品不是隱藏起來，就是看不出用途，幾乎整室物品全為黑色，根本無法辨認電燈開關、插座等和牆壁的差別。即使摸到了開關，還要幾經摸索才知道那個開關控制的是什麼。整個房間全無抽屜，我得把衣服放在行李箱裡。書桌亦無抽屜，網路線、電源插座和電話線全都機巧地藏在書桌一處摺疊面板中，我還得打電話至櫃檯求救，找人上來示範如何打開。

隔天是《神隱少女》媒體放映會。鈴木先生接受媒體提問，接下來兩天時間也陸續接受採訪，由美樹子翻譯。我們旁聽了電影《天才一族》(*The Royal Tenebaums*)記者會，聽導演魏斯・安德森(Wes Anderson)和演員歐文・威爾森(Owen Wilson)與記者嘻嘻哈哈。《天才一族》同為那年角逐大獎的競賽片，迪士尼則是電影發行商。我們原先擔心吉卜力作品與迪士尼出品電影彼此競爭會讓迪士尼不高興，後來發現只是我們窮緊張。迪士尼國際發行部門主管馬克・佐拉迪(Mark Zoradi)向我保證，《神隱少女》絕不可能贏得任何獎項，因為動畫片不可能贏，大家都知道。

佐拉迪也慷慨地邀請鈴木先生、美樹子和我參加《天才一族》宣傳活動，是當晚在城裡另一地點舉辦的派對。為了宣傳《天才一族》，迪士尼租下整棟聯排住宅，改裝得和電影場景一模一樣。我們抵達時，派對賓客塞滿了整棟建築，燈光炫麗，音樂傾瀉，食物和飲料一應俱全。我總是不太懂砸大錢辦這種宣傳活動怎麼助長票房，不過吉卜力電影海外票房收入從來比不上這些斥資舉辦盛大活動的作品，所以或許其中有些道理在，只是我不明白。

佐拉迪為我介紹安德森和威爾森，他們倆坐在樓上一隅，以結實的紫色絨繩圍欄和強壯的保全警衛與其他派對賓客隔開。他們正在吃一盤迷你起司漢堡，看來悶悶不樂。佐拉迪為我介紹時，一名四十多歲的女性爬上樓梯間的牆，試圖翻過扶手與安德森攀談，但被保全人員攔截驅離。

「她是洛杉磯小影展的主辦人，」佐拉迪淡淡地說。「總會有一兩個，這就是保全派上用場的地方。」

《神隱少女》採訪行程最後一天，鈴木先生、武田美樹子和我正在其中一間茶水間喝咖啡，討論回東京的安排，吉卜力歐洲發行公司 Wild Bunch 的宣傳公關菲爾・賽姆斯（Phil Symes）過來找我們。菲爾想知道，要是電影得了金熊獎，宮崎先生會不會飛來柏林？若否，誰要上台領獎？他堅決表示電影若贏得獎項，一定得有人到場領獎。那天是週二，我們計劃隔天飛回日本。我問菲爾最快得知電影是否得獎的時間，他說週五。有人得留在柏林，至少留到週五。若電影得獎，頒獎典禮在週日舉行。

「影展不會提前通知作品得獎，對嗎？」我問。

「對，」菲爾說，「但是他們會事先把得獎電影名單洩漏給宣傳公關，確保片方人員會出席頒獎典禮，也會把名單給媒體，要求媒體保密，直到頒獎才能公布。這樣該到場的人能到場，記者也能搶時間寫文章。我週五就會得到消息，影展不喜歡沒人領獎，這樣很沒面子。」

「就算我們真的得獎，不能把獎座寄來就好嗎？」我問。

「絕對不行，」菲爾說。「一定得有人領獎才行，得是電影相關人員。」

鈴木先生和武田都望著我。

「該由鈴木先生去，」我說，「他是電影的製作人。」

鈴木先生搖搖頭。「我得回日本了，不能再耽擱，」他說。「還有很多工作要做。」

「那就由美樹子領，」我說，「至少她是日本人。」

「不夠資深，而且你的英文比較流利。」

因為馬克・佐拉迪向我保證《神隱少女》絕不會得獎，我考慮一陣，覺得在柏林多留兩天應該還行，但多留四天就有點困難。

「電影可能贏嗎？」我問菲爾。

「聽說很有可能，」他說。

我們當時身於歐洲，而歐洲各地交通便利，飛機航班頻繁迅速，我想起來自己能先離開柏林幾天，到別處去。我問鈴木先生在我待在歐洲這段期間，還有沒有什麼其他工作要吩咐給我。他說，「這麼講來還真有件事。我要你到阿德曼動畫工作室（Aardman Animation），親自邀請尼克・帕克（Nick Park）來東京參加一場動畫研討會。」

鈴木先生非常喜愛《酷狗寶貝》（*Wallace and Gromit*），我也是，因此欣然答應前往。英國倫敦巴比肯藝術中心（Barbican Center）的回顧影展曾播映幾部吉卜力作品，我認識中心電影部門主管。我致電，問他是否有聯絡阿德曼動畫工作室的門路。我說想在週五拜訪，他說會聯繫認識的人，看怎麼安排。菲爾找人幫我安排倫敦班機和旅館，還有柏林這邊的交通住宿，以免我得回來領獎。

週三我逛了影展附設的電影市集，週四飛往倫敦。週五我搭乘早班火車，從帕丁頓車站到阿德曼動畫工作室所在的布里斯托。載我前往阿德曼的計程車司機竟然沒聽過工作室的大名，令我大吃一驚，因為阿德曼工作室現在早已家喻戶曉。不過，至阿德曼二十分鐘車程，我一路聽了不少布里斯托當地歷史。

流經布里斯托城的雅芳河多年來曾被傾倒化學廢棄物，最近剛完成整治。因布里斯托是產業重鎮，二戰時飽經轟炸，空出許多土地可供建設。雅芳河流向布里斯托灣，河口碼頭附近正在復興；原先破敗的工廠與倉庫吸引不少需要空間又資金不足的公司進駐。甚至藝術家也紛紛而至。城市另一端有間頗具規模的大學，還有一座宏偉教堂，俯瞰整座城市。

那時阿德曼工作室接待處保全措施與後來的門禁森嚴相比仍相當寬鬆，接待處人員問我要見誰，我回答了，就讓我進去自己找人。入口右手邊有一間小小洗手間，門開著，裡頭掛著舊物市場買來的那種古董鏡和燈飾，精美橡木馬桶坐墊，假窗戶則掛著蕾絲窗簾。門口以皇家藍絨繩擋住，禁止進入。我向阿德曼的人問起，他們說伊莉莎白二世女王曾計畫拜訪工作室，負責人推測女王可能得上廁所，員工廁所恐怕不夠稱頭，於是特地為女王建了一間廁所。女王造訪的計畫臨時變了卦，但是他們仍把女王廁所保留下來，以資紀念。

阿德曼當時的行銷活動負責人基蘭・亞果（Kieran Argo）帶我參觀工作室。阿德曼動畫工作室創作黏土動畫，也就是利用黏土人偶製作定格動畫。不過，若以「黏土（clay）」稱之，會獲得一頓冗長的說教；阿德曼使用的材料是「塑像用黏土（Plasticine）」，他們用塑像用黏土製作角色，並非黏土。工作室從事不少塑像黏土的雕塑作品，而且是技藝精湛的一流之作。

想到阿德曼動畫作品場景中，不只角色，甚至所有物品都是在工作室雕塑完成的，就令人嘆為觀止。每件物品都是比例完美的迷你複製品。基蘭帶我參觀攝影棚，看他們實際拍攝其中一集《酷狗寶貝》的場景。親眼見識他們的創作逐漸成形，令人讚嘆不已，好像造訪北極，親眼見識聖誕老公公手下精靈的工作場景，只是阿德曼工作室真實存在。製作定格動畫電影，必須微幅調整角色擺放位置，每次移動都逐格拍攝下來。從事這樣的工作，必須沉著冷靜，還要有與先知約伯（Job）[1]媲美的耐性。

基蘭為我介紹阿德曼工作室創辦人之一彼得・洛德（Peter Lord），並讓我看了尼克・帕克在籌備《酷狗寶貝》長片過程繪製的畫作。尼克・帕克和創作團隊正在另一處閉關創作，我和帕克的助理見了面，轉達鈴木先生的邀請。基蘭知道吉卜力美術館開幕了，詢問吉卜力在日本舉辦阿德曼作品展的意願，我答應代為詢問。

回到倫敦時，菲爾・賽姆斯在旅館留了訊息給我：《神隱少女》將贏得金熊獎。當時倫敦時間將近下午五點，東京時間大約凌晨兩點。我知道鈴木先生還醒著，因為他幾乎不睡覺，就馬上打電話給他，報告好消息。他聽起來相當高興，說早上會向宮

1　譯註：出自猶太教與基督教典籍《約伯記》，是受苦、耐心與堅忍的代表。

崎先生轉達，然後再把宮崎先生的得獎感言用電子郵件寄給我，讓我翻譯成英文。

我打給同在倫敦的菲爾，他飛回倫敦參加其他活動。他說會和我一起飛抵柏林，幫我準備得獎感言。我問是否需為領獎準備服裝，他說正式休閒風勉強能過關，但我真的只能做到這樣嗎？其他人都會正裝出席，有些女士甚至會穿晚禮服。我回說，我有休閒西裝外套、襯衫和領帶，但鞋只有我腳上穿的那雙登山靴。柏林冬天很冷，下著雪，但我閒暇時又喜歡到處走走。我可沒想到得上德國電視台領獎。

「絕對不行，」菲爾說。「你回到柏林時得去買合適的鞋和服裝，領獎時一定要看起來夠體面。反正你週日待在柏林還能幹嘛？有一整天時間呢。」

次日，菲爾和我在希斯洛機場會合，檢查了下我的服裝。他最後判定衣裝勉強過關，但鞋子不行。你一定得買鞋，他說。然後菲爾猛然想起某事。

「噢，我的老天爺！我們要去德國。德國商店週日不營業！到那邊你會來不及買鞋，現在得在機場買。現在就去！」

我們的英航班機將於下午三點半出發，抵達柏林泰格爾機場時剛過六點。希斯洛機場非常大，歐洲航線班機航站有許多商店，原來也包括了一間鞋店：克拉克鞋店（Clarks Shoes）。

我們從機場地圖找到鞋店位置，急忙趕去。距離登機時間只剩二十分鐘，我衝向航站賣場，找到鞋店，菲爾則帶著我們的行李跟在後面。我抓起眼前第一雙可能穿得下的黑色樂福鞋，便衝向結帳櫃檯。前面大概有十名客人在排隊。

於是，雖然我並不自豪，我生平第一次拐開眼前人潮，推擠向前。櫃檯前方的中國夫婦手持計算機，為運動鞋討價還價。櫃檯的英國店員正在耐心地解釋文明國家的商店（例如克拉克鞋店）不能講價，她說標價就是售價。我聽他們對話，聽了大概三十秒，然後把中國夫婦推開（中國賣場的客人都這樣，他們應該已經習慣了），要店員先幫我結帳。

店員眼神淩厲，對我的舉動大不贊同。「先生，」她說，「請到隊伍後方排隊，等輪到您再結帳。」

「聽著，」我說，「我趕飛機，拜託你現在幫我結帳。」

「先生，這裡是機場，每個客人都趕著搭飛機。」

「拜託你現在幫我結這雙天殺的鞋，好讓我離開這裡！」我聽見自己的吼叫聲。

店員看來不為所動，不過此時菲爾趕到了，對店員說了些英國人才懂的話，她才不情願地為我結帳。然後我們衝向登機門。

在登機門前，菲爾接到美樹子的電話。菲爾將手機遞給我，美樹子把電話交給鈴木先生，他說：「宮崎先生想跟你說話。」他又把電話交給宮崎先生，宮崎先生說：

「金熊獎……很好……是好事……我覺得……很好。」他聽來相當高興，我實在聽不清他說了什麼，因為我們正要登機，英航地勤人員對我叫喊：「先生，先生！先生，您的登機證。先生！登機證！」然後電話就斷線了，我完全不知宮崎先生還說了什麼。當時東京時間差不多是半夜，我猜他們在日本應該氣氛相當歡快。

代爲領獎

頒獎典禮流程規劃詳細，各個環節甚至以分鐘計。影展為每一位受獎人員指派了隨行助理，負責解釋頒獎典禮環節順序與領獎事宜。我的助理和我在旅館會合，一起搭影展禮車抵達典禮會場。會場是座宏偉的劇院。菲爾也在場，為我指點，但主辦方不讓他陪我進入領獎人員區域，菲爾只能蹲在劇院座席區最後一排走道，高聲耳語喊出給我的建議和鼓勵。不一會兒，一名接待人員過來要菲爾回到自己座位。

柏林影展頒獎典禮盛大隆重，就像奧斯卡獎，不僅電視轉播、眾星雲集，還有廣告時段。整場典禮以德文進行，我多數時間都搞不清楚狀況。坐在隔壁的義大利男子偶爾會斷斷續續地為我翻譯。影展負責人擔任當晚主持人，主辦單位印製了典禮節目表，因此我若認出播放的電影片段或頒獎人，勉強可以得知節目進度。

第一個頒布的獎項，領獎人並不在場。頒獎人（兩位身著晚禮服的美麗女性）在台上微笑了好幾分鐘（德國電視現場直播），主持人的惱怒顯而易見，翻閱著自己的小抄。最後，一名身穿燕尾服的男子上前，對主持人耳語幾句，主持人說了些話，節目繼續進行。根據隔壁男子說法，好像提及地獄結凍了、不可能怎樣，還有郵件什麼的。

第二個獎項頒布時，被唱名的領獎人從觀眾席站起，喊了些話。隔壁鄰居告訴我，那人說自己和獎項提及的電影沒有關聯，拒絕上台領獎。那名男子和主持人簡短對話（顯然又提及地獄），主持人決定繼續頒下個獎項。接下來是凱撒琳・丹尼芙（Catherine Deneuve）的致歉聲明，因為她在巴黎的行程延誤，不克出席，無法依計畫代表競賽片《八美圖》（*Eight Women*）劇組上台領獎。主持人高舉丹尼芙的獎座，遞給身穿晚禮服的微笑女性，再接著頒下一個獎。德國人精準與可靠名聞遐邇，觀眾席的其他歐洲來賓，尤其是法國人，似乎被這一連串紕漏逗得頗樂。

接著，不知怎地頒獎順序調動了，和節目表上印的不同。《神隱少女》原本應該是倒數第二個頒獎，順序卻被提前，成為所有重要獎項中第一個頒發的。而我不懂德文，根本沒發現已經叫到我了，還以為時間尚足，我還在背宮崎先生的得獎感言（鈴木先生在菲爾對著我喊話勸勉時寄來的）。

我站起身，從我的座位一路推擠至走道，一盞探照燈沿路跟隨，看我踩著同排來賓的腳前進。新買的樂福鞋有點太大，走起路來不太舒服。探照燈光一路跟著我到舞台前。

頒獎人是印度電影導演米拉・奈兒（Mira Nair），也是當年競賽評審團主席。我上前時，她站在舞台上，身穿閃耀的低胸晚禮服，右手握著金熊獎，渾身散發優雅與美麗氣息。非歐洲人身處歐洲時，總搞不清楚與人打招呼的正式禮儀為何。美國人以握手（或擁抱）為禮，英國人向對方一邊臉頰獻上飛吻，法國人向對方雙邊臉頰獻上飛吻。有些歐洲人直接親吻對方臉頰，先兩邊各親一下，再對第一邊臉頰多親一記。

我的直覺是握手致意，但奈兒女士右手正握著金熊獎，她正準備朝我臉頰飛吻，身體稍微閃過我伸出的手。於是，就在德國電視直播現場，掌聲如雷，我的手碰上了她的左臂。當下實在非常尷尬，幸好奈兒體諒，我還是拿到金熊獎，而非臉上領了一記巴掌。

我轉身面對觀眾，轉達宮崎先生的得獎感言（一如往常地簡短）。燈光刺目，什麼也看不見，我看不見舞台邊緣，很擔心會跌下台。背後有人同步把我的發言翻成德文，接著觀眾席響起更熱烈的掌聲。雖然有點不明所以，不過幾分鐘後我已坐回自己位置，抱著沉重的金色獎座，繼續觀賞頒獎典禮。

這是我第一次代表宮崎駿領獎。受到得獎人般的待遇，令我感覺相當怪異；一方面，能代表宮崎先生和吉卜力工作室獲得殊榮，令我引以為豪，可另一方面我也感覺像個冒牌貨，實際獲獎的並不是我，我只是替身。代表宮崎駿接受提問時，我總試著揣摩他會如何回答。握著代宮崎駿領的金熊獎，我心裡滿是自豪，但我盡力壓抑自己的興奮之情。「我們很高興電影作品獲得肯定，但我們總試著平常心看待。」我在騙誰呀？手裡握著金熊獎，這可是全球重要影展的最大獎項，我可興奮得要命。

鈴木敏夫交代我回到日本時，從成田機場直奔東京日比谷帝國飯店，「Kinkuma-chan（金熊獎）」要在那裡辦記者會。沒有時間回家洗澡更衣，有人會在機場接我，護送我到帝國飯店。我一抵達，記者會隨即開始。

我喜歡提早抵達機場；班機將於週一早上九點起飛，我提前了三小時抵達泰格爾機場。我搭荷蘭皇家航空KLM1822航班飛往阿姆斯特丹，等四小時，再轉搭KLM861航班往東京。抵達成田機場時已是隔日（週二）早晨，大約早上九點半。整趟旅程約長十八小時。

我早上六點抵達柏林機場時，機場並不忙碌，只有幾班飛機那麼早起飛，周遭步調悠閒而平靜。我找到登機門，開始報到。每一個登機門都會進行獨立安檢。我收到登機證，脫下外套、皮帶、手錶，並清空口袋裡的零錢。招待晚宴時，我收到一個手工製作的精美包裝盒，專為金熊獎所準備。金熊舒適地裹著緞面紫色絨布，安放在專屬木製包裝盒中。我可不願冒任何險，執意手提上機，一路帶回日本。

為了通過安檢，我預計在柏林、阿姆斯特丹和東京海關都必須打開木盒，把金熊獎展示給海關人員看。我寧願如此，也不願把金熊獎託付給行李託運人員。日本萬分重視所有頒給國人的獎項，要是一個日本人贏得諾貝爾獎或其他國際殊榮，例如奧斯卡獎或奧運獎牌，即是全日本國民共同獲獎，於有榮焉。也就是說，我等同負責把日本國寶帶回去，保護其安全著實是重責大任。

金熊獎包裝盒上方有小窗，翻開就能撥開緞面布，揭露金熊尊容，相當便利。泰格爾機場安檢人員對金熊相當熟悉，我不須打開包裝盒讓他們檢查獎座。但我經過金屬探測器時，機器嗶嗶叫了起來，一名保全人員過來檢查我的物品。多年來，我隨身放在褲子口袋的鑰匙圈都掛著兩樣物品：京都一處佛寺求來的交通安全御守，和一把非常小的迷你版瑞士刀。我帶著這兩樣東西通過無數安檢，從沒被攔下，但一個多月前才有人企圖在飛往美國的班機上引爆藏在鞋中的炸彈，歐洲機場安檢變得非常嚴。

保全人員把我拉至一旁，告訴我有兩個選項：當場把瑞士刀丟在垃圾桶，或回到登機門外把瑞士刀寄回東京。機場有一間郵局，我能在那裡找到一切所需。保全人員說，他能幫我保管行李，包括裝著金熊獎的木盒。他說班機快要登機了，我最好快一點。

我又穿過安檢區，回到登機門外，穿越整個機場，找到郵局。我買了信封和郵票，把我那小小的瑞士刀寄回東京給我自己。那把瑞士刀是限量產品，刀片超薄，閃著銀光，我以前從沒看過（後來也沒再看過），我可不想搞丟。

我衝回荷蘭皇家航空登機門，迅速穿過安檢（因為我身上什麼都沒有），回到保全人員那邊。向保全人員要我的行李時，他一臉空白地看著我。我重複了三四次，描述他如何要我到郵局把瑞士刀寄回東京，說他答應幫我保管行李，他搖搖頭，說這輩子從沒看過我。我的行李不在他那，他沒有幫我保管任何東西。要是不相信，大可自己找找。

當時那種靈魂出竅的感受，實在難以言喻。我震驚極了，影集《陰陽魔界》（*The Twilight Zone*）的配樂在腦中響起。這不是真的吧，我想，我竟然把日本國寶搞丟了，竟然把金熊獎搞丟了！不見了！我恍恍惚惚地走出登機門，這是真的嗎？怎麼會這樣？我該怎麼辦？搞丟宮崎先生和鈴木先生的金熊獎，該怎麼向他們交代？我快成為日本全民公敵了。

冷靜下來後，我決定照著原先的路線找。我到荷蘭皇家航空的登機門時，確實心裡覺得怪怪的。難以形容怪在哪裡，但總有點不對勁。機場所有登機門都長得一模一樣，只有航空公司的名字和商標不同。荷蘭皇家航空的登機門看來像是我通過安檢那個登機門，但我會不會弄錯了？是不是走錯登機門呢？但這一切怎麼發生的？我剛剛到底去哪了？我已經報到完，拿到我的登機證。對了，我手上有登機證。我拿出登機證，仔細端詳。那是漢莎航空飛往芝加哥班機的登機證。

我找到漢莎航空登機門，再次穿過安檢區，找到幫我保管行李的保全人員，拿回行李。只剩下一些乘客還沒完成登機。我突然想通，要不是因為那把瑞士刀，我可能已經帶著金熊獎飛往芝加哥了。泰格爾機場的安檢或許是該更警醒一點。

我花了些功夫解釋，才拿到經阿姆斯特丹轉機飛往東京的登機證，後來到東京為止，我完全沒有讓金熊獎離開我的視線，一次也沒。幾天後，我從柏林機場寄回東京住家的信封抵達了。瑞士刀沒在信封裡。我真的很喜愛那把小瑞士刀。

抵達成田機場時，我順利通過海關，沒有什麼問題。吉卜力的石井君（鈴木先生的助理，也是受訓中的製作人）在入境大廳門外等我，直接載我到帝國飯店。他開著之前載宮崎駿到處領獎的同一輛破爛豐田轎車，鈴木先生總不允許石田君開這輛車接近任何電台或電視台。

到了帝國飯店，日本電視台的人護送我至VIP等候室，把我介紹給電通、博報堂和日本電視台的董事長，都是日本知名的商界大老，還有東京都知事。我在明明滅滅的閃光燈、電視攝影機和成群記者面前，把金熊獎獎座交給宮崎駿。在那之前發生了哪些事，我已印象模糊，只記得希望自己能先洗個澡、換個衣服，再出現在全國電視節目和日本每一份報紙隔日頭條封面之上。

記者會時（電視現場直播）問我拿到金熊獎時的感想如何，我說獎座比我以為的更重。我當時只想得到這個。對我的答案，提問的人不僅毫不掩飾他的失望之情，甚至嗤之以鼻。他的表情彷彿是說：「你手上捧著極少數人才有權摸著的神聖獎項，唯一想到的是獎座有多重？」

要是我能夠更完整地描述想法，我應該說的是：近距離捧著獎座，可以清楚得知獎座做工精美，技藝精湛，手感非常實在。在這個獎項趨於浮濫的時代，其他獎項逐漸流於尋常，做工不再那麼講究，金熊獎這座令人喜愛的獎座，即使在完全不懂電影的外行人眼裡看來，也看得出它旨在褒揚至高榮耀。這是值得讚嘆的傑作，足以證明其表揚的電影作品多麼優秀，獲頒這座獎座，著實為獨特而珍貴的成就。

真希望當時我能夠好好地這麼說。

第七十五屆美國影藝學院獎

金熊獎只是神作《神隱少女》所贏得三十六個獎項中的第一個。宮崎駿仍堅決拒絕親自出席領獎。他覺得（至少他是這麼說的）電影是藝術創作，藝術家不應以得獎為目的從事創作。莫內作畫時也沒打算得到最佳稻草獎或最佳荷塘獎吧。同時，宮崎先生也認為起身受獎表示生涯已經到了尾聲，但他的生涯可還長得很。

而派我去領獎的部分原因則是迷信。宮崎先生不去，吉卜力工作室得有人去。無論宮崎先生是否在意得獎，工作室其他人可都相當在意，我既成了幸運符，又是最能以英文發表得獎感言的人選，就都由我去了。

這是極大榮譽，也是沉重負擔。身處特別場合，被掌聲淹沒，代表創作出傑作的動畫工作室和偉大導演領獎，令人興奮萬分，同時，觀眾也因為領獎的並非宮崎駿本人而失望。這就好像，好幾個月前就已經銷售一空、由世界一流演員擔綱主演的戲，觀眾砸大錢買票，進場卻發現一流演員今晚不會上台。你是替角的替角，甚至連演員也不是。

頒獎典禮現場，觀眾席前三排都是名人。這廂最前排坐著喬治・克隆尼（George

Clooney），澄澈的棕色眼眸穿透人心；克萊兒・丹妮絲或卡麥蓉・迪亞身穿晚禮服或小禮服，風情萬種，等著把底座上鑲著金屬牌或壓克力圓碟的的獎座交給你。這一切令人都高攀不起，理應在此的不是你，你不過是會走動的陰影，一個可憐的演員在臺上高談闊步個兩分鐘，以後就沒下落了。只能盡力不表現得像個白癡，或請大明星簽名。

我代表《神隱少女》參加的最後一場頒獎典禮，是唯一無法預先得知結果的獎項——第七十五屆美國影藝學院獎，在洛杉磯舉行。獎項提名於二〇〇三年二月十一日公布。

皮克斯創意總監約翰・拉薩特致電好友宮崎駿，恭喜他入圍。一週後，約翰打電話給我，問宮崎先生是否出席頒獎典禮。我答說不太可能，但我會再問問。宮崎先生說，他不參加頒獎典禮，就這樣，以後別再問了。鈴木敏夫要我放棄說服，說宮崎先生心意已決。

我如此轉告約翰，接下來一整個月，約翰一週會打給我好幾次，提出說服宮崎先生改變主意的新點子。每一次我都會慢慢晃進宮崎先生忙著籌備吉卜力美術館展覽的工作室，抛出新提議。宮崎先生的答覆，一如所料，總是「不」。

約翰想知道原因。因為時差嗎？若是如此，我們可以調整班機時間，宮崎先生能在東京搭上飛機後直接就寢，專人從機場接送直奔奧斯卡獎典禮現場領獎（約翰肯定《神隱少女》會贏）。宮崎先生領完獎，能再直奔機場，搭上回東京的班機，直接就寢，早上就到家了，就像從沒離開過日本一樣。

若約翰陪他去，宮崎先生會願意出席嗎？宮崎先生可以飛到舊金山，下榻約翰位於索諾瑪的家，然後約翰會陪他參加頒獎典禮，全程陪同。宮崎先生也能帶其他人，整趟旅程會很愉快的。

還是因為得搭飛機？是因為旅行很麻煩、不方便嗎？約翰與洛伊・迪士尼（Roy E. Disney）談過了，洛伊願意把他的私人飛機借給宮崎先生，是架波音737，可載超過一百二十名乘客，非常舒適，而且宮崎先生想帶多少人同行都可以。他一定會喜歡。

還是因為場合太正式了呢？還是媒體關注？他真的不去嗎？真的嗎？宮崎先生至少該參加入圍者午餐會，沒有媒體，也能和其他入圍的電影工作者見面交流，氣氛很棒，錯過實在可惜。

每次我都會把約翰的新點子轉達給鈴木先生。在宮崎先生下定決心後，還可能左右他的決定的人只有鈴木先生了。但是，無論新點子多麼吸引人（洛伊・迪士尼的波音737耶！）或鈴木先生自己多麼希望宮崎先生答應，答案仍不會改變。宮崎先生決定不去，就這樣。不過，鈴木先生還想知道他身為電影的製作人能否代為領獎。

自從一九七三年奧斯卡獎頒給《教父》的馬龍・白蘭度，卻由薩辛・小羽(Sacheen Littlefeather)代表上台，抗議好萊塢和電視劇對美國原住民的歧視之後，美國影藝學院禁止奧斯卡獎得主委託他人上台代為領獎。除非得獎者已不在人世，才能破例。我致電美國影藝學院，迪士尼公關部門的人也致電美國影藝學院，都得到同樣答覆，若宮崎先生不出席，而且尚在人世，就不能由別人代領。

約翰不肯放棄遊說宮崎先生，但倘若宮崎先生仍不願意去，他認為至少鈴木先生(《神隱少女》製作人和宮崎先生的創作夥伴)至少應有權上台領獎。華特迪士尼公司向美國影藝學院請願，請他們允許鈴木先生上台領獎。約翰也向美國影藝學院請願，吉卜力也向美國影藝學院請願。起初，迪士尼公關對於美國影藝學院答應破例抱有信心，最後美國影藝學院主席致電，很抱歉，他們實在無法放寬規則。鈴木先生可由一人陪同出席頒獎典禮，但不能上台領獎。

接著，美國決定出兵伊拉克。日本反戰氣氛非常強烈，突然間，問題變成：究竟吉卜力應不應該出席奧斯卡獎頒獎典禮？鈴木先生鄭重地考慮，召開無數會議討論，其中多數會議都在晚上十點後開始。

宮崎駿已強調自己拒絕參加，日本媒體也加以報導了，因此宮崎先生的心意已經表明地再清楚不過。然而，對吉卜力其他人而言，情況則更加微妙。

士兵在伊拉克交戰，沒人想在公開場合身著華服、啜飲香檳，享用沃夫甘・帕克準備的迷你熱狗和奧斯卡獎造型巧克力，周圍環繞著身穿豪奢晚禮服、半裸而動人的女性與穿著名牌燕尾服的男性。人們即將近乎無謂地喪命；在美國以外國家的人民看來特別如此。日本政府向國民發佈至美國的旅遊警報，日本新聞媒體把前往洛杉磯的旅程形容得像直接造訪伊拉克一般。

而出席奧斯卡獎頒獎典禮又有商業考量。吉卜力工作室希望電影作品能在美國獲得成功，迪士尼肯定贏得奧斯卡獎最佳動畫長片將是關鍵，能使吉卜力電影創下與其藝術價值相襯的票房成功。在此之前，《神隱少女》只在美國少部分戲院上映。若贏得奧斯卡獎，就會重新全面上映；若沒有贏，電影最後美國票房只有區區五百萬美元。對奧斯卡獎不屑一顧對於票房並無幫助，畢竟《神隱少女》很有希望成為奧斯卡獎贏家。

吉卜力工作室解決困難問題的方式幾乎如禪學般玄妙。禪僧追求「satori（開悟）」的方式是提出稱為「koan（公案）」的深奧問題，並追求解答。最著名的公案是：「一隻手拍響是什麼聲音？」禪僧多數清醒時間都在思索公案，想出能使「禪寺掌門人」滿意的答案，老師則不斷否決這些答案，敦促禪僧更深入思索。幾年後，禪僧建立必要的心境，就能進入下一階段，繼續追求開悟。

身為美國人，我對這個過程非常懷疑，不過仍相當尊重。禪寺、禪宗藝術引人入勝，因此，若公案即是禪學表徵，那麼其中必有道理。儘管這麼說，在我看來，拍手拍出聲響需要兩個巴掌，通常是為了歡呼鼓譟（或呼喚鯉魚池的鯉魚），一個巴掌本來就拍不響，既然根本沒有聲音，又何必耗費多年思考這個問題？

同理，身為外國人，我實在看不出吉卜力出席奧斯卡獎典禮到底有何問題，這可是奧斯卡獎啊！受邀參加，而且還可能得獎，當然要去。美式足球員會在賽前唱國歌時單膝下跪表示抗議，但他們並不會要求取消比賽。

經過無數深夜討論與反覆辯證，最後決定由我代表吉卜力工作室參加頒獎典禮。因為我既然代表工作室業務部門，已經沾染銅臭，加上我又是美國人，代表出席並不會損及吉卜力的聲譽。總得有人負責苦差事，若得獎，還得把獎座帶回家。

日本電視台的奧田誠治與迪士尼日本分公司的星野康二和我一起去。奧田相當興奮，並且因為所屬公司（日本最大電視台）看待商業和戰爭的觀點與吉卜力根本上不同，深感慶幸。而日本迪士尼相當重視與吉卜力的合作關係，星野奉命須照顧任何出席奧斯卡獎的吉卜力代表。因此，我們三人都能聲稱其實並不想參加奧斯卡獎頒獎典禮，但我們所屬公司逼著我們去。

北半球多數地區二月都相當寒冷，但洛杉磯仍是夏日。洛杉磯的一切都比任何地方更為醇和。交通狀況很差，但做好心理準備的話，還勉強可以忍受。整座城市都被褐色煙霧包圍的日子已經過去，困在車陣時，可從租車窗戶望向遠處宏偉的紫色山巒。夜裡溫度下降，整片天空佈滿星光，在乾燥的沙漠空氣中閃爍。日落風景通常壯麗得懾人心魄。

迪士尼幫我們安排旅館訂房，奧田、星野和我住在比佛利山莊四季飯店，在典禮舉行的週末，這裡通常會被當作奧斯卡獎總部。那個時期通常一房難求，所幸迪士尼長年事先訂房，獎項提名公布後，就能把房位轉讓給入圍、但不住在洛杉磯的迪士尼電影相關人士。

典禮舉行的週末，旅館滿是奧斯卡獎提名人和來賓，只要一出房門，不可能不撞見名人。若為入圍者（或像我一樣，代表入圍者出席），抵達時，房裡已經擺了三四袋紀念品，多得快滿出來，包括香檳、奧斯卡造型的巧克力，和拚出「恭喜（congratulations）」一詞的字母餅乾。還有裹上巧克力的草莓、護髮霜、高價香水、化妝品、名牌墨鏡、昂貴的皮革包、連帽衫、T恤等等，不盡其數。花瓶裡還插著鮮花。禮品當中沒吃掉的，都送給我的洛杉磯友人了。

奧斯卡獎

到了該出發前往奧斯卡獎頒獎典禮的時刻，名流巨星（基本上整間旅館的賓客）全都同時走出房門搭電梯，擠得水泄不通。旅館外禮車塞滿整個街區，繼續向外蔓延。喇叭聲四起，叫喊聲此起彼落。警察架起的路障後方，成群攝影師和影迷爭先恐後，企圖找到更好位置，以鏡頭捕捉眼前無數黑色禮車、制服司機，以及身穿燕尾服與晚禮服的乘客們亂成一團的畫面。

迪士尼為我們三人準備了一輛龐大的加長禮車（他們到最後一刻都以為宮崎先生、鈴木先生和一群日本人跟班可能現身，畢竟，怎麼可能有人不想參加奧斯卡獎呢）。只等了三十分鐘左右，身穿燕尾服的奧田、星野和我便成功搭上往柯達劇院的禮車；只有我們這一小群跟班，大明星沒來。洛杉磯每個人都慣性遲到，但我們從日本來，向來習慣準時，因此得以比多數賓客更早擺脫車陣。

柯達戲院周邊、往頒獎典禮沿途，都能見到示威人士，反對伊拉克戰爭，抗議士兵出生入死時卻舉辦此般慶祝活動。那年，確實許多人因為開戰取消出席，多數女性來賓出於對部隊的尊重，衣著刻意保守低調，禮服顏色偏深，展露的肌膚面積大為減少。奧田、星野和我不禁有點失望。我曾在紐約的頒獎典禮親眼見過身穿晚禮服的莎瑪・海耶克（Salma Hayek），清楚知道為了向部隊官兵致敬，犧牲了多少眼福。

即使載著最家喻戶曉的巨星，任何禮車都禁止進入紅毯區，每個人都得在劇院外一個街區下車，徒步抵達。我們與威爾・史密斯（Will Smith）、潔妲・蘋姬・史密斯（Jada Pinkett Smith）、章子怡和她媽媽一起走到劇院。典禮賓客入場券依顏色分類，在紅毯入口處，拿著紅色入場券的賓客會被引導至一邊，其他賓客則往另一邊。拿著紅色入場券的來賓會經過媒體採訪區進入劇院，沿途停下受訪與拍照。

日本電視台攝影團隊正在媒體看台等著採訪我，拍攝我走紅毯的畫面。抵達劇院的路上，奧田先生已經與我反覆演練，確定我能自然流利地以日文回答採訪提問。然而，當我們抵達紅毯入口，我卻不能走到媒體採訪區。因為我不是實際入圍者，手上也沒有紅色入場券，我的入場券是藍色。我試著向保全人員說明，有個從日本來的電視攝影團隊從早上六點就在紅毯區媒體看台那邊等，就是為了採訪我，保全人員卻不為所動。威爾・史密斯不願幫我們，章子怡的媽媽一發現我們是「滋事份子」，就馬上護著女兒走了。

媒體看台那邊看得見我們身處的紅毯區後端，於是日本電視台的人朝我喊出問題（我幾乎聽不見），我也把演練過的答案喊著答出來（我敢說他們也聽不見）。日本電視台的攝影團隊一整天都待在媒體看台上，他們整趟唯一的任務就是捕捉我走紅毯的畫面、問我幾個問題，我不禁懷疑，他們已經在那兒坐了十二小時，怎麼沒先確認過實際流程細節呢？他們一整天都在幹嘛？

我們經過兩道安檢關卡，保全人員仔細檢查我們的證件，核對名單。身上所有電子器材都被沒收了，保管至典禮結束才能領回。這些手續都完成後，身穿燕尾服、端著托盤遊走賓客之間的服務生便為我們送上香檳和沃夫甘・帕克製作的小點，另外有人遞給我們當晚節目表。若你想把節目表帶回家，記得時刻都不能離身，否則可能會被別人摸走；奧田在男廁洗手槽旁邊找到一張，就順手拿走了，打算帶回日本送人。

劇院第一層的入口大廳眾星雲集。當然，有更多身穿黑色燕尾服或非名牌禮服的不知名臉孔，但是不管往哪個方向望去，都能找著大名鼎鼎的明星。身穿蘇格蘭裙的史恩・康納萊（Sean Connery），傑克・尼柯遜（Jack Nicholson）、梅莉・史翠普、茱莉安・摩爾（Julianne Moore）、妮可・基嫚（Nicole Kidman）、米高・肯恩（Michael Caine）、丹尼爾・戴・路易斯（Daniel Day-Lewis）、茱莉亞・羅伯茲（Julia Roberts）……繁不勝數，全都啜飲著香檳，品嘗迷你熱狗，與賓客閒聊。

入場券顏色與座位樓層相對應。紅色入場券是第一層，與眾多名流和多數獎項入圍者同個座席區。第二層是與入圍電影相關但未親自獲提名者、片廠資深主管和電視未轉播獎項入圍者的座席區。再往上的樓層則留給美國影藝學院成員、片廠員工和其他有幸拿到入場券、而且願意正裝出席的賓客。奧斯卡獎頒獎典禮入場券可是一票難求。

上到更高樓層座席區後，除非持有更低樓層入場券，否則典禮結束前不能再下樓。我的座位在第二層，星野在第三層，奧田在第四層。我們在第一層看電影明星看個飽之後，決定到第二層看看，這時才發現典禮前不能再下樓。

每一層座席區都有吧台區，可以點免費飲料，享用小點，供應的酒水點心都和第一層座席區相同。而且吧台頒獎全程開放，賓客可趁（無數個）電視廣告時間離開座位，享用飲食，等到下次廣告再回到座位。約翰・拉薩特的座位在樓下，他上樓來找我，提點要怎麼享受典禮。他很確定《神隱少女》會贏，而且設法把手機偷帶進場。「得獎的時候，我會上樓來，我們打給宮崎先生，」他說。

我找到自己座位時，發現周圍被動畫界人士和迪士尼主管包圍。迪士尼有兩部作品入圍最佳動畫長片：《星際寶貝》（*Lilo & Stitch*）和《星銀島》（*Treasure Planet*）。並非迪士尼所有人都樂見《神隱少女》入圍獎項。

最佳動畫長片幾乎是最早頒發的獎項，卡麥蓉・狄亞（Cameron Diaz）帶著奧斯卡獎座與信封上台時，我感受到附近兩排的人（入圍電影相關人員）全都緊繃起來，甚至有些人開始祈禱。我試著保持冷靜，但是聽見「得獎的是……」時，腦袋突然一片空白，什麼也聽不到了。直到後方伸出許多手拍我的背、前方伸出許多手要同我握手，我才發現《神隱少女》得了獎。哇嗚！《神隱少女》得了奧斯卡獎！試著平常心看待這件事。

可惜，無人上台領獎，卡麥蓉・狄亞又把獎座帶走了。下個廣告休息時間，我離開座位到吧台區，約翰・拉薩特正在等我。他打給鈴木先生祝賀，當然也向宮崎先生道恭喜。當時東京時間約是早上九、十點。鈴木先生派助理石井君去接宮崎先生，載他到吉卜力工作室。石井收到嚴格指令，千萬要確保宮崎先生不會意外得知頒獎結果，以免萬一沒有得獎。工作室開工時間為早上十點，石井君的任務是盡量拖延，讓宮崎先生越晚抵達越好。

可是，石井前晚忘了幫車子加油，中途必須停下加油，而加油站的廣播系統正在播電台新聞，宮崎先生得了奧斯卡獎則是當日頭條。根據石井說法，宮崎先生非常、非常努力表現出不為所動的樣子。

離開劇院大廳時，我又收到更多紀念禮品，還有一籃金箔紙包覆的巧克力奧斯卡獎（也是沃夫甘・帕克出品）供人拿取。我必須設法在整片一模一樣的禮車海中找到我們那一輛，禮車司機則須在名流巨星一湧而出的混亂中找到自己的乘客。這像是突然跳進名為現實世界的冷水池中，令人猛然一醒，當晚的魔力似乎開始消散。但你代表的電影若贏得奧斯卡獎，魔力怎樣也揮之不去。

隔天，星野、奧田和我走到旅館幾個街區外的美國影藝學院領取獎座。迪士尼已事先安排了獎座的「探視權」：美國影藝學院向我們解釋，實際頒發的奧斯卡獎當晚會收回，好把宮崎駿的名字刻在獎座上。

美國影藝學院的人也指出，宮崎先生本人並不是奧斯卡獎獎座的擁有者，而是美國影藝學院財產，以一美元（迪士尼付的錢）租給他，因此任何情況下宮崎先生都無權出售獎座，或作任何其他處置。他們舉了幾例知名演員過世後，其遺產管理人試圖出售奧斯卡獎的故事，並向我們保證，美國影藝學院的律師絕對會全力阻止此事發生。他們還說，宮崎先生可以隨時把奧斯卡獎送回美國影藝學院，由專人清潔保養拋光。我們表示會轉達給宮崎先生並致謝。

接著，我們帶走奧斯卡獎，把玩獎座，到處現，和獎座拍了不少合照。日本電視台攝影團隊前來拍攝，我拿著獎座站在旅館外的街上。「宣布得獎時，您在觀眾席有何感想？」電視台的人問。攝影機對著我拍。

「無論電影成功或失敗，」我說，「我們總試著平常心看待，我們很高興電影作品獲得肯定，並期待繼續創作下一部作品。」

這時，我已經能面不改色地說出這段話了。沒人會相信我說的話，他們也不該相信。這段採訪會在日本的電視台播出，展現謙遜的目的不是為了愚弄觀眾，而是做為提醒，記得我們有多幸運，即使得了這個獎，過往已知的世界仍絲毫未變。

另尋發行商夥伴

CHAPTER 09

全球其他地區

《神隱少女》是日本影史最叫好又叫座的電影，創下其他作品難以企及的票房和得獎紀錄，在日本以外地區發行的呼聲非常高。吉卜力與迪士尼的合作協議眾所周知，但先前《魔法公主》海外發行時，迪士尼在多數國家態度相當冷淡，吝於投注資源，吉卜力這邊很擔心迪士尼若發行《神隱少女》，也會落得同樣命運。

《神隱少女》首次海外放映是二〇〇一年秋季，在皮克斯，每個觀眾都認為電影是部傑作。當時，在美國獲得最大成功的日本電影是黑澤明導演的《亂》，我們預期《神隱少女》能表現得更好。

現在或許令人難以置信，皮克斯早期電影在美國發行必須遵循和吉卜力同樣的程序，將完成作品放給迪士尼主管看，主管們會決定投入行銷的力道（和資金）。迪士尼多數重要主管都預期皮克斯第一部長片《玩具總動員》（*Toy Story*）票房失利。

約翰・拉薩特與我分享打動迪士尼主管的訣竅與心法。拉薩特指出，觀眾的反應能左右主管對電影的評價，建議我們確保兩件事：首先，安排電影在迪士尼規模較大的放映室播出，其次，則是盡可能讓迪士尼動畫工作室的動畫師坐滿觀眾席。

據拉薩特所說，在比較小的放映室播出的話，主管們比較放鬆，不會太專注於電影上，有的人甚至會把其他工作帶進放映室做。若觀眾規模較大，他們比較可能專注於電影上。放映室規模也能顯示出電影的重要性。拉薩特說，動畫師能完全理解、並且愛上這部電影，他們會對作品充滿熱情，也會表現出來，讓迪士尼主管感受到觀眾對電影的喜愛。

借助吉卜力的迪士尼窗口，我們得以實現約翰・拉薩特的建議，從原訂放映室（最小間的放映室之一）挪至最大的其中一間，並向迪士尼動畫師和動畫導演廣發邀請，他們都很期待參加。依照慣例，我們也向迪士尼最資深的高階主管（包括董事長麥可・艾斯納）發出邀請，一如所料，他們全都婉拒出席，只有實際決策的主管會到場。其他的座位都會坐滿最理想的觀眾，也就是迪士尼動畫師和動畫導演。

然而計畫趕不上變化，《神隱少女》在日本創下票房紀錄的消息傳至美國，艾斯納注意到了，決定親自看看這部掀起熱潮的電影，一探究竟。其他高層聽說艾斯納將親自出席放映會，擔心自己顯得對董事長關注的事物不夠上心，難以交代，全都改變主意，決定應邀出席。高層底下的主管也怕對自己上司難以交代，都決定出席。

於是，艾斯納掀起了一陣連鎖反應，使《神隱少女》放映會成為迪士尼每一位高階、中階、低階主管非出席不可的場合，沒有多餘座位讓動畫師參加了，觀眾席全坐滿了公司主管，多數人對發行《神隱少女》毫無興趣，甚至與此事毫無關係。

我總是會出席這些放映會；意思是說，我總會等在外面（因為我無權入內），從出場觀眾反應預測「判決」為何。放映會結束時，我焦急地等著見迪士尼全球電影發行主管馬克・佐拉迪。

「史提夫，」馬克說，「我們看完這部片，而且我們全都很喜歡。但老實說，大家都覺得這部片日本味太重，太……深奧了，美國觀眾不會懂的，歐洲也是。或許能包裝成小眾藝術片吧，但恐怕也很難。抱歉，做生意就是這樣。」

負責在全球發行日本史上票房最佳電影的迪士尼主管認為這部片在北美和歐洲主要電影市場的商業潛力幾近於零，只有向來欣賞吉卜力作品、而且是吉卜力表現最好的海外發行商——法國迪士尼團隊獨排眾議，反對母公司的評估。迪士尼法國發行主管讓・弗朗索瓦・卡米列里（Jean-François Camilleri）和他的團隊非常喜愛《神隱少女》，要求我們允許他們在法國發行。此外，由於我們和約翰・拉薩特的交情，吉卜力不情願地把北美發行權交給迪士尼。

最後，除了法國和北美，迪士尼決定不在全球發行《神隱少女》。這對吉卜力反倒是好消息，我們因此能在這些地區自行找發行商合作。而由於董事長德間康快對大東亞共榮圈的美好回憶，我們也能在亞洲直接找發行商，無需透過迪士尼。因此，我們得以在所謂「全球其他地區」另尋發行商發行《神隱少女》。

影展期間的坎城

大眾可能不知道，坎城影展有兩個各自獨立的展會。一個是坎城影展：電影明星盛裝出席首映會紅毯，妙齡女星在海灘享受上空日光浴，億萬富翁遊艇舶於岸邊，以及紙醉金迷的派對，徹夜狂歡至黎明才結束。坎城影展之外，還有另一個展會於幕後同時舉行：坎城電影市場展。

坎城電影市場展是國際間最大、最重要的電影發行權交易市場，買賣電影於全球電影院、電視和錄影帶播映的發行權。全球影業的發行權買家和賣家齊聚於此，進行交易，來坎城參加電影市場展的人遠比參加影展的人多。若電影在全球某地區還沒找到發行商，來這裡找就對了。

當然，坎城影展仍是一大盛事，電影巨星和知名導演每年慕名而來。大有來頭的人物前來擔任競賽片評審，眾多電影角逐獎項，包括令人垂涎的最佳影片獎——金棕櫚獎。巨星出席主演電影的（歐洲）首映會紅毯活動，接受採訪，參加宣傳活動，以及赫赫有名的邀請制派對——須正裝出席，狂歡至清晨方休。若沒帶燕尾服或晚禮服，就沒機會和名流廝混了。

坎城是座小城，只有一條沿著海灘的主街，所有活動都在這裡舉行。影展期間，主街上擠滿了人，包括影迷、電影記者、狗仔、追星族、想紅的人、善待動物組織（PETA）的動物權示威人士，不小心遭逢影展的渡假觀光客，和卑微的影業從業人員，以至於到處都摩肩擦踵，人人都想趕去某處，卻都哪兒也去不了，從一個地點移動至另一個根本是天大難題。儘管身穿亮挺藍色制服的警察耐心疏散，車流總是壅塞，彷彿永遠不可能減少。

坎城居民對影展引以為傲，卻也毫不掩飾地蔑視參加影展的外國人。影展期間，物價上漲高達四倍，什麼都漲，無一倖免。坎城的旅館和餐廳根本難以負荷湧入人潮，若沒有提前一年訂好旅宿或餐廳，不可能有空位。

若能受邀參加各種海邊舉辦的媒體餐會（通常是某部電影宣傳活動），至少能享用免費大餐，同時眺望耀眼的白色沙灘與碧藍海洋，以及近得嚇人的龐大白色遊艇和巨型遊輪（沿岸海水相當地深）。在沁寒陽光中袒露上身做日光浴的勇敢女性，要嘛不希望低胸或露背禮服露出曬痕，不然就是誤以為這是蔚藍海岸作風的美國人。五月天氣一點也不溫暖，即使陽光普照也一樣。

主街上大型螢幕林立，播放當日主要活動，首映會紅毯或電影明星訪談。即使布萊德・彼特（Brad Pitt）和安潔莉娜・裘莉（Angelina Jolie）可能站在五呎外與記者閒聊，圍觀群眾之多，多到什麼也看不見，不知道是誰、發生何事，抬了頭，才在超高畫質大螢幕看見轉播。也就是說，即使近在咫尺，你能看見的景象和在大阪、費城或利物浦家中的電視觀眾沒兩樣，唯一差別是他們舒服地坐在家裡，你忙著從A處趕到B處，卻在人群中動彈不得。

坎城電影市場展

我第一次前往坎城影展的目的是為吉卜力「全球其他地區」尋找發行商。我發現下榻旅館位於坎城西邊，需多開一個半小時的車才會抵達。我也發現它實際上並非旅館，而是整個街區的公寓樓舍，名為「坎城海灘集合住宅」。若沒有提前整整一年預訂，就只能訂到這兒的房間。一位住在巴黎的朋友曾向我解釋過，儘管海邊停著巨型遊艇、旅館收費高昂，坎城與蔚藍海岸在法國人眼中已不再是以往那個時尚的渡假海灘了。

我的朋友說，法國人對於階級仍然相當敏感，法國的企業人士和其他生活優渥或更注重時尚潮流的人，不希望與服務自己的麵包師傅、屠夫、乾洗店員工或郵差在同一片海灘渡假。坎城和坎城以西的地區，現在已然是勞動階級渡假的熱門勝地，而坎城海灘集合住宅就是藍領遊客住宿選項之一。

坎城海灘集合住宅人手極少，約有十幾棟簡陋的公寓，十層樓高，給人的整體印象就像是最低戒護監獄，得先搭上小小電梯，通過沿著建築物後方而建的露天走道，才能抵達下榻房間。建築物前方則是陽台，正對著另一棟建物的陽台，中間隔著狀似阿米巴原蟲的蜿蜒公共空間。

我的公寓位於六樓，因此若無暇靜候異常緩慢的電梯抵達，我還能走樓梯上下樓。為了省電，通往公寓房門口的走廊以加裝計時器的燈泡照明。我那層樓的計時器只有大概三十秒，出電梯門、打開電燈，然後聽著響亮的倒數滴答聲，不停提醒著我，要趕快找到鑰匙開門，否則又會陷入無盡黑暗中。大約試過兩三次後就會比較熟練了。

進到我的公寓（一間臥房，外加獨立廚房和客廳）後，我發現屋中一切內裝都是塑膠：塑膠製床架、塑膠傢俱，以及廚房的塑膠餐盤、水杯與刀叉。所幸塑膠床非常輕，臥房中又擺了好幾張，我得以把四張並排擺在一起，拚出一張成人尺寸床架。雖然帳單（事前付清）上清楚寫著套房備有「一切」所需，顯然「一切」的意思包括床單、枕套，卻不包括毛巾或被毯。這個區域緊鄰海灘，夜裡頗為寒冷，不過若把行李中所有衣服都穿在身上，還勉強過得去。

我走到陽台，想看看周圍環境，卻只看得見其他棟公寓，眼前陽台滿佈，十層樓高。零星幾人裸著上身，倚在陽台抽著沒有濾嘴的菸，將煙霧吹進法國夜色裡。有些公寓陽台欄杆晾著換洗衣物，我能瞧見幾扇窗裡內褲男子端著塑膠餐盒獨自晚餐。各間公寓裡發出的聲響都清晰可聞，看不見人，卻能聽見他們以各種語言對著電話或叫喊，或呢喃。

半夜，我拚好的床散開了。那時是凌晨三點，我卻清醒至極，我回到陽台，想透透氣。眼見所及，唯一人影在正對面的陽台，是個頗具姿色的女子，身穿毛巾布浴袍，抽著菸，望著月亮。暗影中冒出另一個身穿白色浴袍的男子，一伸手，優雅地將女子攬入懷中，褪下她的浴袍。女子僅著一件花俏小內褲，像巴黎公車站牌海報廣告上那種。

美麗女子的內褲映著皎白月光，幽幽閃著光，男子正要把它脫下，他們背後房裡的燈猛然打亮，射出熾黃燈光。一轉眼，兩人已放開彼此、穿上浴袍，倚著陽台欄杆，抬頭望著月亮。第二名男子步入陽台，點了根菸，也抬頭望著月亮。原本的男子與美麗女子也點起菸。我望著身穿毛巾布白色浴袍的三人，看了好一會兒，想知道他們回房的順序，但越等越睏，沒得到答案就回房睡覺了。不過，我當時真切感受到自己確實身處法國（並非因為所有人都在抽菸），並因此感到滿意。

隔日早晨，我穿戴整齊，前往坎城參加坎城電影市場展。單從外觀看來，電影市場展介於尋常的產業展會和巨型跳蚤市場之間。攤位林立，向經驗老到的專業買家銷售電影產品。許多攤位的人員看起來像業餘人士，漫無章法，沒有什麼準備，只有滿腔熱情。有些賣家架設了大型攤位，為銷售的電影印製亮面宣傳手冊，螢幕循環播放著電影片段，還四處發放電影DVD；其他賣家則窩在小小攤位，只備了電影海報和單頁傳單。

電影買家沿著走道，一攤攤地探查之前沒發現的片子，或在前往會議或放映會途中四處瞄瞄，在心裡記下感興趣的電影。每個攤位都設有與買家洽談的會議空間，規模大的攤位在後方設了小型會議室，規模小的則準備許多折疊椅，塞在成堆傳單旁。

我和所有設立藝術電影部門的大型歐洲電影發行商，和幾間專精於藝術電影的美國獨立電影公司都安排了會議。這些公司全都曉得吉卜力工作室的作品，因此並不難約。

電影市場展會場有一個獨立區域，留做大型電影公司的臨時辦公空間，不僅有接待人員，還有許多間會議室，會議室隔間完整，座椅成套，還有能夠完全關上的門。來此赴約開會，有著驚世美貌、穿著彷彿出席巴黎時裝秀的接待人員會以鄙視相迎，輕蔑地領你入座，等上半個小時，直到相約開會的對象終於有空見你。即使準時抵達，也至少得等半小時。

一方面，這麼多大名鼎鼎的發行商對吉卜力電影有興趣，著實值得歡欣，但另一方面，這些公司的買家花言巧語地吹捧電影作品、盛讚導演多麼傳奇、多麼偉大，同時向我信誓旦旦地保證，他們開的條件絕對是市場上最優渥，卻不願透漏任何細節，總有點令人不快。形形色色的公司和人都不約而同地告訴我，他們的開價可是「連史蒂芬・史匹柏都拿不到的好價錢，要是他知道我們給你這個價錢，一定會火冒三丈」。我實在聽過太多次，而且每次拿來做比較的永遠是史蒂芬・史匹柏，後來終於有機會見到他本人時，差點問他是否知道全電影圈的人拿到的條件都比他優渥。

每場會議結束時，我總是同時因為吉卜力作品受到青睞而鼓舞，又因為對方假情假意的台詞感到挫折。會議氣氛虛華，對方油腔滑調，我總覺得不太對勁。對話中滿是誇飾與譬喻，好像做了許多承諾，卻都言不成理，與我所瞭解的商業電影發行實務相差甚遠。

我在這些會議中，腦海不時浮現一句法文俗語。國中時，我最好的朋友唐尼家裡來了一位法國交換學生，她比我們大一年，來自巴黎，又是女孩，感覺比我們成熟了不只一歲。不管告訴她什麼，她都會明白地表示懷疑，任何人說的任何事，她都一概不信。她最常說的是「對啦，我的屁股還是雞肉咧(Oui et mon cul c'est du poulet)」——「聽你在唬爛」的意思。那些大型電影發行公司向我做出各種承諾時，我想的就是這句話。

我第一年參加電影市場展的最後一場會議是與Wild Bunch主管開會。Wild

Bunch 隸屬於法國大型電影公司映歐嘉納（StudioCanal），負責發行獨立電影。我對這場會議不抱期望，因為德間書店集團和映歐嘉納之間曾有法務糾紛，雖然那是我加入德間書店／吉卜力之前很久的事了，壞印象卻許久不散。德間書店把吉卜力電影的法國版權交給一名住在法國的日本人，她是德間先生好友（日本知名政治人物）的女兒。不知怎地，她同時把電影《紅豬》的版權賣給兩家法國發行商，其中一家就是映歐嘉納。映歐嘉納不僅發行了電影，還控告另一間發行商，贏得兩百萬美元賠償金。

與我見面的是 Wild Bunch 的負責人文森・馬拉瓦爾，約在電影市場展會場外頭一個骯髒殘破的角落，那是參加坎城影展的人鮮少踏足的區域。

馬拉瓦爾約我在一家露天海鮮餐廳見面，餐廳尚未正式開張，只有店前幾桌擺著椅子，供應咖啡，其他椅子都還堆在桌上。馬拉瓦爾身穿皺巴巴的足球球衣和極其破爛的牛仔褲。他已經好幾天沒刮鬍子，看起來像為了赴會才爬起床（當時已經下午兩點多了）。Wild Bunch 的人以玩得兇聞名，鮮少早於凌晨四點上床睡覺（這是假設他們需要睡眠）。同時，他們對電影的熱愛和專業也眾所周知。更重要的是——Wild Bunch 的人也是業界有名的公平和誠實。

我聽馬拉瓦爾輕鬆卻相當具體詳細的解說，描述 Wild Bunch 如何發行電影和他們的發行理念。他聽我解釋吉卜力設法讓迪士尼放棄他們不打算行使的發行權過程中面臨的種種困難。馬拉瓦爾針對每部吉卜力電影提出不同構想，說明可能發行的地區與方式，他似乎對每一部作品的商業潛力與限制都有相當瞭解。我提起吉卜力和Wild Bunch的母公司之前發行《紅豬》時的不愉快，馬拉瓦爾承認那或許會成為合作上的障礙。

我們喝完咖啡，握握手，同意相約巴黎，繼續討論吉卜力電影授權事宜。一年後，Wild Bunch成為吉卜力所有電影在「全球其他地區」的發行商，至今仍不變。

在法國的聖誕假期

二〇〇二年一月《神隱少女》於法國發行，揭開海外發行的序幕。宮崎先生答應前往巴黎宣傳，條件是宣傳行程越短越好、並順道拜訪阿爾薩斯。他不願解釋為何想去阿爾薩斯，我們後來才得知，宮崎先生一直很想親眼看看當地的特殊建築。法國迪士尼一位行銷經理的家鄉就在阿爾薩斯，安排起來相當容易。

我們在聖誕節前一週抵達巴黎，同行人數相對少，只有五人；吉卜力這邊有宮崎先生、鈴木先生、武田和我，另外還有日本電視台的奧田誠治。奧田的女兒是《神隱少女》主角千尋的原型。我違反了日本商務禮儀的最高指導原則，安排太太和兒子晚我們幾天抵達法國。我說服鈴木先生的理由是：對美國家庭而言，聖誕節絕對神聖，若我在十二月底拋家棄子前往巴黎，我太太（雖然她是日本人）和兒子會把我逐出家門。

迪士尼答應讓吉卜力一行人自由選擇巴黎住宿，即使是巴黎最豪華的旅館，他們也會買單。我們最後選中坐落於塞納河左岸聖日耳曼德佩區附近拉丁區的小旅店——克里斯廷驛站。這間傳統小旅店位於巴黎第六區的克里斯廷街上，後來大受歡迎，房價飆升，建築也翻新了。不過，當年仍是相當迷人、特別老派的旅館。

克里斯廷驛站房間相當小，欠缺衣櫃、座椅等一般旅館設施，只能坐在床上，電梯狹窄到一次只能載兩人（或一人與行李），但整體環境瀰漫古典魅力與氣氛。工作人員極其和善且能幹；旅館迎賓大廳的壁爐中暖火閃耀、座椅舒適；良心酒吧備著熱咖啡、冰鎮香檳、沛綠雅礦泉水和瓶瓶法國上等葡萄酒，供賓客自行付費取用。古老地窖（地牢）供應的早餐更是一絕。旅館對街有間小電影院，只播映美國和英國經典黑白片，許多作品由於美國清教徒的嚴格道德審查，連在美國也難得一見。

克里斯廷街只有一個街區長，而且相當狹窄，街上有幾間餐廳，一頭是悠久的米其林三星餐廳，酒單上的葡萄酒，酒齡有幾位數，價格就有幾位數。另外還有三間規模較小、價格相對合理，氣氛比較悠閒的餐廳。

我們一行人剛卸下行李，宮崎先生和鈴木先生就想吃飯了。我必須承認，用餐總是令我害怕。宮崎先生與鈴木先生其實都只想吃日本食物，但宮崎先生不喜歡讓外國人覺得日本人只肯吃日本食物，也不喜歡被認為討厭外國食物，會想刻意證明給別人看。鈴木先生則不在乎別人怎麼想，但討厭菜單選項超過三種。奧田什麼都吃，也喜歡享受高級餐廳的美食，我也是。至於武田，則認為出差就是工作，不應參雜私人情感，連決定吃什麼也不願考量自己的偏好喜惡。

我們討論不出要吃什麼、該去哪吃，只決定就近簡單解決。宮崎先生與鈴木先生都明確拒絕到繁複、精緻的餐廳用餐。我提議街角其中一家速食壽司餐廳時，宮崎先生卻反對，說不吃日本食物；我提議對街由法國名廚新開的中階烤雞餐廳，鈴木先生又反對，說太高檔了。我們最後選中街道另一頭、一間家族經營的溫馨小餐館，走進，坐下，研究起菜單。

宮崎先生決定只喝湯。鈴木先生找不到想吃的東西，決定點紅酒燉牛肉。奧田和我想點全餐，但我們知道宮崎先生和鈴木先生吃飽的時候，要是我們的菜還沒上完，他們肯定會發飆，所以只點了主菜。武田什麼也沒點，說鈴木先生絕對吃不完，她吃鈴木先生剩下的燉肉就好。

接下來可是難題。我代表整團人發言，由我負責點餐。此時正是晚餐用餐時間，我們共有五個人，佔了這家小餐廳兩張併桌的位子，我說宮崎先生只點湯時，服務生明顯表露不悅。女士什麼都不點，另外三位先生只點主菜，沒人點酒。我一一報上每個人的餐點，服務生典型法國高盧人的不屑就更多一些，而且因為我是發言代表，敵意全對著我。「好吧」，他想著，「法律規定我非得接待你們不可。我既是法國人，就會尊重你們的選擇。若是中國人，就叫廚師朝你們的餐點裡吐口水了。我們可是文明的法國人，不會這麼做，但你們這些渾球以後別再來了，狗屎不如的傢伙。」

法國人著實擅長沉默地表達他們的感受。

雪上加霜的是，我還用信用卡付款。其他人都走了，只留我付帳，不但得一個人概括承受所有蔑視，還得飢腸轆轆地離開。那家小餐館相當不錯，但我永遠沒有臉再次光顧了。

回過頭看，我必須說，法式美饌確實對宮崎駿欣賞無微不至服務與招待的能力帶來嚴苛考驗。

因為宮崎先生堅持訪法時間越短越好，預定的行程滿檔。除了好幾天漫長的平面與電視媒體採訪，其中一晚他還受邀至法國的國家電影資料館——法國影像論壇（Forum des Images）——參與座談。每晚都有不同人爭相宴請宮崎先生，希望他能賞臉。在法國，最能表示對貴賓無上敬意的方式，就是以華美盛宴款待了。宮崎駿的作品在法國向來備受推崇，他又難得造訪法國一趟，各路人馬都想邀宮崎先生共進晚餐，向他致敬。

第一晚由迪士尼法國主管讓・弗朗索瓦・卡米列里作東，在絕佳的米其林二星餐廳用餐。長期以來，讓・弗朗索瓦一直是吉卜力的影迷，從最早的作品開始，就積極安排吉卜力電影在法國首輪上映。設宴的餐廳不遺餘力地向賓客強調當晚餐點多麼特別，用的全是當季最合適的頂級食材。

一開始先上香檳，再來是開胃小點。第一道菜是新鮮鵝肝，再來是魚（煮鱒魚，佐以鱒魚卵醬汁）。主菜是野鹿肉佐冬令蔬菜，甜點則是以瑪妮香橙香甜酒浸煮的蘋果塔，以法式鮮奶油點綴。鵝肝佐餐酒是珍稀的阿爾薩斯格烏茲塔明娜白酒，鱒魚佐餐酒是風味絕佳的波爾多白酒，鹿肉配上等勃艮地，蘋果塔則配陳年索甸甜白酒。我們獲知鹿肉來自母鹿，蘋果則由諾曼第產地直送。服務生倒沒有提及鵝的性別。

讓．弗朗索瓦事前已得知宮崎先生和鈴木先生都不太能接受晚餐從晚上十點吃到凌晨一點，也不喜歡傳統法式料理悠閒的上菜步調。由於法國影像論壇座談會耽擱了，當晚晚餐較晚開始，讓．弗朗索瓦便請餐廳加快上餐速度。即使如此，甜點後甜點與咖啡上桌時，已是日本貴客就寢時間。所幸當時餐廳內尚可吸菸，有助於他們保持清醒。

隔晚，則由法國影像論壇負責款待。這是法國保存並播映藝術片的文化機構，也是前一晚邀請宮崎先生與談的主辦單位。餐廳正對著塞納河，是歷史悠久、相當高檔的經典法式餐廳。我們被領至樓上一間充滿十八世紀風華的包廂。今晚的東道主也已先獲知賓客不喜歡晚餐用得太晚、太久。但不像任職於美國公司、又曾居於洛杉磯的讓．弗朗索瓦，他們更忠於法式精神，決定置之不理。

因此，我們享受了最道地的傳統法式餐飲體驗，晚上十點開飯，上菜步調與兩百五十年前相同，每道菜之間相隔一小時，賓客有充裕時間討論電影、進行哲學辯證，連翻譯都有時間進食。宮崎先生與鈴木先生都很高興能邊用餐邊抽菸，優雅、甚至興致高昂地享用盛宴，幾乎撐到用完第二道主菜。

晚餐同樣也用了當令最合時節、最上等的頂級食材，先上香檳，再來是開胃小點。第一道菜是新鮮鵝肝，再來是魚，主菜是鹿肉佐冬令蔬菜，接著是蘋果塔，佐以加了君度橙酒的法式鮮奶油。鵝肝佐餐酒是珍稀的阿爾薩斯格烏茲塔明娜白酒，魚配風味絕佳的波爾多白酒，鹿肉配上等勃艮地，蘋果塔則配索甸產區伊干堡酒莊的陳年甜白酒。我們獲知鹿肉來自母鹿，魚是雌魚（抱卵），蘋果則由諾曼第產地直送。再次地，服務生沒有提及鵝的性別。

隔日，我們出發前往阿爾薩斯地區，位於法國東北部。我們從巴黎奧利機場起飛，與「鞋子炸彈客」理查・瑞德（Richard Reid）從規模更大的巴黎戴高樂機場登機同一天。我們飛往阿爾薩斯時，瑞德正企圖引爆飛往波士頓的班機（非原目的地[1]）。我們的目的地則是科爾馬鎮。

1 譯註：原目的地為邁阿密，瑞德被空服員與乘客制伏後飛機改於波士頓降落。

宮崎先生想造訪科爾馬，參觀保存完善的舊城區古蹟，該地建築以融合德法風情聞名。歷史上，阿爾薩斯向來是鄰近政治或軍事強權垂涎的寶地，宛如橄欖球賽列陣爭搶，當地管轄權不斷易手，導致居民德法語言皆通，也浸淫於兩國文化。阿爾薩斯土壤肥沃、氣候宜人，才引來諸強搶奪，而雙重文化影響則孕育出當地獨特的建築、美食與上等好酒。錦上添花的是，我們造訪的時間正好碰上科爾馬鎮年度聖誕市集。

那年十二月阿爾薩斯特別地冷，眼前一片冰天雪地。宮崎先生的著作曾譯為法文、在法國出版，其法文譯者自告奮勇擔任我們的嚮導，帶我們遊覽阿爾薩斯。他和我們在科爾馬的迷你機場會合，擠進休旅車，開車進城。午後我們遊覽舊城區，參觀倖免於法國大革命的古蹟；建築由砂岩和木材建成，後者顏色隨著歲月逐漸變深。這些建築就是宮崎先生的目標，其中有些被心懷關愛地加進宮崎先生二〇〇四年電影《霍爾的移動城堡》的背景中。

我們的旅館位於名為利克維的小鎮，沿著阿爾薩斯酒鄉之路向北車程約四十分鐘。一抵達利克維，我們便丟下行李，走到半個街區外的美食餐桌餐廳（La Table du Gourmet）用餐。這間餐廳不僅獲評米其林一星，更獲得三個叉匙符號，表示用餐氣氛迷人舒適。當晚，想當然耳，款待我們的東道主堅持使用最符合季節的當令頂級食材。

第一道菜是以杏桃和黑蒜煮阿爾薩斯鵝肝，接著是奧爾貝谷地的鱒魚，微微煎過，佐以小黃瓜凍、辣根和巴西里汁，主菜當然是烤鹿排，甜點則是阿爾薩斯蘋果塔。宮崎先生不肯吃鵝肝，說再吃一口鵝肝他就要變成鵝肝了（這句話用日文說更有魄力）。但這餐由迪士尼買單，一切都迪士尼說了算，我們的嚮導也說收到的指示很明確，他不敢違背。他做出斷頭台的手勢，對鵝肝的抗議聲浪只能不了了之。每道菜上桌時，服務生同樣盡職地告知了食材性別。

隔日，我們步行遊覽利克維，在幾間當地手工藝品店購物。宮崎先生買了許多騎著掃帚的女巫人偶，有些送給東京的友人，有些則陳列於吉卜力美術館。作為臨別贈禮，旅館招待我們大杯香料熱紅酒，讓我們暖暖地前往機場。

回到巴黎已是聖誕夜，我們受邀至米歇爾・雷爾哈克（Michel Reilhac）家中作客。米歇爾是吉卜力的老影迷，才剛卸下影像論壇負責人職位。

若未曾受邀至巴黎人家中，根本無從揣想巴黎家庭生活的樣貌。較為老舊的建築環繞中庭而建，從街上看不到這個空間，進了大門，穿過庭院，才會抵達內部建物，寬廣的階梯螺旋而上，通往六樓米歇爾家公寓入口。沿途點了十幾支蠟燭，為我們照亮前路。米歇爾、妻子和子女在門口迎接，前來做客的還有米歇爾的兄弟、其妻小，以及他們的父母。寬敞的雙層公寓滿是傳統聖誕裝飾，巨大的粗石壁爐暖火熊熊。餐桌上已擺好餐具，準備享用傳統聖誕夜大餐。

啜飲香檳時，孩子們的父母解釋，每到聖誕夜，大人會允許孩子等到壁爐爐火燒盡再上床睡覺，等待聖誕老公公到來。若爐火還沒燃盡，聖誕老公公似乎就無法從煙囪滑下來了。每位賓客和孩子都收到裝滿禮物的聖誕襪。我當晚收到的毛氈室內拖到現在還在穿。我們閒坐、欣賞爐火時，宮崎駿應孩子要求，一一為他們繪製最喜歡的吉卜力角色。他向來熱衷此事，當晚完成的畫作數量比在場孩子還多。鈴木先生則為大人揮毫，表演日本書法。

桌邊閒談幾乎完全圍繞著食物：當晚上桌的完美生蠔（聖米歇爾山附近特定產地）多麼難買，全巴黎只剩兩間店在販售；米歇爾母親做的野豬肉腸只能以某種特別的松露調味；只有某種馬鈴薯搭配肉腸才好吃；米歇爾岳母準備的鵝肝是來自哪個產地的鵝；還有主菜食材的性別（燉烤放牧閹公雞，美味至極）。晚餐以數道家常甜點作結，包括聖誕木柴蛋糕（以海綿蛋糕、巧克力糖霜和巧克力製成的木柴造型蛋糕，相當好吃）。那真是一場豐盛的美味大餐。實在太令人驚艷，宮崎先生根本忘記抱怨又得吃鵝肝。

餐後喝完咖啡，我們下樓，散步至路程十分鐘的巴黎聖母院參加午夜彌撒。聖母院的聖誕午夜彌撒相當受歡迎，宏偉教堂擠滿人潮。我們進入教堂時，正要離開的人將手上蠟燭交給我們；我們離開時也同樣把點亮的蠟燭交給後來抵達的人。樂聲悠揚，教堂矗立於光亮之中，雪花在熾亮光束中翩翩飄舞，輕柔地落下。周圍街道幾乎無車，我們沿著拉丁區的幽巷走回克里斯廷驛站。

聖誕夜就此進入尾聲。聖誕節當日至新年之間，巴黎一切停擺。我們又在巴黎多待一天，但沒有任何店家開門，整座城就像廢棄了一樣。日本電視台的奧田誠治對火車很是著迷，我們便一路走到巴黎聖拉查火車站去看火車。我們在歌劇院附近發現一條街，開滿日本餐廳，而且全都開門營業；宮崎先生和鈴木先生終於能大啖他們真正想吃的食物：道地日本蕎麥麵、烏龍麵和拉麵。

隔天，我和妻小離開法國。歐洲新貨幣於一月一日啟用，十二月去銀行能買到歐元體驗組，包括各種硬幣和鈔票，讓人在正式啟用前先熟悉熟悉。我在機場買了一袋歐元硬幣，供未來使用，但我從未把它們花掉。至今，這些硬幣仍和其他被歐元取代的貨幣一起躺在我桌上的玻璃罐中。

我們所處的世界，用以辨別此地與他方的各種幽微差異逐漸消失，不知怎地，能夠把握過去的吉光片羽，令人感到安心。

製作英語配音版

CHAPTER 10

迷失在翻譯當中

日本人翻譯可以做得相當糟。最慘烈的例子早已集結成冊，被大書特書。電影業最大問題是根本沒人負責檢查譯本。另一個問題則是日本人愛用的英文詞彙，安於日文版本的用法，相對於母語人士，日本人對外語譯本的文法錯誤實在太過寬容。這些問題在我聽來都還可以，會出什麼錯呢？

我下定決心，要忠實、妥善地完成吉卜力工作室電影的外語譯本。我有學術研究的背景，而且向來憧憬成為（詩作與小說）譯者。確保一切順利無誤關乎我個人尊嚴。除此之外，吉卜力作品劇本所使用的語言，其意境深遠、技藝之美，確實值得更優美的譯本。這時問題就來了：怎樣的翻譯才算是好譯本？

以最低程度而言，當然是避免任何明顯錯誤，此外，譯本對話必須道地，讓母語人士（不懂日文的外國觀眾）聽來也覺得自然。雖然母語人士對於怎樣算道地可能見仁見智，但這點還算做得到。要怎麼翻譯只有日本人會這樣講、其他語言根本沒有與之對應說法的對白；宮崎駿最愛用在標題中，連日本人也莫衷一是、不知如何定義的語詞才是問題所在。

吉卜力的美國發行商是迪士尼。我們先前始料未及的難題之一，即是迪士尼會利用翻譯來「糾正」他們認知中的問題。對迪士尼而言，翻譯是把他們認為美國商業片觀眾不會買單的內容改掉的大好機會；在原作沉默的片段加上劇本沒有的對白，增加劇情，補完他們認為不夠清楚的敘事，改動角色名字，讓人物聽起來更像美國人。而且，迪士尼的譯本還會犯母語人士能輕易揪出的翻譯錯誤。

迪士尼和吉卜力針對吉卜力電影作品完成譯本的方式爭論不休，連律師都出動了。最後，迪士尼與吉卜力確立了雙方都同意的流程，原則方針都寫進合約條款中。新的方針生效後，第一部需翻譯為英文的吉卜力電影就是《魔法公主》。

製作《魔法公主》英文配音版本的過程始於至紐約與米拉麥克斯影業會面。我曾聽說，米拉麥克斯影業對為外語片製作英文配音相當感興趣，當時米拉麥克斯影業是將頂尖外語片引進美國的主要推手，他們認為若有好的配音版本，就能讓這些片接觸到更多觀眾，而不單單是偏好原音與英文字幕的藝術片觀眾。

幾個迪士尼雇員告訴我，他們曾看過米拉麥克斯影業發行、一九九四年義大利電影《郵差》（*Il Postino*）的英文配音版本，這是該公司最早且唯一一次嘗試配音的經驗。《郵差》曾贏得多項大獎，且獲奧斯卡提名，講述智利詩人帕布羅・聶魯達（Pablo Neruda）流亡至義大利時與當地郵差建立情誼的故事。據說英文配音版本介於《靈馬艾德》（*Mr. Ed*）喜劇影集和伍迪・艾倫（Woody Allen）導演的電影《野貓嬉春》（*What's Up Tiger Lily?*）之間。米拉麥克斯影業希望《魔法公主》的英文配音成果能更好些。為演員現身演出的真人電影配音非常困難，為動畫電影人物配音理應容易一些，至少理論上如此。

《魔法公主》配音版製作團隊在紐約召開第一次劇本會議。團隊中無人曾有電影英文配音的實務經驗。作家尼爾・蓋曼被找來撰寫英文版劇本，從明尼蘇達家中飛來。米拉麥克斯影業已事先為他播映過電影，也給了他一份暫定版影片，尼爾已經反覆看過好幾次，仔細研究電影內容。米拉麥克斯影業相關人員也看過電影好幾次，列出希望蓋曼在英文劇本中處理的問題。

宮崎駿給了我一份注意事項清單，簡單列出配音時該做與不該做的事，我將內容轉達給製作團隊。宮崎先生的囑咐範圍甚廣，從選角建議到他確定別人絕不會在乎、甚至不會注意到的細節都有。其中幾項如下：

- 別費心思翻譯片名了，不可能翻好的。
- 對白不能參雜當代用語或流行語。
- 要好好挑選配音演員，聲音很重要。

- 阿席達卡的身分是王子，談吐得體且正式，用詞在他所處的時代相對老派。
- 蝦夷族不存在於現代日本，這個民族已經滅絕了。
- 黑帽大人的子民都出身低賤，或者不容於社會，或曾為娼妓、騙子、歹徒、皮條客，或是痲瘋病人；但黑帽大人本人出身較高，屬於不同階級。
- 疙瘩和尚宣稱自己為天皇服務，但天皇與我們現在印象中的不同，應是生活貧困，以兜售自己的簽名維生。那麼疙瘩和尚實際上聽命於誰？不知道。他拿著天皇簽署的文件，但這什麼也證明不了。
- 電影中看起來像獵槍的武器並非獵槍。獵槍是完全不同種類的武器，片中的武器比較像攜帶型火炮。不可以把武器翻譯為獵槍，不一樣，絕不能用「獵槍」一詞。

接著，輪到米拉麥克斯影業提問。

「淺野公方是誰啊？他是好人還是壞人？那些武士效命於誰？他們為什麼要攻擊村莊？為什麼攻擊黑帽大人？黑帽大人是壞人，對嗎？疙瘩和尚又是誰？聽命於誰？他為什麼想要山獸神的頭顱？他是好人還是壞人？為什麼山獸神是神？是日本文化的影響嗎？那山獸神是善神還是邪神？」

我解釋，宮崎先生筆下沒有絕對的善惡，而是企圖更為細膩地探討人性。這些提問可能沒有明確答案，宮崎先生的部份意圖恰恰就是要引人省思，或接受未知與不確定的可能。

一位帶著濃厚布魯克林口音的女性問道，「那他們為什麼稱呼阿席達卡為王子？」

尼爾・蓋曼答道，「因為他確實是王子啊。」

「是啦，」那女子說，「但我們怎麼看得出來？他住在這種凋敗的村莊，衣著襤褸，村落又位於鳥不拉屎的地方，怎麼可能會是王子？」

「我們看得出來，因為每個人都稱呼他為阿席達卡王子，」蓋曼說。「他是王子，因為他父親是君王，等到他父親過世，阿席達卡就會繼任為王。作者明確告訴我們他是王子，他就是王子。沒有為什麼。」

或許因為蓋曼是英國人，對於王室的概念更為實際，沒有受到迪士尼《睡美人》（*Sleeping Beauty*）等作品中公主王子形象的影響。我還以為，美國人（尤其是紐約人），不僅看過講述安娜塔西亞公主故事的電影，更常遇到在其他國家曾為貴族、卻在美國經營乾洗店、餐廳或擔任外語教師的人，應該能夠瞭解舊時王公貴族可能因時運不濟、淪落為尋常百姓。

蓋曼（堅持王子就是王子，不須以財富證明）和那名米拉麥克斯影業員工（堅持觀眾不可能接受領土只有一個破村、還衣著襤褸的王子）繼續爭論不休。

蓋曼：「聽著，他的王子身分對整個故事至關重要，那是他角色的一部份。我認為這是宮崎先生決定好的設定，我們的職責是調整成美國觀眾能接受的內容，而不是擅改原作。」

米拉麥克斯影業：「可是觀眾不可能看懂，不可能接受他是王子。」

蓋曼：「當然看得懂，觀眾又不是笨蛋。要是真的笨到看不懂，那整部片其他內容也都不可能看懂了。」

爭論就此打住，我們繼續其他討論。

蓋曼或米拉麥克斯影業團隊都沒有撰寫過配音用的同步對白錄音（Automated Dialogue Replacement，簡稱 ADR）劇本，也沒有討論過該如何進行。蓋曼的構想是先根據電影英文字幕寫出最優美的劇本，先不考慮對白時間長度和畫面是否符合，而是設法自由寫出最理想版本的對話，不受任何限制。

下一步再邊看電影、邊逐句比對，根據畫面時間粗略修改劇本。最後，蓋曼打算聘僱臨時演員來念劇本，做為參考，好讓他根據演員的表情和口形動作精修對白。演員如何朗讀會影響對白能否完美符合原句長度。這種唸法可能不合適，同句對白，另一種唸法又可能配合得天衣無縫。演員唸出聲來，也可能讓作者發現意料之外的問題，知道怎麼修改會更好。

這個構想其實不錯。但是，既然雙方沒有討論、又沒有人曾實際撰寫過ADR劇本，我們以為蓋曼之前從明尼蘇達寄過來的第一版劇本（雖然尚須審閱與修改）已經是最終配音將使用的版本。各方共識是：劇本對白太長了。

我們一九九八年五月收到蓋曼的初稿，以標準劇本格式（有特別的編輯軟體）寫成，明確列出對白、發言角色、舞台指示（如「阿席達卡爬上老人的瞭望塔」）與演出細節（「發出費勁的悶哼」）。當時製作團隊無人知道的是，這樣的劇本格式尚欠ADR劇本所需的時間碼；每一句對白都須有編號，並精確記下該句對白於電影出現的時間碼。電影角色發出的每個聲響（字句、悶哼、嘆氣、笑聲哭聲、啜泣、深呼吸、哀號、噓聲、咳嗽、噴嚏等）都必須和電影中出現的時間完全重合。

標註時間碼相當耗時，而且必須非常精確，需仰賴經驗豐富的專業人員完成。錄音技師需要時間碼資訊，才能播出演員要配音的確切片段，若沒有時間碼，混音師亦無法將配音加至最後混音版本中。時間碼不符，會拖慢配音錄製進度，拉長錄音室的工時，影響演員配音表現，更會大幅增加配音成本。

蓋曼原版劇本寫得棒極了，對話行雲流水。先前從日文直譯而來、生硬的語詞，重拾宮崎駿原作的氣勢和節奏，日文講起來沒什麼問題、卻無法以英文表達的文句，經過微調，恢復生機，找回直譯過程喪失的意境。例如：疙瘩和尚抱怨買來的「okayu（米粥）」嚐起來像熱水。這句話以日文表現相當有氣勢，譯文卻顯得有氣無力。蓋曼將譯文改寫為：「這湯嚐起來像馬尿，而且尿味還很淡。」

蓋曼也應哈維・溫斯坦的要求做出更動。米拉麥克斯影業製作團隊認為做出特定更動有助於讓美國觀眾更瞭解宮崎先生原作作品中較為隱晦的內容。片中未明確交代疙瘩和尚神秘的行事動機，英文配音版則具體說明，加了一句對白：「若得到山獸神的頭，天皇答應賜我一座宮殿和一座金山。」疙瘩和尚與黑帽大人的關係也闡釋地更加清楚：「天皇下令要你立刻殺死山獸神，他不想再等了。難道你以為天皇在乎你那可悲的煉鐵廠嗎？」宮崎駿原作作品中，未曾出現和前述對白稍微沾得上邊的內容，也從未暗示這樣的意涵。

同時，吉卜力的人也在審閱蓋曼的劇本，因為得閱讀英文，過程緩慢。不過，對於蓋曼與米拉麥克斯影業將如何修改譯本的好奇心倒是相當昂揚。吉卜力希望確保英文版作品品質，也希望能討美國觀眾喜歡，但並不希望內容被大為更動。

部份改動內容明顯與宮崎先生和吉卜力對製作電影的信念彼此牴觸。吉卜力這邊不喜歡過度簡化片中角色的動機，或武斷地把角色分類為好人或壞人。有所留白、不把所有事實講明，是創作者刻意為之，而且日本天皇與多數美國人聽見「皇帝」一詞的聯想大相逕庭，縱使是虛構的神靈，下令要子民去獵殺森林神靈，可不是日本天皇會做的事（而且如此暗示可能會收到日本極右翼團體寄來的死亡威脅）。

這不代表蓋曼不瞭解這個道理，或者不打算忠於宮崎駿原作。他收到米拉麥克斯影業的明確指示，而哈維・溫斯坦最大的顧慮（之一）就是讓美國大眾能更容易接受這部電影。蓋曼的難題是必須遊走於哈維的要求和忠實呈現宮崎駿原作之間，達到平衡。

米拉麥克斯影業從蓋曼寄來的初稿當中得到他們想要的文采，已經達到一半目的；尼爾不知道米拉麥克斯影業竟會為了達成另一半目的，不與他商量就擅自改動譯文。蓋曼和米拉麥克斯影業分別都在修改譯文，卻未曾與對方聯繫溝通。因為吉卜力有權做最後定奪，兩邊各自修改譯文時，我們同時收到了兩個獨立的修訂版本。

劇本大戰

《魔法公主》英文配音的錄音行程原定於六月展開，但是已敲定的配音演員——蜜妮・卓芙（Minnie Driver）、克萊兒・丹妮絲和比利・庫德普（Billy Crudup）——工作行程都出現衝突，必須改期。同時，我們聘僱了一位配音導演——傑克・佛萊徹。傑克的背景是古典舞台劇導演，而且ADR配音經驗豐富。

米拉麥克斯影業團隊還希望改動蓋曼劇本更多內容，讓劇情更清楚、對美國觀眾更為討好。所有人都同意劇本必須刪減，才能符合電影片長，對於如何刪減卻各執己見。傑克・佛萊徹推薦了一名專業人選，建議我們先以英文字幕製成ADR劇本格式，讓片中每句對白、甚至每個聲音都有符合出現於電影時間的確切時間碼，為配音演員分配對白時間。這樣一來，至少劇本中的文字能大致符合畫面中人物口形開闔。

也就是說，先製作出配音所需的確切劇本，以此為基礎，再視情形把蓋曼文筆更為優美的對白盡量安插進去。米拉麥克斯影業認為這是好主意，於是獨立於蓋曼所撰劇本的第二份劇本製作工作就此展開。

於此同時，飾演巨大狼神莫娜的吉莉・安德森（Gillian Anderson）工作行程有變，必須較原訂日期更早錄音，ADR劇本還來不及完成。她的角色是英文配音版最早錄製完成者，在洛杉磯進行錄音。

配音導演和錄音技師提前到錄音室預作準備，比實際錄音時間早了許多。技術人員得先把與配音對白對應的電影片段輸入電腦中，好與錄製對白同步；眾人反覆檢視需配音的片段，確定熟記所有內容和於電影出現的位置。演員的時間有限，進了錄音室可不能拖拖拉拉。最好能在預定時間內順利錄到所有需要的內容，免得事後還要把演員找回來補錄。若是當紅演員，人家恐怕要好幾週、甚至好幾個月之後才有空。

傑克・佛萊徹進了錄音室，發現給安德森的ADR劇本竟然還沒有完成，錄音室掀起一陣恐慌。幸好，她的對白不算多，而且她會晚四小時抵達，原定早上開始錄音會延至下午。我們趕緊加快腳步，手寫完成ADR劇本。

迪士尼負責行政業務、得知錄音時間的人開始找藉口來訪，大家都想近距離一睹電影巨星風采。我們沒向其他人通知錄音延後，中午過後探訪人潮漸歇。

在場沒有人曾與吉莉・安德森合作過，我們不知應作何期待。有些演員會由經紀人陪同，有些獨自前來，有些則帶著一群跟班作伴。洛琳・白考兒（Lauren

Bacall）帶狗來，吹牛老爹（Sean Combs）帶了一整團人，連珍妮佛・羅培茲（Jennifer Lopez）也來了。潔妲・蘋姬・史密斯帶著襁褓中的兒子及經紀人一起來。有些演員希望能討論角色，談談電影，有些只想站在麥克風旁，直接上陣。

吉莉・安德森抵達時，我們還在沒命似地趕工，急著完成劇本、打成電子檔，再列印出來。她獨自前來，穿著褪色牛仔褲和無袖上衣，脂粉未施。她說：「嗨，我是吉莉。我該到哪呢？」傑克以為又是迪士尼的人來追星，頭也沒抬，就要她去牆邊坐著等。幾分鐘後，他發現自己搞錯了。

「那該不是……？不是……噢，老天爺啊。史提夫，快去和她講講這部片。」

安德森已為配音做足功課，仔細鑽研她的角色，問說是否需要模仿日文版本的聲音。我說不用，提起原作配音演員是中年男性，而且是女裝藝人。

「噢，」她說，「你們為日本中年女裝男子配音的角色選角，然後想到找我嗎？」

傑克後來接手，說明作品和角色。

第一個配音的演員挑戰最為艱鉅，因為對戲的角色對白全是日文，雖然劇本上有對白的英文翻譯，但演員耳裡聽著日文，仍須自行想像其音調所表達的細膩情感與意境。原作對白中可能有些隱晦地展現角色陰性特質的線索，卻在翻譯中流失。乍聽之下，難以從五十多歲男性的日文配音中聽出端倪。

考慮到她扮演的是九百磅重、十二呎高的憤怒狼神，吉莉·安德森表現得好極了，優雅地完成錄音工作。雖然宮崎先生原先為這個角色設想的是帶些陰柔氣質的熟年男性嗓音，他向來樂於聽取演員的不同詮釋，有時也會因此改變既定構想。傑克·佛萊徹導演配音的成就斐然，與安德森討論，嘗試了幾種不同詮釋方向，最後決定以更為陰柔的方式呈現，比原作角色氣質更為溫暖。

後來，我們敲定更多錄音時段，ADR劇本同時正如火如荼地改寫又重新改寫。因為撰寫劇本的經費是米拉麥克斯影業付的，他們掌控了整個撰寫過程。經過米拉麥克斯影業的行銷與發行主管「批示」、加上所有他們認為應修改的部分後，他們才會把最新版劇本發給米拉麥克斯影業以外人員。

我終於收到劇本時，大吃一驚，因為比日文原作多出許多內容，而且文字幾乎看不出蓋曼的作品痕跡。我打給尼爾，向他探聽，才知道他應米拉麥克斯影業要求修改劇本、交出去之後就從沒收到回音。尼爾甚至不知道第二份劇本的存在。

後來好幾個月間，即使演員的配音工作同時進行，卻上演了一場劇本大戰。米拉麥克斯影業試圖增加與宮崎駿原著毫無關係的劇情，蓋曼試圖縮短劇本，盡可能保留初稿的優美文字，吉卜力試圖將電影更動減至最低，製作ADR劇本的人試圖讓所有內容符合電影長度。

蜜妮・卓芙在洛杉磯錄音，她對角色有自己的詮釋，給了幾個修改對白的建議。蓋曼飛至洛杉磯與家住舊金山的傑克・佛萊徹見面，在主要角色開始錄音前，重新改寫劇本。克萊兒・丹妮絲將扮演小桑、比利・庫德普扮演阿席達卡，他們兩人將於紐約錄音。製作成本越來越高。

最終劇本無法敲定，各方爭論不休，演員拿到的對白有好幾個版本。米拉麥克斯影業堅持先錄下各個版本，事後混音時再決定最終採用的版本。演員錄音工時因而加倍，技師混音工時也加倍，使製作成本大大增加。

傑克・佛萊徹說服所有人這麼做，最好先錄製完成，歧見留到最後混音時再說。雖然要求演員錄製各個版本的對白大幅增加他們的工作負荷，卻總比讓他們在錄音室裡空等，看著佛萊徹、蓋曼、吉卜力和米拉麥克斯影業的人馬爭執不休來的好。於是我們決定最終混音時再來討論。

克萊兒・丹妮絲與比利・庫德普在紐約各花了整整一週、整日錄音，才完成所有配音工作。比利・鮑伯・松頓（Billy Bob Thornton）和其他演員則在洛杉磯完成配音。

配樂的難題

《魔法公主》英文配音版終於開始最終混音，將配樂、音效和對白混至電影最終成品時，米拉麥克斯影業又提出新的疑問：音效怎麼辦？我收到長達九頁的建議清單，都是米拉麥克斯影業想加進電影的音效。凡是原作電影沒有背景環境音、或音量很小、或聲響極少的段落，米拉麥克斯影業都想加入更多音效。米拉麥克斯影業列出的清單包括沉重的腳步聲、動物鼻息、鳥振翅飛翔的聲音、鳥叫、柴火燃燒的聲音、鼓聲、鈸聲、象徵魔法的鈴聲、蟲鳴、呼嘯的風聲、流水聲，還有巨大動物神的腳步聲，又多又雜，有些建議音效甚至難以令人想像，例如「雲朵飄過的聲音」。

我受邀與米拉麥克斯影業首席音效專家在他們紐約市中心其中一間稱為「剪輯室」的辦公室會面。位於一棟舊大樓，米拉麥克斯影業與其他租客合租。那棟大樓的載客電梯是我所見過最狹窄的，而且非常老舊。我不情願地和另外兩個米拉麥克斯影業雇員踏進電梯，我們三人必須擠在一起、彎腰躬身才塞得進去。

我向來很怕搭電梯，常常做有關電梯的噩夢。要是知道只要搭六層樓，我肯定爬樓梯。

電梯門遲緩、顫顫巍巍地闔上。門上有一扇小窗，只有孩童拳頭大小，除了看出電梯走得多慢，什麼也看不見。

電梯蹣跚且遲疑地掙扎向上，其中一個米拉麥克斯影業的人問我是否介意狹窄的密閉空間，我說不介意。

「那就好，」他說，「因為這部電梯常常卡在樓層之間。昨天有人在電梯裡困了四十五分鐘。」

十分鐘後電梯終於在六樓放我們自由，那感覺就像是永遠。我按捺住親吻走廊上斑駁橡木地板的衝動。吉卜力和米拉麥克斯持續討論音效，我時常走訪這裡，後來發現大樓後方有座載貨電梯，在這兒工作的人通常都搭這座。載貨電梯只有平台、四周無牆，一個全職電梯操作員負責操控。他總是坐在椅凳上，抽著一大支雪茄，菸灰缸旁的杯子飄出咖啡和威士忌的氣味。電梯操作員會讓電梯「大致」抵達你想去的樓層，速度飛快，因為無法對齊樓面地板，抵達目的地後得跳或爬出去。

「控制電梯的操縱桿要很小心，」操作員曾這樣告訴我，「這玩意兒可沒有煞車什麼的。」

大樓六樓是米拉麥克斯影業技術人員的辦公室。他們在這裡剪接發行的電影，增減內容或配樂，迎合美國觀眾的胃口。米拉麥克斯影業想要向我證明，音效能為

《魔法公主》增色）。他們希望我去說服吉卜力工作室的人，允許他們增加更多音效和配樂。米拉麥克斯影業製作團隊認為原作背景音效太少、太靜了。音效技師為我播放了幾段加上音效的電影段落，向我說明他們的構想。

阿席達卡第一次前往山獸神位於蓊鬱森林的池塘時，原作音效是一片詭譎的靜謐。米拉麥克斯影業提出的版本，同個場景中連蝴蝶飛舞都有音效。白色嬌小的木靈出現時，便會出現魔法仙子般的鈴聲。山獸神有專屬於山獸神的主題配樂，還有另外兩種專屬音效，名為「冷冽」和「未知領域」，聽起來像是科幻電影或外星人電影中會出現的怪誕聲響。

另外還加上許多鳥叫蟲鳴，和樹木窸窸窣窣的聲音。阿席達卡的座騎亞克路（貌似駝鹿，阿席達卡對待牠的方式就像牛仔對待馬）在原作中沉默無聲，也被加上了叫聲。音效人員驕傲地告訴我，那聲音綜合了馬、驢、駱駝、鴕鳥和駱馬叫聲。整體音效以空氣呼嘯的聲音為基底，沒有其他聲響的片段也都聽得到風聲。

成品令我詫異，也令我鬆了一口氣。我原本擔心，要是音效聽起來還行，或者至少足以支持「美國人完全無法忍受寂靜」的主張，我就得負責說服吉卜力的人，讓他們同意米拉麥克斯影業加上更多音效，迎合美國市場。但是加上音效之後，連淒美的場景都顯得滑稽，效果慘烈。

姑且不提米拉麥克斯影業團隊真心對這些音效頗有信心，他們還堅稱，若不加這些音效，觀眾很可能從座位跳起，向放映師大喊「聲音呢！？」或在座位上不安地扭動，難受至極，甚至提前離場。

我提醒合約裡有禁止增減的條款；其中一個製作人提起哈維・溫斯坦；音效人員則表明他對宮崎駿有多麼尊敬；米拉麥克斯影業的製作人解釋，她的職責在於不停爭取米拉麥克斯影業認為對電影成功最有利的做法；而我則表示我對米拉麥克斯影業的敬重，以及說明我對吉卜力原作者的職責；米拉麥克斯影業的製作人提到她有紐約大學電影學院文憑；隨後我們紛紛提到自己多愛《魔法公主》，多麼希望能讓英文版盡善盡美。但最後我們還是沒得出任何結論。我走下六層樓梯，回到下榻的旅館。

混音大師

《魔法公主》最後混音於紐約展開，錄音室位於曼哈頓城中區，距離百老匯不遠，是戰前建成的大樓，大廳輝煌如珠寶盒，多年下來保存完善，風華不減，有時觀光客會過來拍照。大廳以上的樓層則沒那麼華麗，較重功能，保全嚴密，因為許多尚未上映的鉅片都在這裡完成製作。大廳或許看來復古，樓上科技卻都走在時代最尖端。

負責主導米拉麥克斯影業團隊的製作人是Z（非本名），是個時髦的年輕人。Z習慣一心多用，錄音和最後混音時甚少發言。

所有錄音室和混音室內裝都如出一轍，混音師、音效庫管理員和導演（有時還會有製作人），坐在大型控制台前，台面上有成千的閃爍燈光與旋鈕，活像是星艦企業號艦橋。巨大螢幕橫擺於前，播放正在混音的片段。控制台和螢幕中間的地面高度較低，擺了一張巨型破爛沙發。Z總是獨自佔據這張沙發，通常橫躺著。他一小時發言不超過一句話，言簡意賅，總令人意料不到地深刻。尤其難以想像是趴臥在沙發上、看起來心不在焉的人口中說出來的。

Z的副手是Y（亦非本名）。Y是負責日常工作的製作人，包辦一切。電影學院出身，她會為電影所有細節寫下鉅細靡遺的筆記和一頁又一頁備忘錄，對劇本對白評論極多，極其挑剔。配音演員念對白時，演技可能好到該得奧斯卡獎，Y只因為「but」最後t發音帶了點幾乎聽不見的口水聲，就喊卡重錄。因此，沒人喜歡Y。她常因為傑克・佛萊徹不讓她直接把評語交給演員（避免惹演員生氣）而感到挫折。

混音時，總會有混音技師從自己工作崗位轉過頭來，表達他們對宮崎駿作品的欣賞之情，通常都對多數電影如數家珍。我常常聽到，也相信這是肺腑之言，但總還是有些猶疑，因為當時宮崎駿作品幾乎都還沒在海外（合法）發行。

最終混音通常能在一週（五個工作天）內完成，但因為我們必須一一討論採用的對白版本，《魔法公主》混音預計需九至十個工作天才能完成。

我發現混音時技師們並不介意與人交談或回答提問，感到相當驚訝。技師們工作時（倒帶時，因為會花很多時間），也會你一言我一語地互開玩笑。從早到晚工作一週，聽著他們彼此交談，我對混音技師們瞭解更深了。我向來早起，趁著在紐約，我會去買夾了醃燻鮭魚抹醬的熱貝果和普通咖啡（在紐約市，普通咖啡只加奶不加糖），八點進錄音室，希望在其他人抵達之前讀讀紐約時報。但進錄音室時，因為技師們從位於皇后區、布朗克斯或長島的家通勤上班，他們幾乎都已經到了，早就開始工作。

唐（Don，最資深的混音師）加入英文背景人聲（walla），並把音量調小至聽不清語詞的嗡嗡聲。我問唐既然要調到聽不清楚的音量，為何要大費周章地找配音演員、以英文演出背景群眾聲音？為何不直接用日文背景音就好？他解釋說，每個聲響和聲道位置關乎觀眾是否能感覺身歷其境，雖然未經訓練的耳朵聽來只是嗡嗡聲，每個背景人聲都放在空間不同位置上。因為英文版和日文版有些許差異，即使是背景人聲也要好好調整。米拉麥克斯影業希望能做到最好。

雖然混音時能閒聊，卻禁止講電話。接到來電時，會有人來通知，必須離開混音室、到接待區域接聽。Y常常接到電話，她離開混音室時，Z會從沙發上坐起來，指揮工作進行。這時，混音工作進度會加快許多。由Y負責指揮時，進度緩慢，她喜歡仔細檢查每一句對白。她堅持要確認每個t的發音都乾淨清楚，口形完美同步——這是宮崎駿和其他日本動畫導演不太在意的小事。Y若覺得某句對白出現時間早了半幀，第二資深的混音師丹（Dan）就會開始哀號。丹從工作第二天開始，就懶得掩飾他對Y的評論感到不滿。

第五天時，傑克・佛萊徹加入混音工作，他簡直七竅生煙。原本製作團隊告訴他前四天混音只做配樂和音效，他確信Y是故意的，這樣傑克就不會在場否決她的意見了。

傑克堅持把前幾天的混音成品全都重聽一遍，並發現許多原作沒有出現的新增音效。我不夠專業，沒聽出來。米拉麥克斯影業加上許多先前已經否決掉的音效；傑克仔細地一一檢查挑出，全都刪掉。他也對許多先前選擇採用的錄音版本不滿意，堅持回頭去改。傑克說，既然他掛名為配音導演，就要確保所有對白都是先前討論過、各方都同意的版本。

之前Z跟Y告訴我，最後幾天混音工作只關乎技術細節，我沒有留下來的必要。傑克要我改班機時間，延長旅館住宿，多留五天，直到混音工作完成為止。吉卜力有權對最終混音成果做定奪，而傑克一點也不信任米拉麥克斯影業。

花錢學教訓

不到一小時後，我回到混音室，傑克・佛萊徹看起來相當自豪，而製作人Y看來相當不高興。如傑克所料，原本米拉麥克斯影業希望增加對白，把劇情說明得更為清楚，但都被否決掉了，於是他們就把腦筋動到畫外音上，試圖把新增對白加到看不見人物口形或過場段落中，卻沒有考慮到原本的配樂與音效。因此，幾乎每一句新增對白都和原作配樂和音效相衝突，得通通刪去。連Y都得承認加不進去。

Y離場接電話時，混音師和音效師不約而同地為增添內容道歉，說他們從不認為這些更動有其必要、或能讓成品更為優秀，但迫於指令只能照做。剛好，此時螢幕上播起達達拉城居民派對嬉鬧的段落，卻被加入了牛和雞的叫聲。頓時混音室內所有人哄堂大笑。

我們繼續檢視電影片段，發現更多新增音效，層層疊加。阿席達卡從屋頂跳下時，出現（超人飛行時那種）呼嘯聲，Y主張把音效留下來，等全部混音完成再來聽聽看效果如何。沒有人附和她的看法。大家望向倒在前方沙發的Z，他比出拇指劃過脖子的手勢，刪掉再繼續。風向變了，所有新增音效一一被刪除，幾乎沒有需要討論。我不敢想把這些額外對白和音效加進去再一一刪除的成本到底多高。

那時，混音室氣氛相當低迷。傑克不太高興，因為爭論音效和對白版本花了太多時間，以致無暇讓對白更為流暢；Y也不高興，因為大家都忽略她的意見；音效師也不高興，畢竟他們花了那麼多功夫，卻都一一被刪去，仍暗自希望有些音效能留下來；混音師也不高興，因為Y要求反覆檢查所有段落，而且對於發音又過於執著。

隔天早上，Z帶來兩盒（當時）新開的甜甜圈店Krispy Kreme的甜甜圈，提振士氣。Z堅持甜甜圈必須微波恰好十秒鐘後才能享用。他說，這樣才能完美重現Krispy Kreme店裡剛炸好新鮮甜甜圈的味道。蜂蜜糖漿甜甜圈被一掃而空，巧克力口味卻沒人碰。

眾人回到控制台前繼續混音，工作到一半，Z（仍躺臥在沙發上）突然闡釋起電影主題。

「這部電影的思想不就是周而復始的循環嗎，」他說。「從山獸神領土煉成的鐵，離開了土地，就變成邪惡之物。射中山豬神拿各之後，化為詛咒，殺死山豬神。接著詛咒又找上阿席達卡，在他手臂留下疤，圖案與山獸神化身成螢光巨人時身上斑紋相同。阿席達卡手上傷疤遇到山獸神之後起了反應，想要回到原本身體中，因為它即是神的黑暗面。山獸神同時掌管生與死，那個傷疤就代表死亡的部分。山獸神的頭顱負責控制神的黑暗面，保護生命不受傷害，砍下山獸神頭顱可能得到永生，但黑暗面也再也不受控制，將四處造成破壞，直到阿席達卡恢復生死平衡為止。阿席達卡從拿各那兒繼承了詛咒，受召喚而來，因為鐵彈是從山獸神森林取得的、也就是山獸神身體（沙土）一部份。」

眾人張口結舌，震撼得合不攏嘴。全場一片沉默。大家腦袋還轉不過來，還在消化Z說的話。Z的分析非常、非常有趣，極富洞見，而且非常精闢。傑克點了根菸，讚嘆空腹攝取咖啡和糖份的威力，接著眾人又繼續工作。

當日工作接近尾聲時，Y要求只聽當時混音片段的配樂。

Y：「你們有聽到嗎？小喇叭高音不太對。再放一次，音量大一點。」

唐：「你可能有點道理，在音響設備好一點的電影院，觀眾可能會聽出來。」

我：「如果是配樂，那就和日本原作一樣。也就是說，導演混音時已經聽見、最後在電影院播映時也確認沒有問題。我們應該不用擔心那個。」

Y：「那個音符就該死的錯了，他媽的配樂不應該走音，不能不管，我們應該跟吉卜力拿原始樂軌，檢查看看是不是日本原作配樂的錯。如果是，我們就能更正。」

我：「聽著，我敢向你保證，他們不會把原始樂軌交給你。你真要的話，我可以把時間碼告訴他們，讓他們在日本檢查樂軌。」

Y：「不要再給我來那套**吉卜力工作室的狗屁**。你給我現在打電話回日本，他媽的叫他們把那該死的樂軌給我們!!他媽的就是現在!!你聽見沒？現在就去！」

Z：「不如我們休息一下吧？」

隔天Y向大家宣布，她被調至米拉麥克斯影業洛杉磯辦公室，將出發前往加州。她祝我們一切順利，往後由傑克・佛萊徹主導混音工作。

混音室裡沒有了Y，混音流程順利得多（至少速度更快），混音師甚至覺得我們能夠提早完成。

過程中，我們檢視提及達達拉城民眾所使用火槍的片段，唐認為那段對白有點奇怪。他說採用「獵槍（rifle）」時間長度會更符合，而且他確實有找到「獵槍」版本錄音檔案，不明白為何不直接稱呼火槍為獵槍。

我解釋說，那是因為宮崎駿明確吩咐我不能把那種武器翻成獵槍，因為真的不是獵槍，而是其他武器。每個人都用之前看Y的眼神看著我。

唐：「好吧，史提夫，但看起來真的很像獵槍欸。我覺得真的很像，每個看電影的人都會當成獵槍啦。讓觀眾感到迷惑不是更糟嗎？」

傑克：「我同意唐說的。在我看來也像獵槍，對白不太適合。」

丹：「我們應該採用『獵槍』，比較適合。」

我：「可是宮崎駿明確禁止……」

丹：「噢，史提夫，拜託你講講理。」

傑克：「『獵槍』比較適合。聽著，史提夫，宮崎先生不會發現，就算他看了英文版也不會發現，而且他肯定不會看。絕對不會發現啦。」

我：「可是……就真的不是獵槍啊。」

傑克：「聽著，難道你覺得宮崎駿寧願讓觀眾看不懂，也要把武器名稱弄對嗎？」

我：「可能喔。」

傑克：「史提夫……這可是美國版啊。」

我：「好吧，獵槍就獵槍。換成另一個版本吧。」

混音工作最後幾天只聚焦於解決技術問題。關於更改的爭議終於結束了。我們檢查先前完成混音的母帶時，傑克發現小桑對白有點問題。唐檢查過，確定小桑畫面和劇本上對白都應該是「噁，我聞到人類的氣味」，但混音版裡卻遍尋不著那個「噁」的音檔。唐檢查過其他版本對白，都沒有「噁」。

他問，克萊兒・丹妮絲錄音時是否真的說了「噁」?傑克檢查了自己的筆記，確定她有說。傑克想知道那個「噁」跑去哪了，他打電話到洛杉磯找對白錄音師厄尼。厄尼檢查手邊音檔，確實有「噁」。不知怎地，音檔交給米拉麥克斯影業時漏掉了。厄尼接著把「噁」從他的資料檔當中翻錄出來，承諾會用聯邦快遞徹夜寄到紐約。

隔天是週六，洛杉磯寄來的包裹還沒抵達。唐從家裡打電話給丹，告訴他包裹沒到。丹又打電話到舊金山找傑克（他每個週末會飛回家陪家人），告訴傑克沒拿到音檔。傑克又再打電話至洛杉磯厄尼家中，確認「噁」已經寄出了。厄尼回電錄音室，說聯邦快遞沒拿到包裹，所以根本沒寄出。於是厄尼安排用ISDN（整合服務數位網路）電話線路把「噁」從洛杉磯錄音室傳到紐約錄音室。為了傳輸，米拉麥克斯影業得同意同時租用兩地錄音室、並且付技師雙倍薪資，做為週末加班費。丹打到Z家請Z核准，Z答應了。那個「噁」翩然抵達，加進混音成品中。

我週一聽說這件事時，忍不住想到不知整個過程花了多少錢。接著，我又覺得實在不想知道——幾個月後得付帳時，我就非得知道不可了。

結果，吉卜力往後電影英文配音過程截然不同，因為《魔法公主》之後的吉卜力作品都交由迪士尼配音，由皮克斯的約翰・拉薩特負責監督。儘管翻譯仍可能出現歧見，劇本增減難免，所有爭議都小得多，而且在迪士尼／皮克斯敲定的精采人選進錄音室配音前早就解決了。《魔法公主》配音經驗絕對是一點也不寶貴的教訓，幾乎一切做法都是錯的。理論上，我們從犯錯中學到的，應該比不犯錯學到的多。

《魔法公主》英文配音卡司陣容和技術人員才華出眾，交出值得令人驕傲的成品，我們也引以為豪。蜜妮・卓芙扮演黑帽大人演出精彩極了，掌握住角色精髓；克萊兒・丹妮絲與比利・庫德普在紐約完成的錄音表現也相當出色。在洛杉磯，比利・鮑伯・松頓晚上十一點才開始錄音，疙瘩和尚演出表現卻可圈可點。尼爾・蓋曼回頭檢查，為劇本做最終調整。混音完成時，成品一流。只是過程太過痛苦、成本太過高昂，實在沒有必要。儘管經驗是最好的人生導師，學費卻不是人人都付得起。

生命的循環

CHAPTER 11

送別會

願人志氣比雲高（志雲より高く）。

德間書店創辦人德間康快於二〇〇〇年九月二十日過世，集團經營迅速走下坡。直至一九九〇年代，該公司仍是最大娛樂出版商之一，旗下產品包括音樂、電腦與遊戲軟體，電影、雜誌、漫畫與書籍。最著名子公司之一為吉卜力工作室。德間書店售出大映映畫、德間日本傳播與該公司位於矽留的總部大樓。吉卜力工作室亦脫離德間書店集團，成為獨立公司。德間日本傳播由第一興商株式會社收購，大映映畫則由角川書店買下。德間書店債務於二〇〇五年處理完畢，現在僅經營出版業務。

（節自英文維基百科）

德間康快對活著相當有一套，無人能夠否認。他的生命甚至延續至死後喪禮事宜，還辦了兩場。

我常聽德間先生公開演講或私下會談時提到，他打算積極經營旗下所有公司，直到七十五歲退休。等到他七十五歲時，他的說法又修正了，說打算積極經營旗下所有公司，直到八十歲退休。可他沒能達成自己目標。

有好一陣子，德間先生健康每下愈況。他逝世時，只差不到一個月就滿七十九歲。當時（二〇〇〇年九月）娛樂產業恰好面臨關卡，到了需要檢視既有商業模式的時候。德間書店集團旗下公司（吉卜力工作室除外）管理階層越來越擔心，少了魅力十足的領袖，公司恐怕無法存活。雖然德間先生並未直接參與旗下公司經營，卻讓所有單位凝聚在一起，並以個人魅力驅策業務發展。更別提他籌得銀行貸款的非凡才華。德間書店英文維基條目的作者顯然英文不道地，雖然確切說明事件梗概，卻把集團發展時序弄反了。

德間先生借得的貸款堆積如山，因此，早在德間先生過世以前，銀行就已經準備接管德間書店集團旗下公司。被派來償債（至少好好管理現金與資產、試圖止血）的前任銀行高階主管才正要在德間書店集團安頓下來，突然掌握了實權。

娛樂產業業務大抵是企圖解讀當下與未來的大眾品味，可民眾喜惡捉摸不定，能保持注意力的時間越來越短。德間康快二〇〇〇年九月過世時，德間書店集團可以想見的命運已然啟動。集團旗下所有公司都曾有過輝煌時刻，但隨著出版和音樂產業因科技進步和網際網路興起面臨翻天覆地的變革，加上日本大眾品味改變，德間書店集團旗下多數公司逐漸走向衰微。

德間先生過世時，只剩下吉卜力工作室和《朝日藝能》週刊還賺錢。《朝日藝能》遵循日本悠久出版傳統，內容結合腥羶聳動的政治醜聞、衣著布料極少（或一絲不掛）的女性撩人寫真，和一點點正經政論，好讓男士宣稱為了讀政論文章才買雜誌。只要編輯曉得那些醜聞和女性會受歡迎，雜誌就能大賣，是歷久不衰的獲利配方。

然而，連《朝日藝能》都遭逢瓶頸：雜誌被日本國會點名抨擊，指其內容傷風敗俗，唯利是圖，政治人物公開指責《朝日藝能》專門靠色慾和人性弱點大發利市。

德間先生隨即跳出來為週刊辯駁，表示他旗下雜誌為社會服務，能促進公共利益。德間先生說，《朝日藝能》揭露政客貪腐（與德間先生交好的政治人物除外），遵循公共新聞最高倫理，令他引以為傲。

但《朝日藝能》竟刊出「史上十大『裙下風光』走光照」特輯，包括英國女王伊莉莎白二世坐在台上準備演講的照片，連德間先生也大吃一驚（他已經好幾年沒讀過雜誌內容了）。後來德間先生試圖調降胯下內容比例，卻徒勞無功，看來，若週刊雜誌未能滿足讀者需求，關於女性雙腿之間的內容不夠多，就留不住讀者。《朝日藝能》既以刊登裸女寫真的前衛先鋒自居，德間先生也得承認，或許把雜誌賣了比較好。

德間社長過世時，集團內部仍在討論如何處置虧損業務。儘管德間先生離世並非意外之事，在公司逐漸分崩離析的混亂當中，仍帶來些微喘息空間。所有處置虧損公司的討論都暫停了；各界湧入愛戴與感懷，使舉辦公開悼念儀式有其必要，為了紀念創辦人一生，具體財務協商暫時被擱置一旁。若冷靜地回想，德間先生的言行和經營手段或許有值得詬病之處，但是他的獨特魅力，總令人不由自主地尊敬、喜愛。我把這樣的矛盾想作「加勒比海海盜症候群」。

加勒比海海盜是迪士尼樂園兒童遊樂設施，訪客和其他家庭一起坐在船上，欣賞沿途真人大小、穿著戲服的機械人偶扮演海盜，肆虐掠奪。海盜偷竊、搶奪，強姦民女還謀殺她們丈夫，同時豪飲（機械）啤酒，邊唱著頌揚海盜的歌謠：喲呵！喲呵！海盜人生真快活！船上觀眾則嘻笑讚嘆。若稍微停下來省思，難道不覺得兒童遊樂設施不只呈現姦淫擄掠和酗酒，更大肆歌頌，不是有點不對勁嗎？

我第一次搭加勒比海海盜時（迪士尼稱各個遊樂設施為「景點〔attraction〕」），實在大感困惑，為何其他人都不以為意，看起來樂在其中。因此，又何必當個掃興鬼，對海盜的道德吹毛求疵呢？

德間書店集團管理階層傾全力為集團大家長德間先生安排喪禮事宜。除了喪禮本身，另外還會舉辦一場紀念儀式，稱為「O Wakare no Kai（送別會）」。集團為德間先生紀念送別儀式成立了治喪委員會，主席是宮崎駿。

宮崎駿把藝術家、電影工作者的身分認同放在第一順位，高於其他一切。除了德間先生本人和鈴木敏夫（除了擔任電影製作人，同時不情願地兼任德間書店集團第二號人物）以外，宮崎先生從未和德間書店集團任何員工交涉過，集團的人希望宮崎先生擔任「榮譽」主席就好，不要擅自向媒體發言。吉卜力工作室那邊，其他人無意間聽到宮崎先生這樣說：「好啊，既然老闆死了，我就不用跟這些人共事了。我只尊敬那個人，才懶得理他的公司！」

為喪禮籌備作主的是德間夫人、住友銀行派來的德間書店新任社長O先生，另外還有德間書店中階主管代表，負責一切實際事務的田所先生。嚴格說來，送別會並不是喪禮，而是紀念亡者的儀式，通常規模盛大。上千名賓客（約三千五百名）受邀，其中包括日本所有政壇和娛樂界大老。在無數次會議和鉅細靡遺的備忘錄中，田所先生的團隊仔細詳列、記錄儀式中各個可能或預期發生的行動。儀式中，所有德間書店集團員工需各司其職，職務內容全經過瑣細說明。每位VIP賓客都由一名集團員工陪同。

送別會並非喪禮，但是賓客有所誤會或混淆，在所難免。因此，籌備團隊交代所有人員收到奠儀時必須婉拒，若無法推辭，就交給德間夫人。由於送別會主辦方是德間書店集團，奠儀收入可能會影響公司稅務。同樣地，人員也需婉拒獻花。現場所有花藝都已由田所先生手下人員安排妥當，獻花太多只會搗亂。送別會儀式每個面向都經過審慎規劃、精確計時，還針對VIP遲到或早到（在日本極為罕見，而且被視為大忌）情形詳列特別指南。

其中一場事前會議中，鈴木敏夫（身為德間書店董事和吉卜力工作室負責人）向資深管理階層轉述德間先生過世前幾天的情形。一如預期，德間社長精神抖擻，到最後一刻都非常樂觀，還說要在醫院病房召開例行董事會會議和主管會議。德間夫人以外的女子紛紛來訪，哭著離開。

鈴木先生也向我們轉達送別會最新程序與安排。至少一位日本首相、數名國寶級人物已確定出席，日本商界許多大老也會出席。還邀請了更多名人與重量級人物。這衍生出許多需要正視的問題：誰會先到？誰先離開？誰的位子離舞台最近？誰坐左邊、誰坐右邊？假設首相確定出席，他的保鑣要坐（站）哪裡？若有重要人物意外現身，要怎麼安排座位？若普通VIP要求被列為超級VIP，該怎麼辦？假使儀式當下必須做相關決策，該由誰負責？

任何曾出席日本正式晚宴的人都能理解這些問題的重要性。而送別會規模又比晚宴大了幾百倍。其中一場籌備會議中，坐在我身旁的鈴木先生轉頭對我說，「這就是日本輸掉太平洋戰爭的原因」。

德間社長剛過世那段期間，鈴木先生過得相當辛苦。德間先生是他的恩師，偶爾也是對手——不時做些扯吉卜力工作室後腿的事。德間集團週轉運作多歸功於鈴木先生。德間先生逝世後，鈴木先生既須出席治喪會議，接手不少德間先生的工作，又須花更多時間與官員周旋。負擔沉重之下，有次鈴木先生得力助手之一向他告知結婚喜訊，鈴木先生竟說，「聽著，現在先別結。你都未婚這麼久了，再等一陣子也不遲。」

德間先生最喜愛的演歌歌手五木宏受邀在送別會演唱德間先生最喜歡的歌曲《誓約》。選定歌曲後，卻又召開緊急會議、予以否決，因為這首歌和極右翼民族主義有些關聯，公眾人物不想牽扯其中。後來選中第二首歌《山河》，令眾人鬆一口氣，但是後來卻有人指出，歌曲長度比第一首歌短上許多，空出不少時間。後來有人提議將歌曲（優美地）加長至七分鐘，才終於休會。

對日本程序和禮儀不熟悉的旁觀者看來，可能會覺得這種程度的準備過於小題大作。或許是吧；但在日本所在難免。昭和天皇過世，其子（現任天皇[1]）接待出席喪禮的外賓時，待命在側，負責向天皇告知其握手賓客身分的宮內廳官員，恰好是我住在東京時的房東。電視現場轉播中可看見我的房東站在天皇旁邊，在賓客向前時朝天皇耳語。想當然耳，沒人指望日本天皇認得列支敦斯登總統的臉，或記得總統夫人的名字，但我的房東卻也對著天皇耳裡報告：「這是英國查爾斯王子和黛安娜王妃」。這種場合，沒有什麼事情是篤定的。

送別會場地是品川區附近的高輪王子大飯店。下午一點鐘準點，大廳的門將開啟，準備迎接賓客。我在送別會負責陪同迪士尼國際部門主管麥可・O・強森。強森為了出席喪禮特地從洛杉磯飛來。同辦公室的同事武田美樹子與我一起在門口迎接，陪他走到接待桌簽到，收下巨大白色胸花，代表他是第二級VIP。

現場專業人員列隊整齊，全都美貌出眾，三十幾歲，身穿黑色禮服，為儀式增添優雅和肅穆氣息。其中一位把胸花別在MOJ西裝翻領上，然後我們上樓到VIP等候室。在日本，VIP賓客不會和普通賓客一起等候，而有專屬包廂。在大廳另一端，日本前任首相中曾根康弘與東京都知事石原慎太郎正要報到。我們上樓，找到MOJ的桌次與座位，坐下，向他簡短說明儀式職責和預計行程。

到了某個時刻，所有賓客會被召至寬敞的會議廳，VIP會被領至觀眾席前排座

1 譯註：明仁天皇，在二〇一九年生前退位，並由其子德仁天皇繼位。

位，默哀片刻後，宮崎駿會發言，接著台上大螢幕會播放德間先生一生精彩時刻，接著，將由三名男士致詞：氏家齊一郎（日本民間放送聯盟主席和日本電視放送網董事長）、岡田裕介（日本電影製片聯盟和東映株式會社董事長）和服部敏幸（日本書籍出版協會理事長和講談社董事長）。

五木宏接著演唱《山河》，VIP賓客須從座位起身，接過一朵白花，然後依據預定順序排成一列，陸續走向德間先生的巨型人像，鞠躬，把花留在人像底下，再次鞠躬，然後離開。至於行進中的舉止，我能給MOJ的唯一建議是：前面的人怎麼做，照做就是了。我在日本住了將近三十年，每當出席正式場合，還是靠這一招。

MOJ發現宮崎駿獨自坐著抽菸，說要過去表達哀悼。他向宮崎先生分享幾件與德間先生互動的回憶，接著問候宮崎先生家人。MOJ似乎相當不解為何宮崎先生的家人並未出席，而宮崎先生則因MOJ以為他們會去而感到困惑。

每次MOJ與德間先生見面，通常都會先問候德間先生家人。「尊夫人和令嬡可好？」MOJ總會如此問候。這總令德間先生困惑不已，時常把我拉到一旁，問說，「這個強森有什麼目的？為什麼問起我的家人？什麼意思？他想得到什麼？」有時德間社長還會因此生氣，他的脾氣確實不可捉摸。我總試著向他解釋，美國人喜歡表示友善，而關心對方家人（或表現出關心的樣子）通常是個合理選項。但德間先生未曾理解這個概念。

鈴木先生前來，將MOJ介紹給O先生，也就是住友銀行負責經營德間書店的代表。O先生堅持整場對話以英文進行，MOJ幾乎聽不懂。O先生的英文是任職住友銀行紐約分行時練就的，顯然沒人告訴他，他的英文實在稱不上流利。MOJ不時瞄向我，希望我能為他翻譯，但因為都已講英文，我再翻譯實在不太禮貌。O先生與MOJ握了握手。鈴木先生說「O先生，您的英文真是精彩。」我和MOJ回到座位。

一名大映映畫的年輕女員工過來詢問我們是否介意她帶日本電視與電影演員三田佳子來我們這桌坐。三田女士似乎對自己被安排的座位不滿意。VIP包廂裡鮮少有人小於七十歲，所以我猜和年齡有關。三田佳子本人相當漂亮，她在電視上看起來像四十五歲，本人看來年輕了十歲左右。而實際上，那時她已超過五十歲了。三田女士的表情隨時都像在發脾氣，許多亞洲男士認為這樣很有魅力。

引介給同桌賓客時，三田女士笑也不笑，似乎不願直接與外國人交談，只同美樹子（與我一起陪同MOJ）聊天。其實這樣也不錯，因為我滿腦子只想得到：「『嘿！早點吃百保能！』那個廣告是您演的對吧？」那是她演出的感冒藥電視廣告標語。另一方面，MOJ則希望被引介給商界大老，而非電影演員。

鈴木先生過來帶MOJ去見德間夫人，美樹子和我沒有一起過去。這聽起來有點怪，畢竟我們是專門陪同他的人員，也是翻譯，但我們聽多了德間夫人的故事，不敢與她直接接觸。要嘛由鈴木先生翻譯，或者德間夫人或女兒能夠（多少）講點英文。五分鐘後，MOJ從德間夫人專屬包廂回來，把我拉到一旁。

「剛剛好奇怪啊，」MOJ說。「比起談論她的丈夫，德間夫人似乎對於宣傳自己事業更感興趣。她問我能否幫她在美國拓展事業，然後說起丈夫一直對她很差，又沒留什麼錢。對喪禮賓客說這些正常嗎？」

我回答說，大概不太正常。

回到桌前，美樹子試圖開啟話題，向MOJ介紹三田佳子演過的電影。但是當三田女士終於發現我們隸屬吉卜力工作室、而非德間書店，她表示宮崎駿從未邀她為吉卜力作品配音。她說，她深深覺得自己應該受邀，假使真的演出，她一定會表現優異。倘若未來宮崎駿開口，她一定會考慮。要是我能接話，一定會說宮崎駿本人就在同個房間，不如請她自己去問問宮崎先生，但因為她仍不肯直接與外國人交談，只能作罷。

示意VIP賓客進場的時候，我們全都站起，朝大門走去。三田女士刻意等了一會兒，好讓MOJ挽著她的手臂優雅進場，但MOJ沒有注意到，她只能放棄，自己進門。通過入口、進入公開場合，我們突然發現她的笑容相當美麗。

進入大廳第一站，身穿黑色禮服的儀式服務人員成方陣排列，以做排場、襯托之用。每當襟前別著白色胸花的賓客出現時，她們臉色一亮，鞠著躬送賓客前進。每當VIP缺了胸花，她們會慌忙一陣，把賓客領至旁邊，找到胸花、為他別上，再送他回到進場VIP人潮中。通過陪襯人員之後，接著是一排身穿黑色正式西裝的中年男子，由德間集團主管、保全人員和日本特勤局探員組成，後者一一為賓客進行檢查，賓客通過時，他們會嚴肅地點點頭。

儀式開始前，日本電視台的氏家先生因為遲到，造成不小騷動。接待處人員接獲指示，要把氏家先生的胸花送到VIP等候室。其中一名助手用對講機打至VIP室，要接待人員把胸花送下樓，可對方卻拒絕了。對方堅持遵守自己收到的指示，留在樓上等氏家先生。

儘管氏家先生將在送別會儀式致詞，日本權力最大的商界大老之一，更是已故德間先生摯友與心腹，接待處人員仍因為他沒有胸花，不願讓他進場。就在守門人和VIP隨行人員快要打起架來時，負責陪同氏家先生的森吉治予急中生智，把留給日本首相森喜朗（因故耽擱，會遲到半小時以上）胸花偷來，別在氏家先生胸前，然後氏家先生就獲准入內了。

只有受邀賓客能夠進入大廳，因此VIP與陪同人員就此分道揚鑣，陪同人員加入德間書店員工與保全行列，在建物後方中控室以閉路電視螢幕觀看儀式進行。

寬敞會場前方是一面花牆，上方掛著德間先生的巨型人像，兩側架設著大型螢幕。德間先生微笑著、祖父般慈祥面容填滿前方大型螢幕及錯落於大廳四處的較小螢幕。水晶燈閃爍，多彩鮮豔的光芒四射。屏風遮蔽的一側角落，有十幾名樂手隱身演奏，祥和的古典室內樂流洩至大廳。

專業主持人站在前方台上，歡迎出席賓客，引導儀式進行。賓客致詞，接著播放德間先生的一生精彩時刻，接著五木宏含淚演唱《山河》，雙眼直盯著其中一個螢幕上的德間先生人像。接著，鏡頭轉向前排VIP，美樹子和我看到MOJ還沒睡著，鬆了一口氣。

接著，德間夫人起身發言。嗓音堅定而自信，身穿簡單的黑色套裝，沒有配戴珠寶，非常樸素。德間夫人發言帶著通俗劇氣息，而且她顯然沒有被觀眾規模或身分震懾。她說，德間先生十多年前診斷出癌症，從此一路抵抗病魔。通常日本人不會在公開場合提及「癌症」一詞，也不會明確指稱癌症為死因，因此觀眾突然集中精神，全體驚呼。

德間夫人接著說，恰恰兩週前，醫生才說德間先生剩下生命已剩不到兩週，但他至終仍在安排這擘劃那，未曾想過自己將不久於人世。德間夫人說，如同她先前告訴特地從洛杉磯遠道而來的迪士尼紳士那樣，德間先生要她獨立而堅韌，就像美國妻子，並投入事業經營。霎時，觀眾席賓客不禁猜想，德間夫人意思該不是打算繼續經營丈夫留下的事業吧。

接著，德間夫人又說，在這段艱難日子，有一位她特別想感謝的人，為她和家人鼎力相助，就是住友銀行派來代為經營丈夫旗下公司的O先生，他維護了她和女兒的權益。德間夫人希望O先生能留任，繼續經營德間書店，並照看她的權益。「O先生，請您上台，好讓我於此把您介紹給各位。」

這可不在腳本中，是脫稿演出。O先生看來相當不情願。他不想留下身為德間夫人手下人馬的印象，但是公然被點名上台，實在難以拒絕。O先生別無選擇，雖然不該，還是只能上台。他站在台上，眼前盡是全日本數一數二的重要人物，德間夫人卻攬著他的肩，以細長手指撫平他西裝領口皺褶，O先生看起來像在納悶這一切究竟怎麼發生的。

德間夫人一邊向觀眾細數O先生美德，一邊恣意擺弄著他。德間夫人以代理社長自居的發言終於結束、允許O先生回座時，他只能微弱地感謝德間夫人支持，除此之外什麼也做不了。難道德間夫人真的想忤逆銀行指示、接管丈夫事業嗎？沒人知道。

致詞告一段落，四十九位超級VIP起身獻花，把花放在德間先生人像前的台上。賓客隨著一一唱名，從戴著白手套的女性助手處接過一朵白花，陸續上前，在德間社長人像前獻花。他們默默祝禱，或回憶往事，接著鞠躬並離開會場。在那之後，其他賓客獲准向前，按照預定順序，從身著黑西裝的男性助手捧著的托盤上拿取一朵花。由普通VIP領頭，接著是公司主管、公司員工，最後是其他在場人員。

美樹子和我護送MOJ去搭他等在外頭的禮車，回到會場時，我們遇見當時日本首相森喜朗和保全人員，正準備搭手扶梯離開。說時遲那時快，一位衣著昂貴的年長女士開始朝首相揮手，試圖吸引他的注意。保全人員望向頭兒，他表情像是說著「千萬不要」。那名女士氣急敗壞地衝上手扶梯，朝首相而來。保全人員試圖阻擋，她卻從他們手臂下方鑽過，攬住首相肩膀，朝他耳裡說話。首相無助地望著保鑣，那位女士仍說著話。保全人員繼續掃視周遭環境，甚至將那名女士也納入了保護範圍。森首相離開時，那名女士仍黏在他肩上，仍繼續朝他耳裡說話。

終於輪到我站在巨型人像前，為慈祥微笑的德間社長獻上一朵芬芳的白百合。儘管花朵壓在最下面、外觀有點狼狽，站在那兒獻花的時刻仍相當特別。獨自站著獻花或拈香時，只有思緒為伴，總令人特別有感觸，不禁回想逝去的故人，想著死亡本身，以及生命中的重要時刻。

許多國家元首、偉大藝術家、科學家與哲人過世時，喪禮不如我剛才參與的這場喪禮那麼盛大。放眼觀之，縱然對認識他的人而言卓越非凡，受到真心尊敬與愛戴，這個人究竟何德何能，有資格領受如此盛大的送別，如此尊榮地逝去？我怎麼想都覺得，只是因為負擔得起成本，就這麼做了。正如克林・伊斯威特（Clint Eastwood）在電影《殺無赦》（*Unforgiven*）的角色威廉・穆尼（William Munny）所說：「資格無關緊要。」

但在那一刻，站在花牆前，人像慈祥微笑著，眼前獻花成山，其他感受油然而生。一個小桌上擺著德間先生獲得的兩面國家榮譽勳章，大顆紅色與藍色珠寶閃閃發光，宛如孩童牛仔服裝上玻璃製成的水鑽。今天的儀式，德間先生肯定比任何人都更喜歡。此刻，我由衷喜愛此人的特立獨行，毫不猶疑，也毫不羞慚。我想起從他身上學到的一切，無論是他直接傳授給我的，或者間接從鈴木先生那兒學到的：千萬不要跟著別人寫的劇本走：年輕人要有野心；真男人從不道歉。還有，絕對不要忘記，只要懂得開口，銀行有的是錢。

我們之中，有誰能像他那樣活？

歸於塵土

德間先生實際喪禮相對私密，在禪寺長谷寺舉行。一個多月後，在同間禪寺，舉辦了入土儀式，把德間先生骨灰放入墓中。

長谷寺坐落於東京高檔的青山區一側山坡小巷，往外走就是大街「Kotto-dori（古董街）」，向來是東京買賣日本和亞洲藝術作品和古董最知名店鋪所在地，直到房地產價格飆升，迫使許多店家遷走。只剩幾家骨董商留了下來，店鋪上方蓋起豪華公寓。

穿過長谷寺寬敞前門，彷彿進入另一個世界，回到過去，木造主建築是少數從二戰東京轟炸中倖存的建物，更躲過往後六十年不斷重建發展。右手邊是較新、較小的建物，供奉三十尺高的木雕觀音，創作於一九七〇年代。幾乎單以一整塊木頭雕刻而成，是罕見的裝飾藝術風格。入口左側建物則歷史較悠久，寺裡受訓中的禪僧弟子於此生活、工作與禪修冥想。右側觀音神壇後方建築更現代些，主要舉辦喪禮相關活動。在現代，主持喪禮是禪師維生的方式。

現場賓客多是德間書店集團主管和資深員工，相對準時抵達，紛紛前往較新那棟建築。事前我們已收到一系列備忘錄，明確知道儀式地點與時間，奠儀該包多少（日本喪禮須以特製信封裝入現金、在接待處交給喪家），以及本次喪禮與習俗慣例的差別有哪些（例如奠儀事先已在公司交上去了）。準時抵達的賓客紛紛擾擾，閒聊了半個小時。儀式行程為遲到賓客預留了緩衝時間，但我們身處日本，加上德間書店集團訓練有素，無人遲到。出席此種場合的服裝偏正式，但不須如送別會那麼隆重：深色商務西裝，素色（但非黑色）領帶，不能有米老鼠或龍貓圖案。

時間一到，所有人被領至一間鋪著榻榻米的寬敞房間，我們坐在地上，前方擺著矮茶几，供茶和鴿子形狀的奶油餅乾。喪禮弔唁賓客坐等儀式開始時，會場總是供應這種餅乾，但我從未得知為何總是奶油餅乾，為何總要做成鴿子形狀。

坐在我右邊的是吉卜力導演高畑勳，左邊是吉卜力出版部門主管田居因。他們倆都是「正坐」坐姿，看著我的眼神微微流露不贊同。「正坐」是正式場合（茶道或喪禮）在榻榻米地板上跪坐於座墊的姿勢，上半身打直，雙膝彎曲，腳踝收折起來，踝關節著地支撐臀部。多數日本人都能這樣坐，而外國人通常辦不到。日本人能邊跪坐邊表現出相當舒適的神情，啜飲熱茶，吃片餅乾，與他人閒聊。我嘗試跪坐時，我只知道痛，很痛很痛，而且隨時會翻倒。

因為在場其他人都是正坐坐姿，我只好強迫自己身體盡量配合。跪坐時，起初會覺得頗為欣喜，因為上半身高度變高了，也很舒適，空間使用更有效率，不僅週遭事物看得更清楚，還能伸出手臂去拿茶杯，或拆開餅乾享用。接著，腿部會覺得刺刺的，很快轉變為刺痛，像細小蟻群正囓咬著你的腳踝，憤怒蜜蜂叮螫你的小腿，不知名兇手正要割掉你的腳趾。痛楚越來越強，你幾乎要放聲尖叫，卻又瞬間消退，只剩隱隱抽痛，然後一切暫歇。到了這時，你會發現腰部以下已經完全沒感覺了。

而且最糟的才正要開始：稍微移動或變換姿勢，隨著腿部知覺逐漸恢復，電擊般痛楚又再次襲來。既然雙腿才剛從麻木中醒來，此時試圖行走相當危險，甚至可能根本走不動。雙腳完全無法感知腳下地面如何，只能察覺下半身恢復知覺過程中陣陣襲來的疼痛。

在我岳父喪禮上，我跪坐了好幾個小時。輪到我上前拈香時，我以為雙腿已經伸直、準備上陣，卻在試圖起身時摔個腳底朝天。日本人遇到這種情況通常相當體諒；我妻舅和他十幾歲的兒子只是扶我起身，把我往前拖，直到雙腳聽我使喚為止，其他人則假裝無事發生。

我轉向身旁一臉平靜的田居因女士，問她日本人到底怎麼辦到的。

「不會痛嗎？」我問。

「當然痛了，」她說，「訣竅就是別在意痛不痛。」

我不禁琢磨，她到底是認真的呢，還是引用了彼得・奧圖（Peter O'Toole）於電影《阿拉伯的勞倫斯》（*Lawrence of Arabia*）的名言。我轉向高畑先生，問他腿疼不疼，他不情願地承認了。

半小時後，我們被領至禪寺主廳，儀式準備正式開始，我看到為賓客準備的折疊椅，大大鬆了一口氣。主持儀式的禪僧魚貫而入，他們正坐姿勢之端正，比起他人又更上一層樓。禪僧們咚地朝榻榻米地板的草編坐墊坐下，端正地跪坐，伸出手臂，彎曲手肘、手心朝內，形成挺直的L型，化身為活生生（卻紋風不動）的書架，捧著儀式誦唸用的佛經。整整四十五分鐘時間，禪僧身體沒有動過一分一毫，專注地誦經。

誦經聲悠揚，令人平靜。一位年長禪師帶領誦唱，不時以小小金屬錘敲擊大金屬缽，鑼聲渾厚，鈴聲清脆，木棒不斷敲擊木魚，主廳中瀰漫著誦經聲和焚香的氣味。

南無阿彌陀佛……鐺……叮叮……鐺……南無阿彌陀佛……叮……。

誦經演奏約半小時後，幾位賓客致詞，接著便是拈香祭拜。誦經和致詞時，偶爾會聽見賓客打呼聲。拈香時，弔唁賓客排成兩排，分別上前取一小撮香粉，置於小塊火炭上，簡短祝禱、向往生者致意，再迅速地向家屬鞠躬。這時所有人都醒來了。

禪寺儀式結束後，所有人前往墓園。長谷寺墓園俯瞰著根津美術館廣袤而保存完善的花園，整片山坡全是迷宮般的蜿蜒小徑，盤根錯節的老櫻花樹錯落其間，幾株高聳銀杏俯視著一片高高低低的墓碑海，有些墓碑已經矗立好幾百年。

德間先生為自己選的墓地接近墓園邊緣，傍著竹林，風景優美。那天秋日美景如畫，楔形的澄黃銀杏葉在枝枒間窣窣作響。鳥鳴嚶嚶，幾綹雲朵飄過淡藍色天空。整團身卓黑衣的弔唁賓客沿著曲徑，經過無數墓碑，擠進一小塊空地。主持禪師站在正中間，接著是喪家和德間書店董事們，圍繞著新刻的墓碑，上頭寫著「德間」。這裡是德間先生骨灰長眠之處。

儀式中，禪師打開骨灰罈，需由近親確認死者身分，再葬入花崗岩墓碑之下。然而，德間夫人拒絕確認丈夫骨灰。她說：「我和這人同住二十五年，已經夠了，不用看他的骨灰。」

德間書店代理董事長O先生上前確認骨灰。骨灰放置於墓碑下，

我們又一行列隊蜿蜒而出，從墓園回到禪寺較新建物的接待室。此時供應的是懷石餐盒，眾人又跪坐下來，但我沒有。他人觀感是一回事，可到了該細細品嚐價值兩百美元的高級午餐時，我才顧不了那麼多。

直播衛星電視

CHAPTER 12

日本DirecTV

鈴木敏夫是我在德間書店（過去吉卜力工作室母公司）的上司與導師，我們倆獨自在他最喜歡的餐廳午餐，或乘著他的車往返新橋與東小金井的一兩小時車程（取決於交通）當中，他常向我傳授人生智慧。鈴木先生選中的餐廳通常都是有幾十年歷史的小店，坐落於新橋舊街區，不是在JR新橋站南側迷宮般的後巷，就是第一京濱（國道十五號）靠近車站那一側、破敗的辦公大樓地下室。

鈴木先生的愛店晚上常是喝酒的地方，但為了負擔房租、維持收支，午餐時間會供應定食特餐，食材往往是從附近築地市場買來的新鮮上等漁貨。午餐定食價位低廉，這些店都只有熟客才會知道，正午前沒有趕上就賣完了。日本幾乎所有上班族午餐用餐時間都介於中午十二點到下午一點半之間，可想而知，中午前就來用餐的是什麼樣的客人。

當時是一九九七年，我剛到德間書店不久。一天，鈴木先生到新橋參加每月例行部門主管會議時，經過我的辦公室，邀我共進午餐。德間先生即將宣布公司將加入一個經營日本衛星電視直播服務的聯盟。德間書店會議於早上十點召開，每月例行會議總會在十一點半前結束；德間先生向來習慣嚴謹，鈴木先生知道我們十一點三十一分絕對能離開德間大樓。

鈴木先生和我走出德間大樓，穿過寬敞的第一京濱，進入對街一棟老舊、骯髒，毫不起眼的辦公大樓，並往下至地下二樓。那兒有一間座席只有九位的小餐廳，環繞著光亮的木頭櫃台。餐廳才剛開門營業，卻已經有六位熟門熟路但衣著並不光鮮的顧客坐在位子上。鈴木先生和我都點了店裡的特餐：一客九百日圓的「海膽」、「蔥花鮪魚」、「鮭魚卵」丼飯，有著份量豪邁的大碗白飯，以及新鮮、焦糖色的上等海膽、蔥花鮪魚（肥美鮪魚丁拌蔥末）和鮮橘飽滿的鮭魚卵。

午餐菜單就只有這樣。客人能從三種食材中單選一項或兩項，同樣價錢，饕客當然三種都點。正午時，午餐已經售罄打烊，直到晚餐時間才會再營業。到時，會有一名助手加入，協助中午在廚房獨自忙碌的大廚。晚餐時，即會供應完整壽司菜色，還有好些難得一見的地方產清酒，價格也比午餐高上許多。

鈴木先生藉那天午餐光顧他的愛店，同時也為了特地告訴我德間書店進軍衛星直播電視細節與原因。

德間書店和娛樂業與通訊業巨頭軟銀、影音出租店巨頭 CCC（也就是影音商店蔦屋的母公司）一起，與美國休斯電子（Hughes Electronics）合作成立「日本

DirecTV」，也就是美國衛星直播電視服務DirecTV的日本版服務。當時，日本政府剛宣布二〇〇三年十二月之前日本所有電視轉播將轉為數位訊號。日本那時只有六家全國性電視網，最大的是日本電視台、朝日電視台、富士電視台和NHK（日本放送協會）。東京這麼大的城市，電視頻道數量卻少得驚人。而全面轉為數位訊號之後，一切都將改變。數位轉播佔用頻寬遠比類比訊號少，因此能有更多頻道，也將帶動日本消費電子巨擘出品的高畫質產品銷量。

可望進軍電視轉播的人想知道：誰能拿到新成立的頻道？怎麼爭取？日本政府慣例作法是把轉播權交給既有廠商，也就是說，現在已是轉播電視台的公司，勢必可能得到至少一個新的數位電視頻道。不只是現有的六大地面無線電視台，也包括衛星電視或有線電視。理論上，身為衛星直播電視聯盟一員，德間書店便可能有機會收購新開放的電視轉播頻段。

當時日本有線電視極少，少數幾間有線電視台轉播範圍只擴及東京市中心。衛星直播電視就更少了，日本半國營電視台NHK已用衛星轉播部分節目，另有一家叫做WOWOW的衛星電視平台，轉播電影和運動賽事，因為難以吸引訂戶，經營岌岌可危。隨著數位電視頻道即將開放，日本對衛星直播電視興趣突然高了起來。休斯電子到日本想找能為DirecTV提供內容的夥伴。魯伯・梅鐸（Rupert Murdoch）的Sky

TV著眼於進軍亞洲，擴大其傳媒帝國版圖。而SONY也是新進軍內容產業的公司，決定成立自己的子公司PerfecTV，進軍傳媒業。

鈴木先生邀我午餐，除了說明這些細節，也囑咐我離遠一點，絕對不要涉入任何新成立的衛星電視業務。他說，無論如何都不能自告奮勇去幫忙，就算衛星電視業務那邊的人請求協助，也絕不能插手。

雖然日本DirecTV是與美國公司休斯電子的合資企業，而我在德間書店集團主要工作就是成為外國企業接洽窗口，卻獲命不得提供協助。身為整個德間集團唯一英文母語人士，也是唯一具備日本以外國家娛樂業人脈的人，竟不要我幫忙，我覺得相當古怪。

德間書店將是日本DirecTV集團當中規模最小成員，新成立的電視網將獲得近百個頻道，德間書店會分得四個。德間書店主要負責取得銀行貸款和與政府交涉。日本電視業管制嚴格，需要高超政治手腕，與日本政府技術官僚和政治人物打交道。德間書店專長完全落於政治層面，當然了，還有向銀行貸款。

德間社長打電話給鈴木先生，告訴他德間書店四個日本DirecTV頻道中，一個將專播吉卜力電影、一個播大映映畫電影，再來是播演歌的音樂頻道和運動賽事頻道，可能播高爾夫球賽或賽馬。鈴木先生得知時非常驚訝，他提醒自己老闆與恩師，那時吉卜力只推出八部電影。不知道吉卜力頻道只播八部電影能撐多久？八部電影都播完之後，吉卜力頻道還能播什麼？德間社長聽了也相當驚訝，但不為所動。

鈴木先生另外向大映映畫主管確認，得知他們所有電影未來至少十年播映權都已經賣出去了，日本 DirecTV 頻道根本沒有大映映畫出品電影能播。而日本所有已知運動賽事都早已簽下獨家轉播合約。很少演歌歌手會拍音樂錄影帶。看來，德間書店負責的日本 DirecTV 頻道出師告捷的機率很低。

德間先生在次月德間書店集團部門主管會議上宣布日本 DirecTV 的消息，他宣布 OH 先生（集團經理之一）將擔任新成立日本 DirecTV 子公司社長。OH 先生是我所認識最無能的上班族，消息公布時，喜形於色，似乎對等著他的一切渾然不覺。

那天坐我旁邊的是出版部門其中一位主編，文學素養極高，她傳給我一張對折小紙條，上面寫著松尾芭蕉的著名俳句：

takotsubo ya
hakanaki yume wo
natsu no tsuki

（蛸壺や

はかなき夢を
夏の月）

章魚回巢進了蛸壺，
夢稍縱即逝，
夏夜月滿天

幾週後，我實在按捺不住好奇，假借日本打招呼傳統的名義，前去目黑區日本DirecTV全新辦公室，拜訪新成立公司的新任社長。我在日本DirecTV大樓一間樸素辦公室找到OH先生。他底下只有兩個人，儘管現在看來對於新職位已沒那麼欣喜，他向我描述職務內容時，仍沒有顯露任何恐慌或憂慮——他的任務是找節目來播，得填滿四個電視頻道，一天播二十四小時；一週七天；一年三百六十五天（若為閏年，又再多一天）。

我被引介給日本DirecTV的最高主管，他看來相當年輕，與職位不相襯。而他恰巧是貸款給德間書店，使德間書店得以加入日本DirecTV的銀行其中一名董事的兒子，在此之前並無電視或娛樂產業經驗。

日本DirecTV集團其他成員辦公室與人力規模都比德間書店大上許多，但他們也分得更多頻道，必須找更多節目來播。OH先生在他小小辦公室向我分享目前進度。

共同成立日本DirecTV的日本公司以為休斯電子能把美國衛星直播電視內容帶來日本，休斯電子以為自己只需提供衛星、興建衛星訊號傳送站，系統操作教學和提供技術支援即可。休斯電子成立美國DirecTV業務時，只著眼於美國市場，收購節目時，也只買到北美播映權。他們未曾嘗試收購、也不曾握有美國地區播放節目的外國播映權，而多數節目海外轉播權也都已買不到了。這也是為什麼他們進軍海外時特別想找能取得內容的合作夥伴。

我問OH先生和手下打算如何尋找播出節目，他含糊以對。我說，任何有幫得上忙的地方都不要客氣；他謝過我，說不用任何幫助。

幾天後，我在威斯汀酒店和任職SONY的友人共進早餐，他被調至PerfecTV衛星直播電視部門工作。他說，SONY為了推出衛星電視服務，已經準備多年，到處收購轉播權。他告訴我，找到優質節目並取得轉播權有多麼困難，SONY必須吸引夠多觀眾訂閱，業務才能獲利。

距離正式推出日本DirecTV只剩幾個月，而日本DirecTV集團成員才剛開始收購轉播權。友人向我指出，日本唯一商業衛星直播電視公司WOWOW至今經營不善，訂戶不夠多，已難以為繼。他很好奇，日本 DirecTV 到底打算如何取得節目，繼續經營下去。我說，連我也很好奇。

正式推出日期逐漸逼近，日本 DirecTV 聯盟成員似乎都沒取得足夠節目內容。Sky TV 和 PerfecTV 都已宣布開播日期，相差不過幾日。日本消費者天天收到三家衛星電視服務廣告轟炸。每月部門主管會議時，OH 先生進度匯報都是好消息，還說一切順利，依照計畫進行。我不禁懷疑真實性到底有幾分。

我問鈴木先生，日本 DirecTV 怎樣才不會像郵輪撞冰山，沉沒海底，他拜託我管好自己的事就好，不要介入。我對他說，我們兩人皆擔任董事的公司向銀行借了高額貸款，就是為了發展衛星直播電視業務，但我卻看不出這項業務如何能避免失敗。他叫我別擔心，說要是銀行認為公司還不了錢，就不會核准貸款了，一切終將水到渠成。我猜想鈴木先生意思是，日本 DirecTV 集團成員都能順利自日本政府取得數位電視頻道，再設法利用地面無線電視轉播權彌補損失。

日本 DirecTV 正式推出前夕，一個舒爽早秋，德間書店集團所有部門主管搭上包車，前往茨城縣水戶市，就在成田機場北邊不遠處。我們獲邀參訪日本 DirecTV 新完工、技術最新的衛星訊號傳送站。德間先生親自參加，不過他沒搭遊覽車，而是搭乘自己司機駕駛的舒適座車。

每當搭乘長途火車或遊覽車，只要稍微一晃動、出現任何啟程徵兆，日本人某個DNA就會被啟動：魷魚乾和堅果一袋袋拆開，沿著走道，打開朝日生啤酒鋁罐的清脆聲響和扳開大關杯裝清酒軟蓋的聲音此起彼落，鞋子脫了，領帶鬆了，椅背朝後平放。開往水戶的遊覽車還沒離開德間大樓停車場，就已經開始喝酒嗑零食了。

德間書店和吉卜力工作室是兩座守護頑老菸槍的最後堡壘，全球各地都在推動公共場所禁菸、吸菸區越畫越小時，德間書店和吉卜力工作室不抽菸的員工還得離開大樓、走出戶外，才能享有「無菸休息時間」。前往水戶市的遊覽車駛上首都高速公路時，車裡已經煙霧瀰漫，彷彿是開膛手傑克時代的倫敦濃霧。

正要抵達水戶市目的地前，遊覽車在茨城縣高速公路附近一處非常宏偉、極為傳統的日本餐廳停車場停下。眾人魚貫走下車，隨著德間社長入內午餐。我們在私人包廂享用了精緻繁複、菜色豐盛的料理。榻榻米地板上擺起兩條長長矮桌，容納三十多位部門主管，我坐在德間先生旁邊；一方面是因為手下外國人坐在身旁，讓他覺得自己更有威嚴、看來更有國際影響力，一方面是因為多數主管都不敢坐在德間先生旁邊。午餐盛宴中，眾人又喝下不少啤酒和清酒。德間先生一如往常地成為眾人焦點，講起他向日本企業領袖和政治人物傳授建議的故事，其中有些是真的。

遊覽車終於抵達休斯電子衛星訊號傳送站後，下了車，技術人員（全是美國人）

帶我們參觀建物，向我們說明設備。為了這次導覽，還找來專業翻譯。她的專業技能根本白費了，因為多數聽眾原本聽到技術內容就容易失神，何況搭了一趟車，還有肚裡的啤酒、清酒、零食和豐盛午餐，早已又醉又睏，精神渙散。

整座設施看來像電影場景，很適合拍攝外星人入侵的科幻片或世界末日災難片，彷彿倖存人類鎮守於這個軍事重地，試圖拯救地球。難怪只有大映映畫負責製作這類電影的主管在參觀時精神一振。戶外，一個個龐大的武器級微波衛星天線指向天空；而室內，一整排看來相當複雜的技術設備靜靜矗立於燈光微暗、空調極強的機房中，只傳出低微嗡嗡聲，紅、綠、藍、橘的LED燈，在驚人的控制面板上閃爍。電腦則安靜的擺設在光線更暗、空調更強的玻璃帷幕中。我們目瞪口呆地看著這些科技產品，令人費解的技術資訊從休斯電子技術人員口中傳出，先以英文，後以日文，流過我們的腦。

上傳轉播所需資料流程，與傳送站設備的說明相比，簡直索然無味。內容供應商派人把高畫質數位錄影帶拿到傳送站，技師以VCR播放，衛星天線指向天空，趁每天衛星抵達定點時，把資料傳過去。假使不是我吃太飽、喝太醉，漏聽了什麼，整個過程就只有這樣。

經過更多（無人聽懂的）詳細技術說明和高超翻譯之後，進入問答時間。我是唯一提問的人。一位技師提到傳送站地點經過審慎選擇，以避免微波傳輸影響商業航空公司飛機起降，因為傳輸訊號微波強度可能對經過飛機造成危險。我想知道，要是有鳥低空飛過，剛好遭逢衛星資料傳輸，會發生何事？

「鳥會被烤焦，完全煮熟，或者燒成灰，全取決於鳥和天線的距離。」這是我得到的答案。

所有人到設施外面，站在龐大的微波天線前拍團體照。然後，我們又搭遊覽車返回東京，當天任務圓滿達成。遊覽車一開，眾人又開始喝酒嗑零食，直到回新橋都沒停。

日本DirecTV推出情形著實詭異。所有德間書店集團主管都免費獲得日本DirecTV訂閱服務，名義上是要監控轉播訊號、加以回報。一天，技師到我位於麻布十番的公寓，安裝接收裝置。

日本DirecTV推出時，播出影像節目的頻道非常少。德間書店的運動賽事頻道重播只有聲音、沒有影像，而且好幾個月、甚至好幾年以前的賽馬、高爾夫球賽和相撲節目，音樂頻道則多播出演歌和日本少女團體流行歌。其他公司負責頻道也好不到哪去。我太太打開衛星電視，瀏覽頻道時，她打電話到公司問我設備是不是壞了。

「沒有節目啊，」她說。「多數頻道都是黑屏，只有聲音。除了既有電視頻道，就只有冷門日本動畫、老電視節目跟運動賽事重播錄音。不是賽馬、拳擊就是音樂。

衛星電視沒有其他節目嗎？誰會付錢看這些節目啊？」

我也想知道。推出時，日本 DirecTV 獲得了四十萬訂戶，但我猜大多數都是相關人士和家人，都和參與公司有關。此外，可能還有些被電通或博報堂高明的廣告騙來的人。要達到損益兩平，訂戶須達一百二十萬左右。日本 DirecTV 推出後，訂戶數量未曾成長。主因大概是空有一百五十個頻道，卻什麼好節目也沒吧。

日本 DirecTV 推出沒多久，一天我搭鈴木先生的車從新橋開往東小金井的吉卜力工作室，我又開始滔滔不絕，批評日本 DirecTV，叨唸我們身為公司董事，怎能允許這樣慘事發生。到底誰會笨到讓事情一發不可收拾到這種地步？明明叫我不要管，我卻不停嘮叨，鈴木先生終於受夠了，把車停在路邊，引擎熄火。

「聽著，」他說，「你只知其一不知其二。要是你保證就此打住，我就告訴你。日本軍方一直想要有自己的通訊衛星，但美國政府從不允許。日本 DirecTV 經營失敗後，日本政府就會低調地把衛星和訊號傳送站買下來。」

PerfecTV 和日本 Sky TV 因為真的有節目可播，表現比日本 DirecTV 好得多，各獲得將近一百萬訂戶。然而，因為訂戶數量不足以維持營運，兩間公司最終合併為 SkyPerfecTV。不久之後，日本 DirecTV 就倒了，留下約三十個獨家頻道，還有訂戶，皆由 SkyPerfecTV 收購。衛星訊號傳送站現已是日本自衛隊基地，商業航空公司航線小心翼翼地繞過周圍地區。

得知在公司與我共事的人並非表面上看來那麼笨，令我大感寬慰，至少還有人聰明得能看出在背後操控的隱形之手。我想，要不是有人願意特地說出來，我根本無從得知。而多數人根本懶得費這個心。

這也是外國人在日本生活的大致情況了吧，有時確實寂寞，得仰賴他人好意，而永遠為日本獨特歷史、文化和民情著迷、驚艷不已。

借用徘聖松尾芭蕉的作品1，加以改作：

初仕事

外人も

仲間をほしげ也。

初出茅廬，

外國人亦然，

需要任何可能的幫助。

1 譯註：改自初時雨猿も小蓑を欲しげなり。

致謝

本人欲感謝吉卜力工作室全體同仁耐心、善意與指引，感謝各位願意忍受一位搞不清楚狀況的外國人，尤其是

宮崎駿
鈴木敏夫
星野康二
武田美樹子
森吉治予
野中晋輔
田居因
馬彥文
網崎直
奥田誠治
高畑勳與德間康快雖然已離我們而去，成就永存。

感謝妻子 Yoko 容忍我三十多年。

讓全世界認識宮崎駿
——一個外國人在吉卜力工作室的回憶

作　　者　史提夫・艾伯特 Steve Alpert
譯　　者　張芸慎

總 編 輯　周易正
責任編輯　王信哲
編輯協力　鄭湘榆 林佩儀

美術設計　丸同連合
印　　刷　釉川印刷

定　　價　450 元

版　　次　2022 年 08 月初版一刷

出　　版　行人文化實驗室／行人股份有限公司
發 行 人　廖美立
地　　址　10074 臺北市中正區南昌路一段 49 號 2 樓
電　　話　+886-2-3765-2655
傳　　真　+886-2-3765-2660

總 經 銷　大和書報圖書股份有限公司
電　　話　+886-2-8990-2588

This translation of SHARING A HOUSE WITH THE NEVER-ENDING MAN is published by arrangement with Stone Bridge Press, Berkeley, California, www.stonebridge.com.

國家圖書館出版品預行編目(CIP)資料

讓全世界認識宮崎駿——一個外國人在吉卜力工作室的回憶／Steve Alpert作；張芸慎譯.－初版.－臺北市：行人文化實驗室，2022.08
　面；14.8×21公分
譯自：Sharing a house with the never-ending man: 15 years at studio ghibli.
ISBN 978-626-95186-8-5（平裝）

1.CST：吉卜力工作室　2.CST：回憶錄
785.28　　111005097